# SOBREVIVE EN
## EL MUSEO PREHISTÓRICO

Guion: Gomdori Co.
Ilustración: Han Hyeon Dong

montena

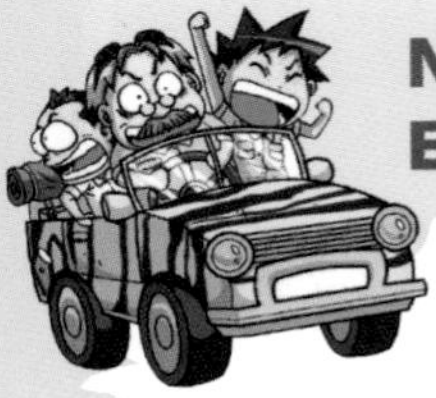

# NOTA A LA EDICIÓN

La escritora Helen Keller, conocida por su labor activista por los derechos de las personas con discapacidades —entre otras grandes causas—, eligió el Museo Prehistórico como uno de los sitios que visitaría si pudiera recuperar la visión durante tres días. Esto es así porque se trata de un lugar donde puedes encontrarte con el pasado y el futuro en un breve espacio de tiempo.

Los museos prehistóricos contienen la extensa historia de la Tierra, donde los humanos vivimos aún. Nos acercan a un mundo que en algún momento fue el nuestro, pero del que ahora sólo nos quedan los fósiles de algunas de aquellas criaturas que existieron para luego desaparecer de nuestro planeta hace millones de años, los minerales que lo conformaron y los meteoritos que llegaron procedentes del espacio. También cumple la función esencial de localizar y catalogar para las generaciones futuras especímenes de organismos vivos.

Los humanos actuamos como los dueños de la Tierra, autodenominándonos el más importante de todos los seres vivos. Al mismo tiempo, destruimos el medioambiente y le arrancamos la vida a la naturaleza en pos del desarrollo. Pero, de los 4 600 millones de años que tiene la Tierra, la humanidad lleva en ella apenas cinco. Los museos prehistóricos nos sitúan frente a la larga historia de nuestro planeta y nos ayudan a darnos cuenta de que no somos sino una pequeñísima parte de la vida que en él habita. Contemplamos así, con humildad, la historia de la vida y la naturaleza, aquellas que guiaron los cambios del planeta mucho antes de que los humanos lo poblaran. Y, de esta manera, podemos apreciar su valor. Al entrar por primera vez en un museo de estas características, las piezas expuestas, que podrían parecer tan sólo piedras, fósiles y huesos, cobrarán un significado especial, que te llevarás contigo al terminar tu visita.

Dos científicos, cada uno extraordinario en su campo de estudio, envían entradas a Jio para que visite el Museo Prehistórico. Él acude con sus amigos Aaron, Miky y Gumbo. Sin embargo, Aaron no está muy convencido. Al fin y al cabo, ¿quién querría ir a ver fósiles polvorientos y animales inmóviles si puede ir al zoológico, especialmente tras conocer al profesor Park y sus malas pulgas? Por si fuera poco, Jio y sus amigos tropiezan con el esqueleto de un diplodocus, por lo que son castigados con limpiar el almacén subterráneo del museo, que está lleno de importantes piezas de colección. Es entonces cuando por error rompen los restos de un meteorito y el museo comienza a llenarse de extraños ruidos y ojos brillantes. Las exposiciones del museo, que muestran la historia de la Tierra desde el inicio del universo hasta la aparición de los humanos, empiezan a moverse. ¿Qué habrá pasado? ¿Podrán Jio y sus amigos escapar de ahí sanos y salvos?

Gomdori Co y Hyun-Dong Han
Octubre de 2011

# ÍNDICE

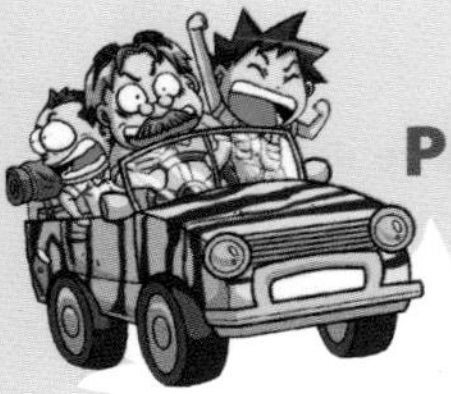

## PERSONAJES

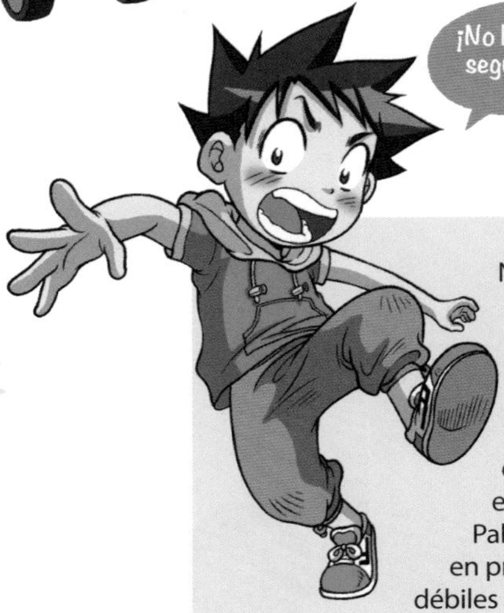
¡No hay sitio más seguro que este museo!

## Jio

Nuestro protagonista. Se enfrenta a los secretos escondidos en el Museo Prehistórico. Hasta ahora, éste había sido un museo tranquilo, con criaturas fosilizadas o disecadas, pero las cosas se tuercen en cuanto Jio aparece. Ahora tendrá que superar toda una serie de situaciones peligrosas, como el *big bang*, el gigante Braquiosaurio y el depredador del Paleozoico, Anomalocaris. ¡Jio tendrá que poner en práctica todo su ingenio para descubrir puntos débiles de sus adversarios y escapar de ahí!

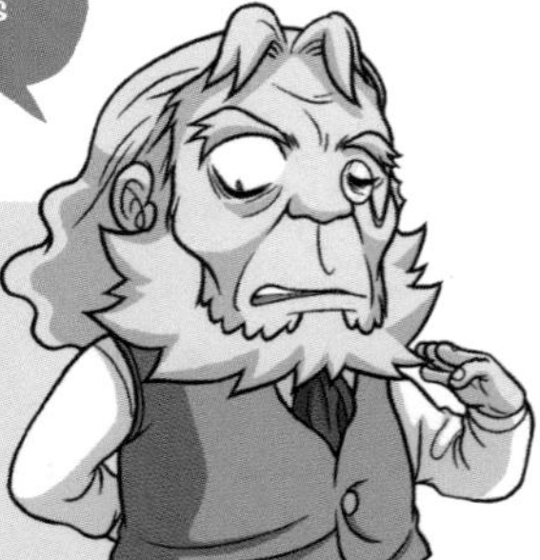
Espero que esos jovencitos no causen más problemas...

## Profesor Park

El director del museo. A lo largo de sus exploraciones por todo el mundo, descubrió misteriosos minerales, fósiles y restos de criaturas, con los que fundó el Museo Prehistórico, el sueño de su vida. Para celebrar la inauguración, invita a sus colegas el doctor Cerebro y el doctor Abisal, pero, en lugar de ellos, aparecen Jio y sus amigos, quienes ¡no tienen ni pizca de modales! Aunque es un poco cascarrabias, el profesor Park ama su colección por encima de todo y valora hasta el hueso más diminuto.

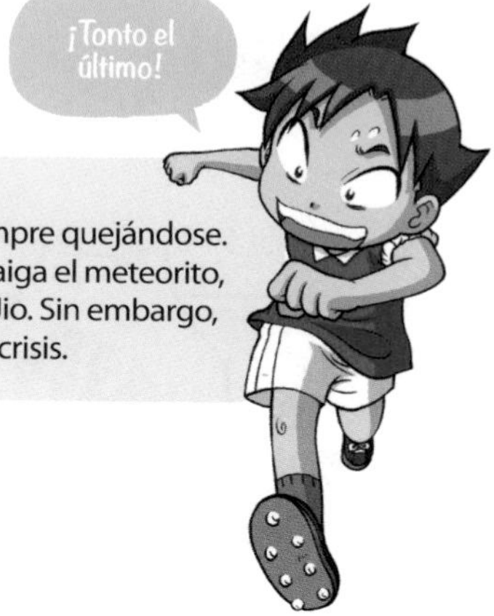
¡Tonto el último!

## Aaron

Peleonero y enérgico, Aaron está siempre quejándose. Aunque es él quien provoca que se caiga el meteorito, esconde la mano y le echa la culpa a Jio. Sin embargo, sabe ponerse serio en situaciones de crisis.

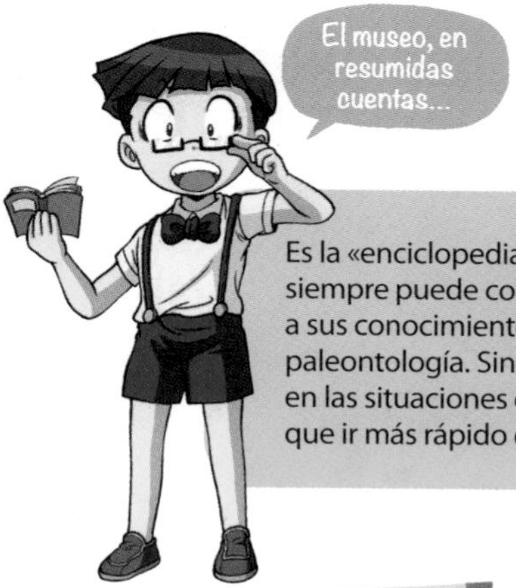
El museo, en resumidas cuentas...

## Miky

Es la «enciclopedia andante» del grupo. Jio siempre puede contar con su ayuda gracias a sus conocimientos de geología, ecología y paleontología. Sin embargo, no es tan efectivo en las situaciones en las que las piernas tienen que ir más rápido que la mente.

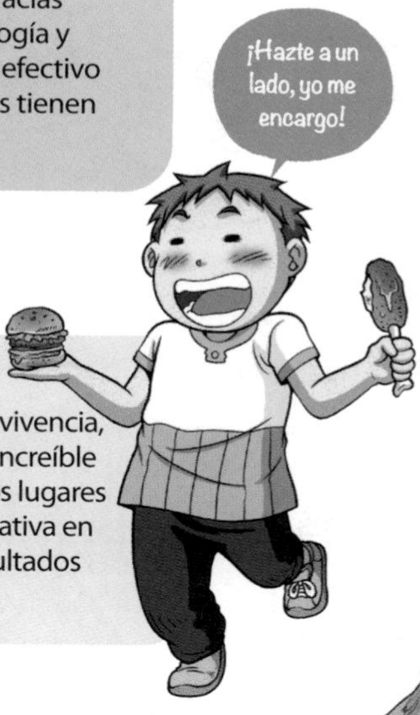
¡Hazte a un lado, yo me encargo!

## Gumbo

Lo que tiene Jio de instinto de supervivencia, Gumbo lo tiene de tragón. Posee la increíble habilidad de encontrar comida en los lugares más inesperados. Sabe tomar la iniciativa en los momentos clave, aunque los resultados no siempre sean los deseados.

# Capítulo 1

## ¡Vamos al Museo Prehistórico!

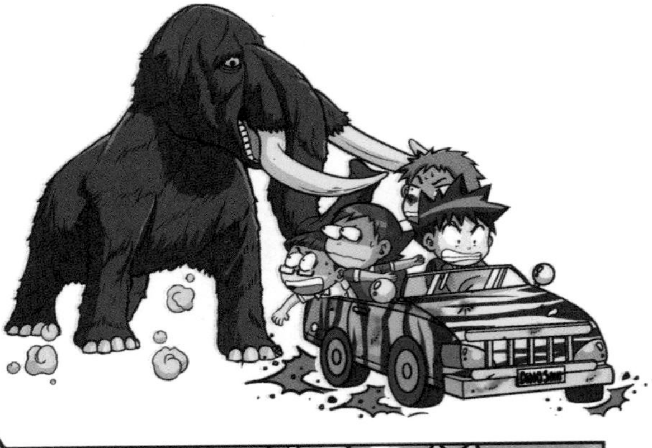

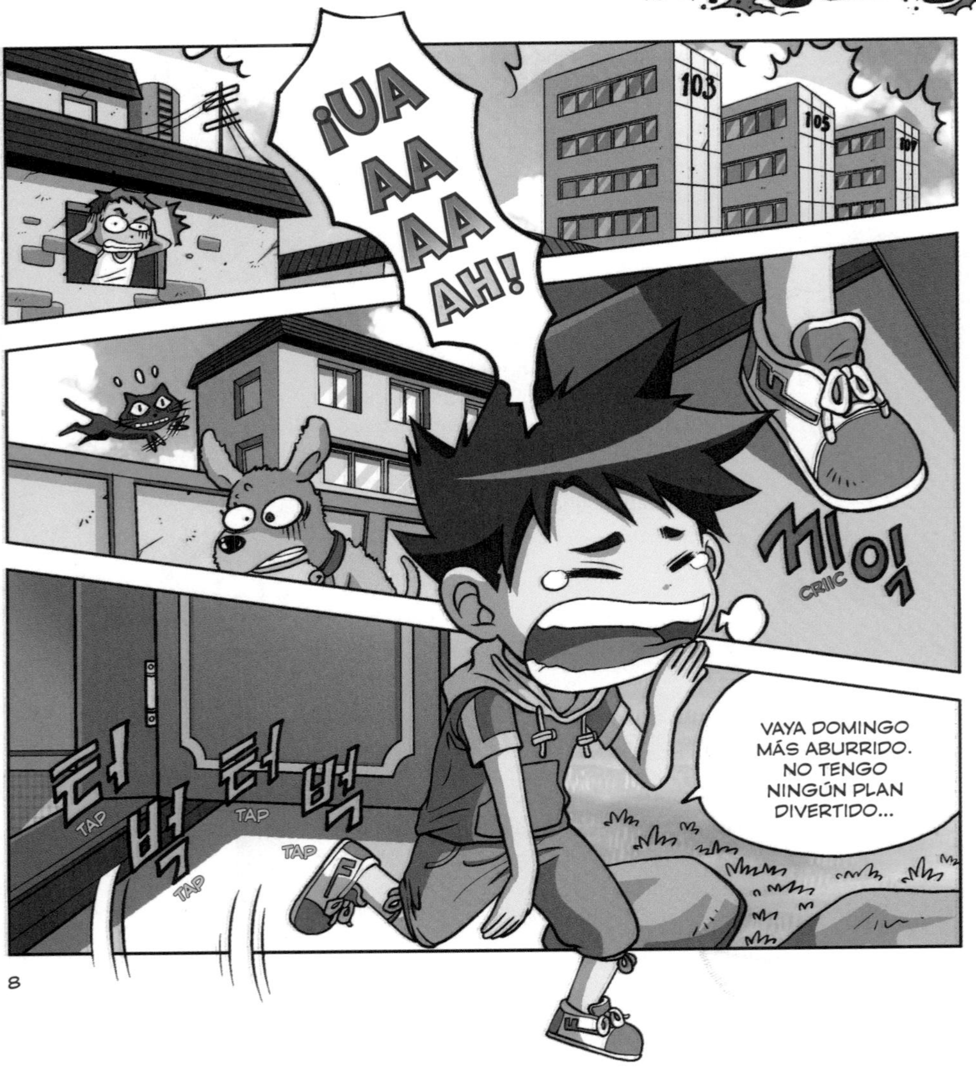
¡UAAAAAAAH!
끼익
CRIIC
VAYA DOMINGO MÁS ABURRIDO. NO TENGO NINGÚN PLAN DIVERTIDO...
터벅 터벅
TAP
TAP
TAP
TAP

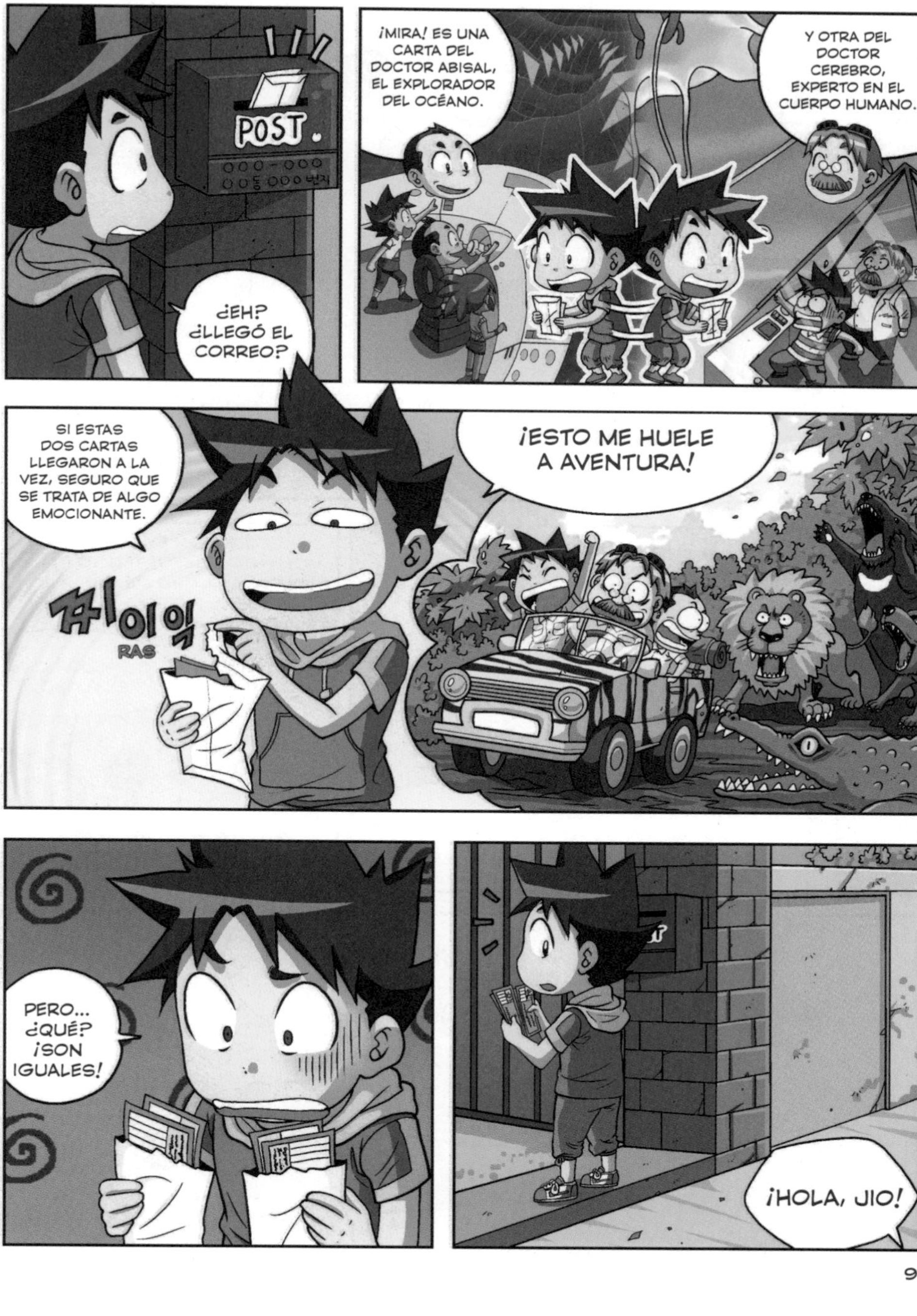
¿EH? ¿LLEGÓ EL CORREO?
POST
¡MIRA! ES UNA CARTA DEL DOCTOR ABISAL, EL EXPLORADOR DEL OCÉANO.
Y OTRA DEL DOCTOR CEREBRO, EXPERTO EN EL CUERPO HUMANO.
SI ESTAS DOS CARTAS LLEGARON A LA VEZ, SEGURO QUE SE TRATA DE ALGO EMOCIONANTE.
¡ESTO ME HUELE A AVENTURA!
찌이익
RAS
PERO... ¿QUÉ? ¡SON IGUALES!
¡HOLA, JIO!

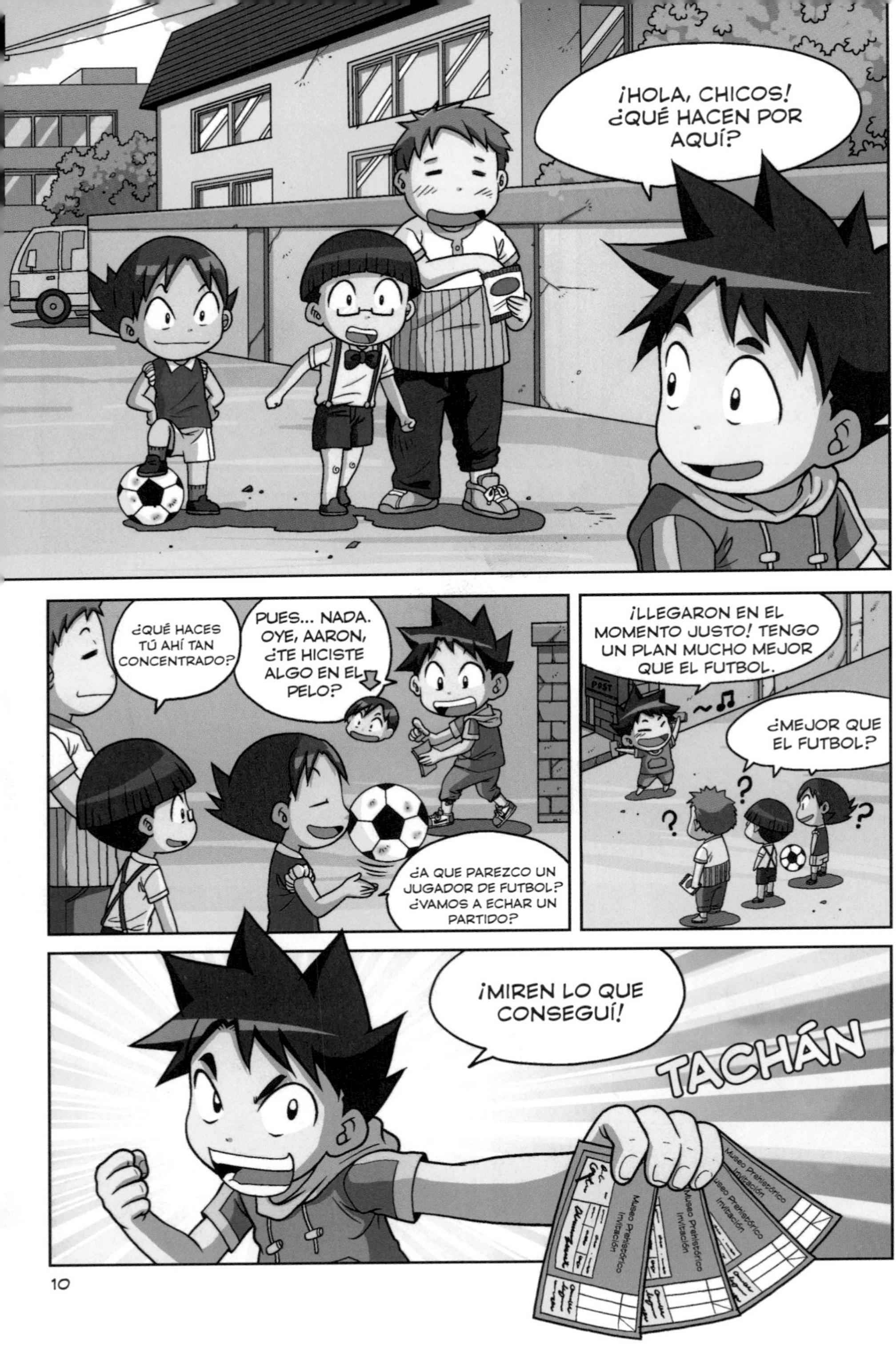
¡HOLA, CHICOS! ¿QUÉ HACEN POR AQUÍ?
¿QUÉ HACES TÚ AHÍ TAN CONCENTRADO?
PUES... NADA. OYE, AARON, ¿TE HICISTE ALGO EN EL PELO?
¿A QUE PAREZCO UN JUGADOR DE FUTBOL? ¿VAMOS A ECHAR UN PARTIDO?
¡LLEGARON EN EL MOMENTO JUSTO! TENGO UN PLAN MUCHO MEJOR QUE EL FUTBOL.
POST
¿MEJOR QUE EL FUTBOL?
¡MIREN LO QUE CONSEGUÍ!
TACHÁN
Museo Prehistórico
Invitación

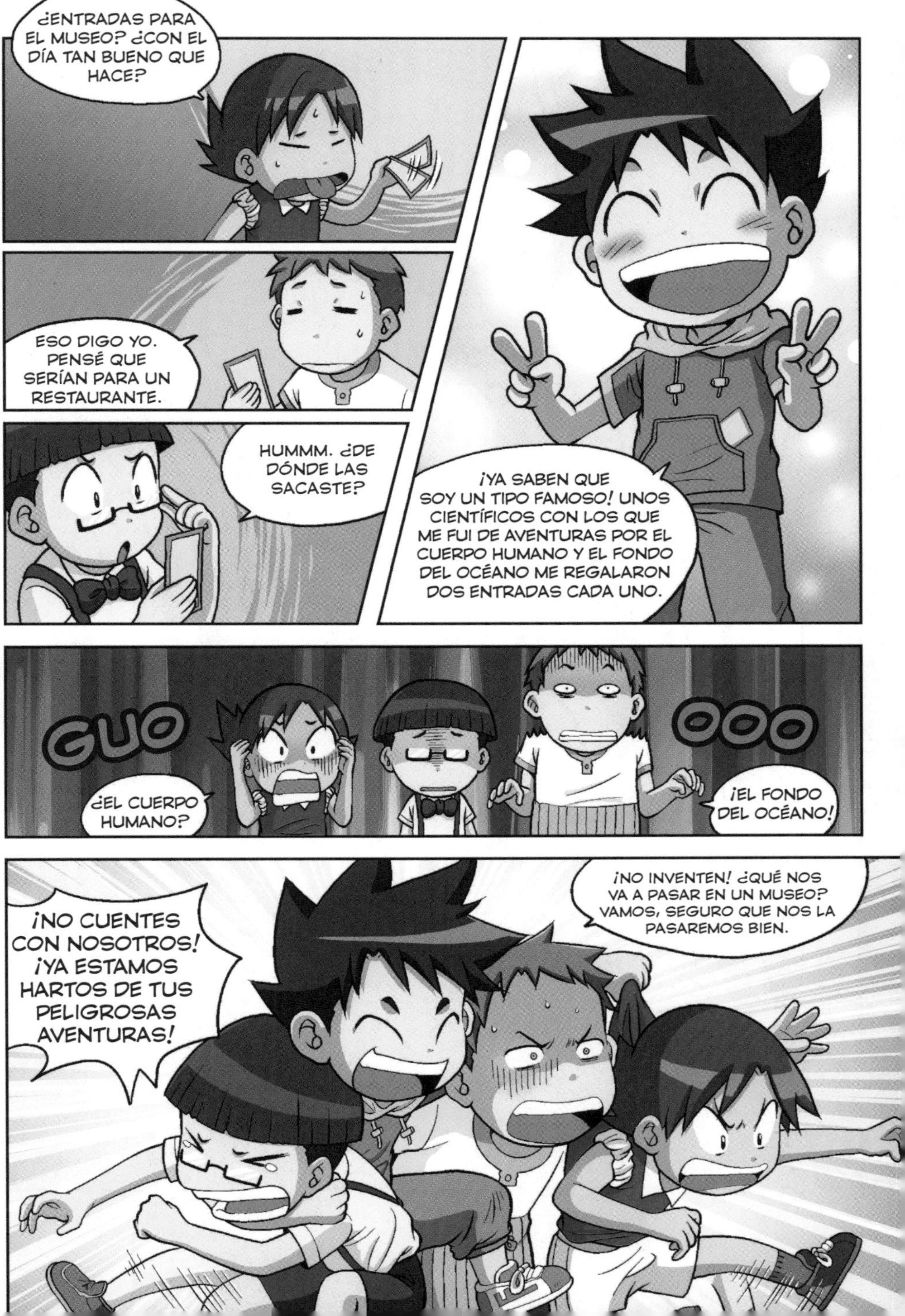
¿ENTRADAS PARA EL MUSEO? ¿CON EL DÍA TAN BUENO QUE HACE?
ESO DIGO YO. PENSÉ QUE SERÍAN PARA UN RESTAURANTE.
HUMMM. ¿DE DÓNDE LAS SACASTE?
¡YA SABEN QUE SOY UN TIPO FAMOSO! UNOS CIENTÍFICOS CON LOS QUE ME FUI DE AVENTURAS POR EL CUERPO HUMANO Y EL FONDO DEL OCÉANO ME REGALARON DOS ENTRADAS CADA UNO.
GUO
OOO
¿EL CUERPO HUMANO?
¡EL FONDO DEL OCÉANO!
¡NO INVENTEN! ¿QUÉ NOS VA A PASAR EN UN MUSEO? VAMOS, SEGURO QUE NOS LA PASAREMOS BIEN.
¡NO CUENTES CON NOSOTROS! ¡YA ESTAMOS HARTOS DE TUS PELIGROSAS AVENTURAS!

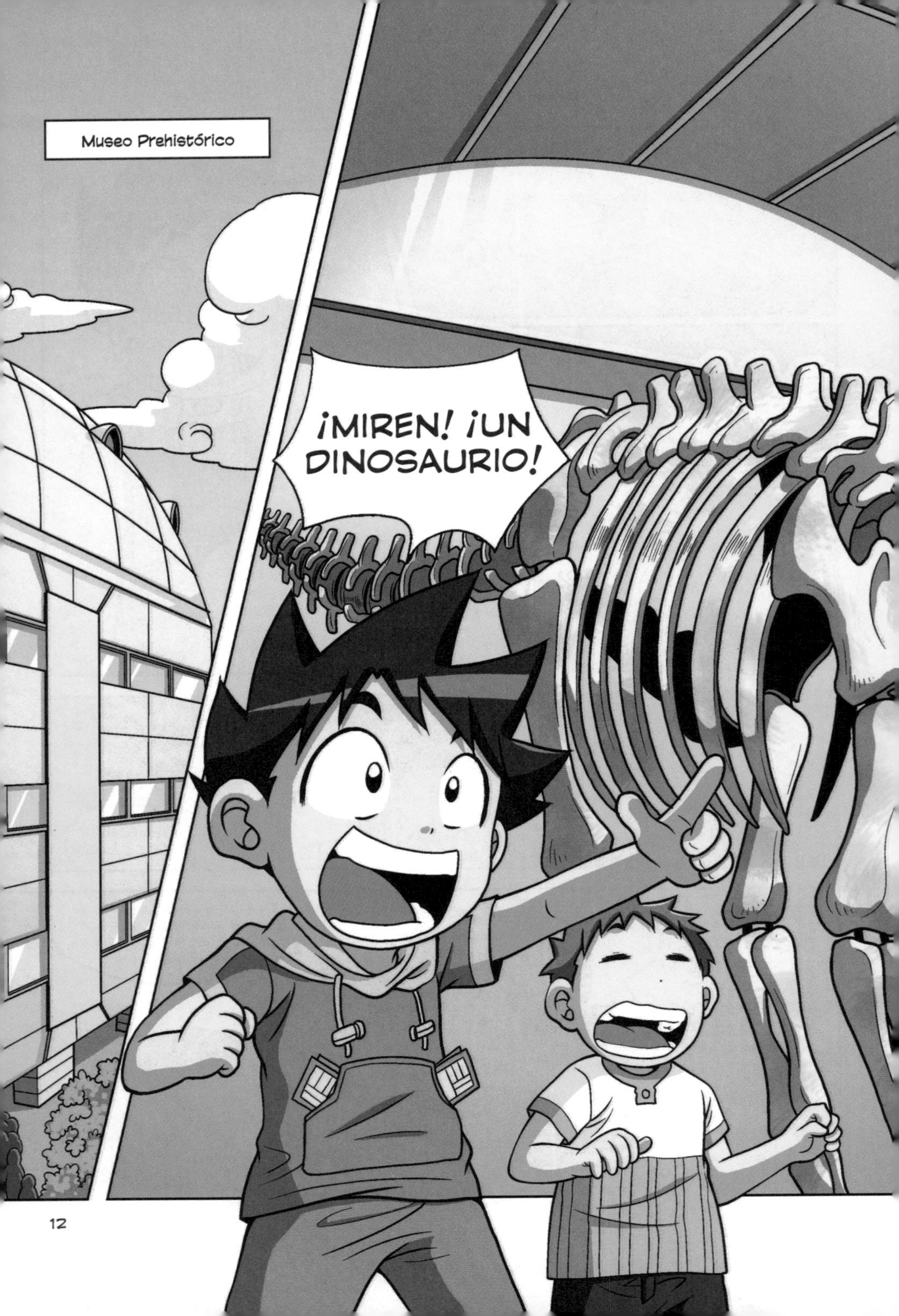
Museo Prehistórico
¡MIREN! ¡UN DINOSAURIO!

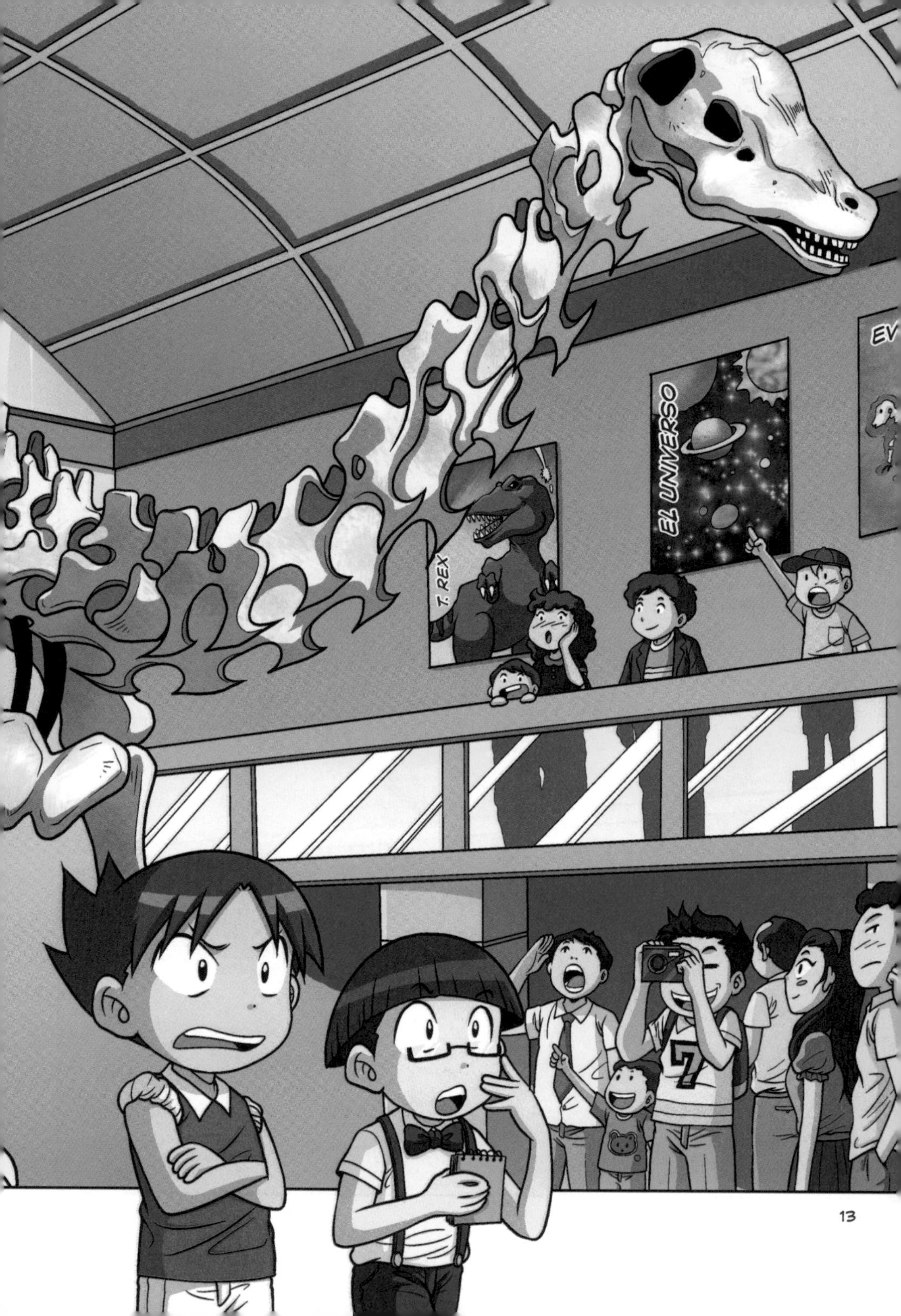
T. REX
EL UNIVERSO

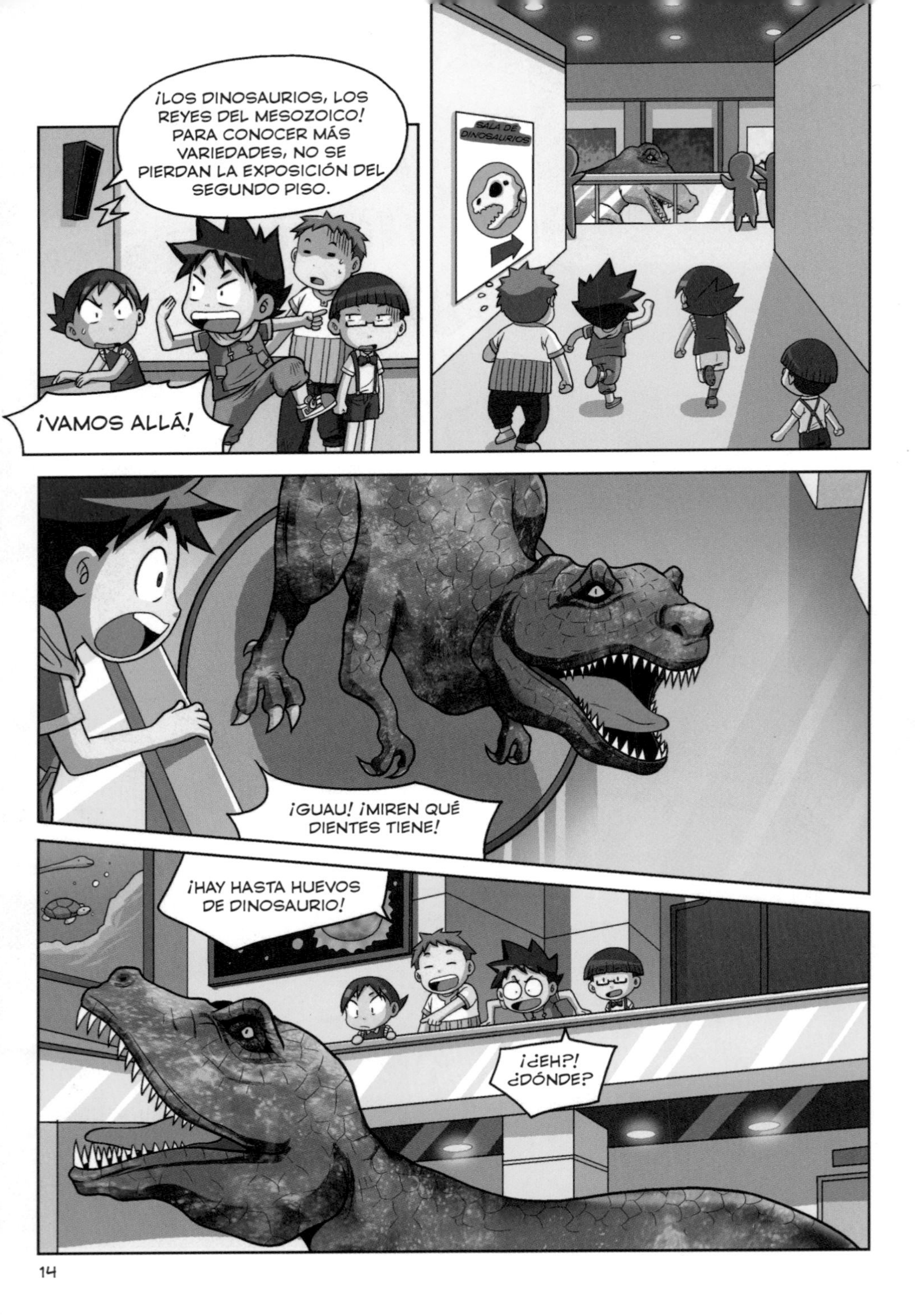
¡LOS DINOSAURIOS, LOS REYES DEL MESOZOICO! PARA CONOCER MÁS VARIEDADES, NO SE PIERDAN LA EXPOSICIÓN DEL SEGUNDO PISO.
¡VAMOS ALLÁ!
SALA DE DINOSAURIOS
¡GUAU! ¡MIREN QUÉ DIENTES TIENE!
¡HAY HASTA HUEVOS DE DINOSAURIO!
¡¿EH?! ¿DÓNDE?

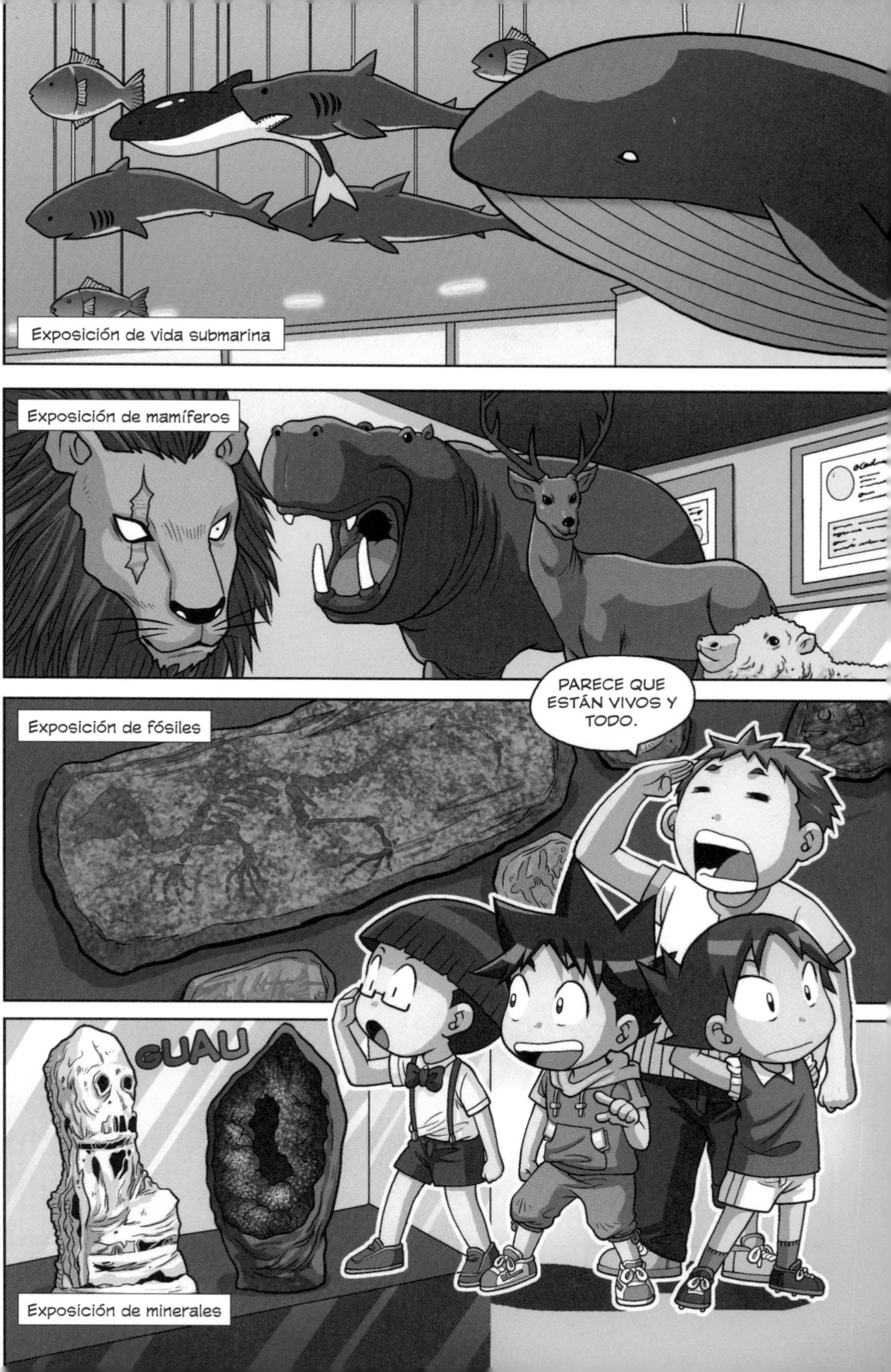

Exposición de vida submarina
Exposición de mamíferos
Exposición de fósiles
PARECE QUE ESTÁN VIVOS Y TODO.
GUAU
Exposición de minerales

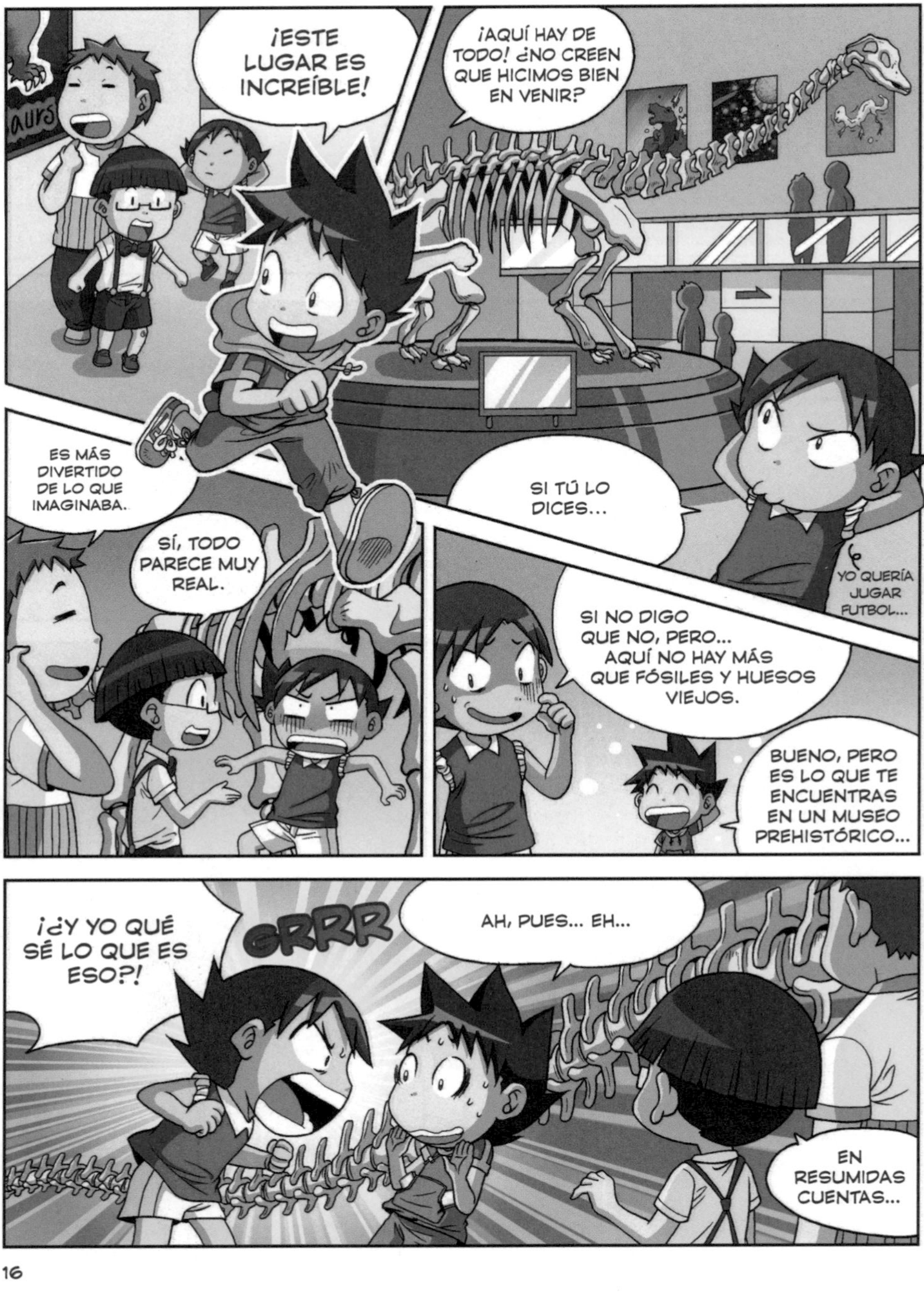

¡ESTE LUGAR ES INCREÍBLE!
¡AQUÍ HAY DE TODO! ¿NO CREEN QUE HICIMOS BIEN EN VENIR?
ES MÁS DIVERTIDO DE LO QUE IMAGINABA.
SÍ, TODO PARECE MUY REAL.
SI TÚ LO DICES...
YO QUERÍA JUGAR FUTBOL...
SI NO DIGO QUE NO, PERO... AQUÍ NO HAY MÁS QUE FÓSILES Y HUESOS VIEJOS.
BUENO, PERO ES LO QUE TE ENCUENTRAS EN UN MUSEO PREHISTÓRICO...
EN RESUMIDAS CUENTAS...
AH, PUES... EH...
GRRR
¡¿Y YO QUÉ SÉ LO QUE ES ESO?!

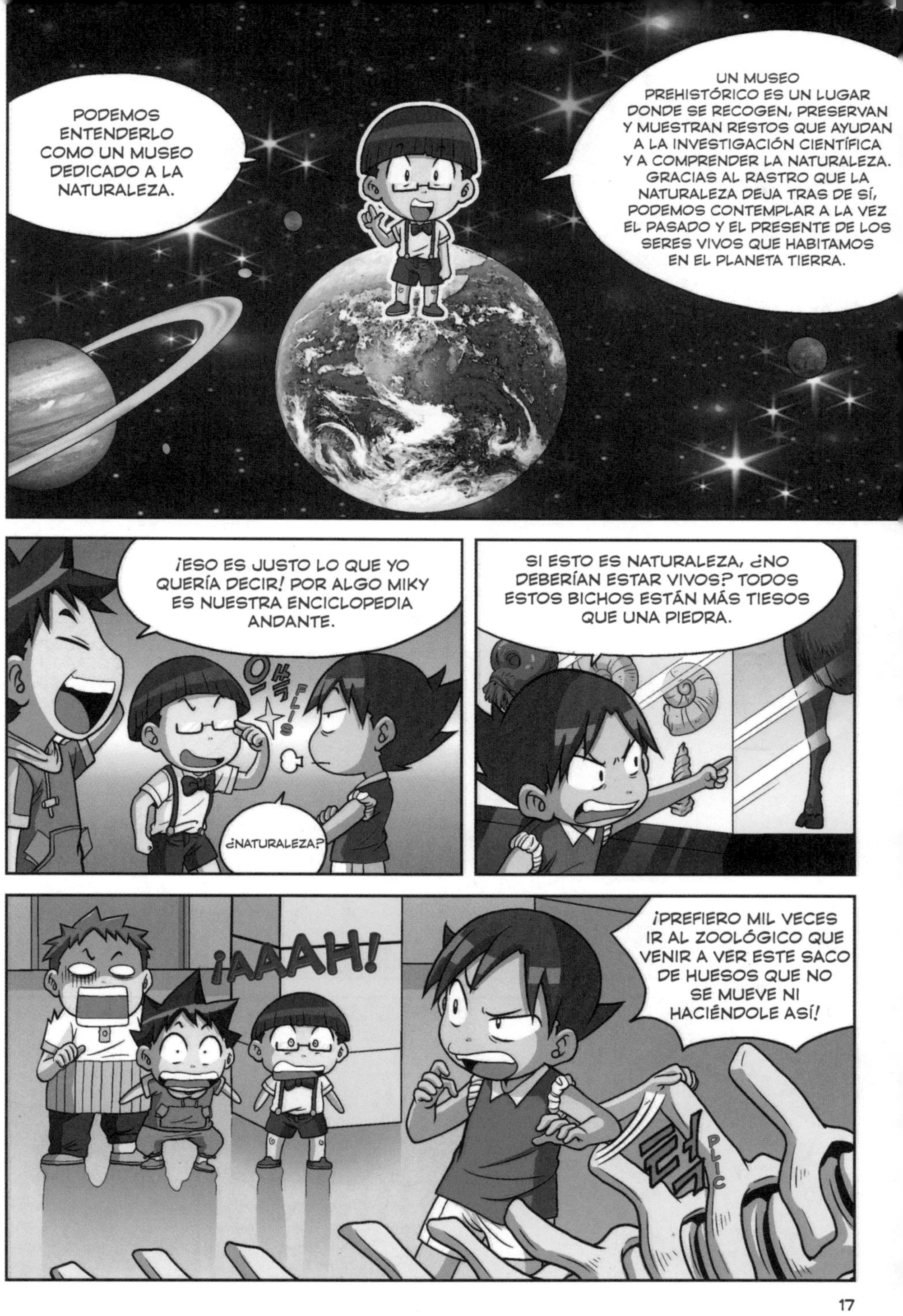
PODEMOS ENTENDERLO COMO UN MUSEO DEDICADO A LA NATURALEZA.
UN MUSEO PREHISTÓRICO ES UN LUGAR DONDE SE RECOGEN, PRESERVAN Y MUESTRAN RESTOS QUE AYUDAN A LA INVESTIGACIÓN CIENTÍFICA Y A COMPRENDER LA NATURALEZA. GRACIAS AL RASTRO QUE LA NATURALEZA DEJA TRAS DE SÍ, PODEMOS CONTEMPLAR A LA VEZ EL PASADO Y EL PRESENTE DE LOS SERES VIVOS QUE HABITAMOS EN EL PLANETA TIERRA.
¡ESO ES JUSTO LO QUE YO QUERÍA DECIR! POR ALGO MIKY ES NUESTRA ENCICLOPEDIA ANDANTE.
FLIS
¿NATURALEZA?
SI ESTO ES NATURALEZA, ¿NO DEBERÍAN ESTAR VIVOS? TODOS ESTOS BICHOS ESTÁN MÁS TIESOS QUE UNA PIEDRA.
¡AAAH!
¡PREFIERO MIL VECES IR AL ZOOLÓGICO QUE VENIR A VER ESTE SACO DE HUESOS QUE NO SE MUEVE NI HACIÉNDOLE ASÍ!
PLIC

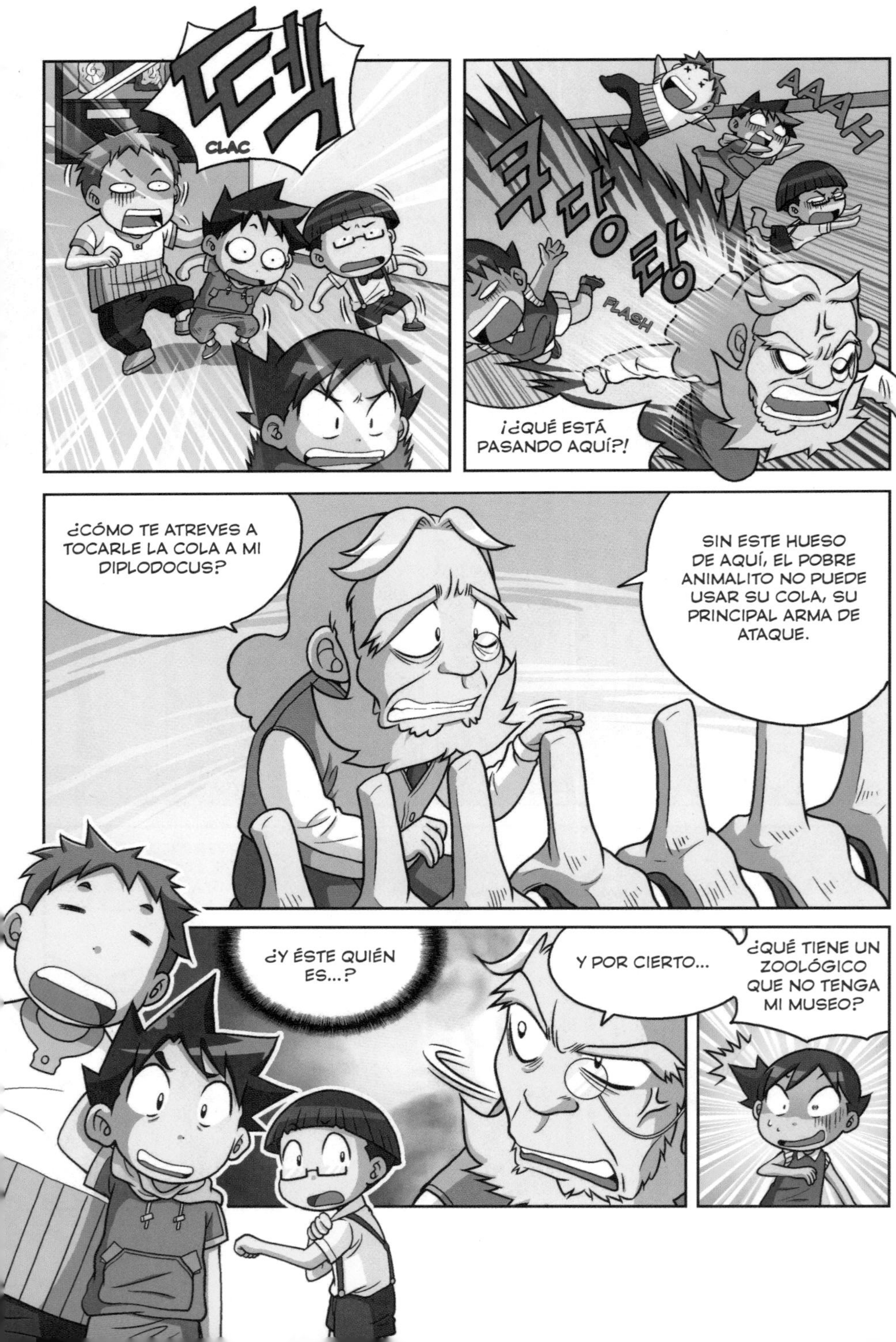
CLAC
AAAH
FLASH
¡¿QUÉ ESTÁ PASANDO AQUÍ?!
¿CÓMO TE ATREVES A TOCARLE LA COLA A MI DIPLODOCUS?
SIN ESTE HUESO DE AQUÍ, EL POBRE ANIMALITO NO PUEDE USAR SU COLA, SU PRINCIPAL ARMA DE ATAQUE.
¿Y ÉSTE QUIÉN ES...?
Y POR CIERTO...
¿QUÉ TIENE UN ZOOLÓGICO QUE NO TENGA MI MUSEO?

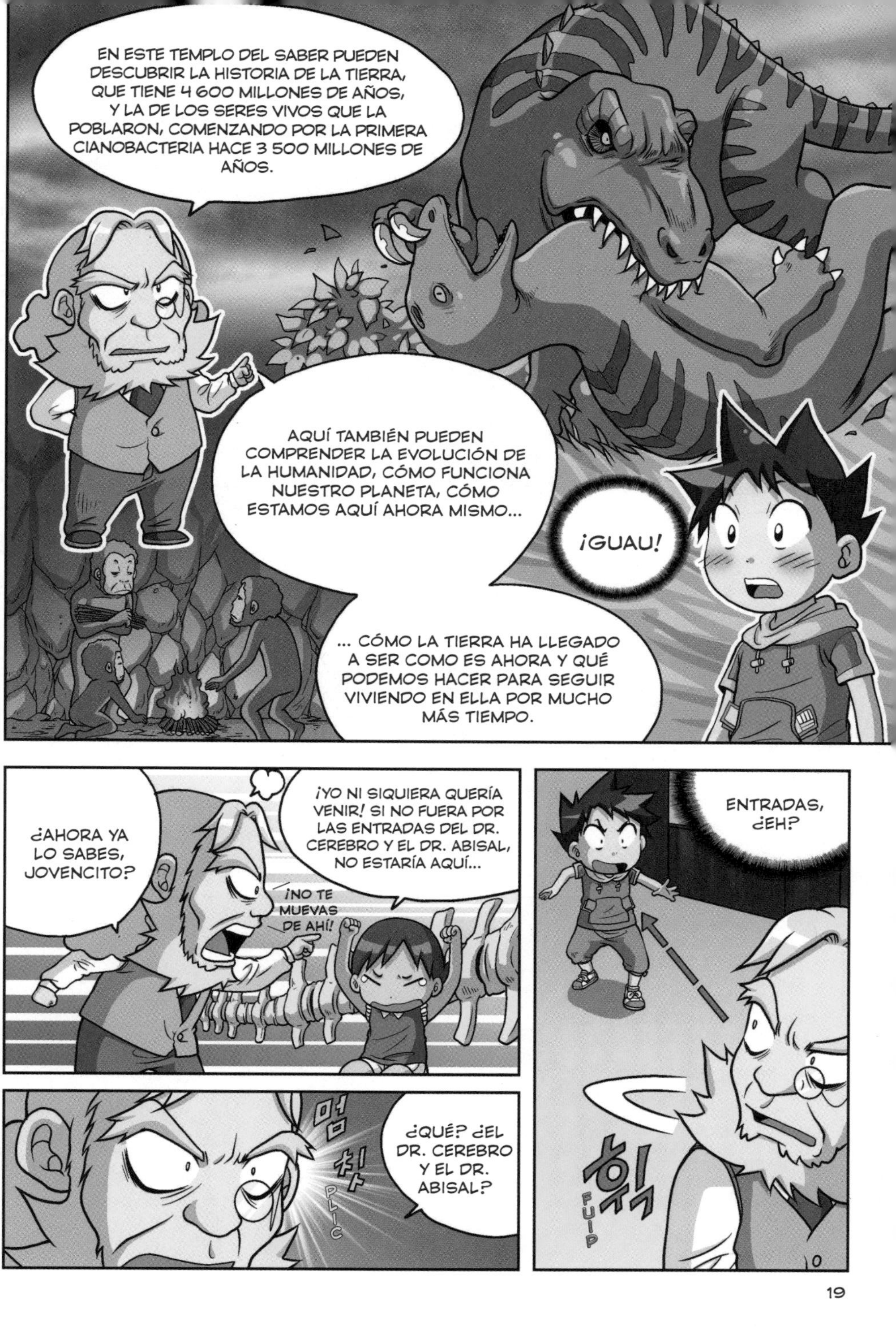
EN ESTE TEMPLO DEL SABER PUEDEN DESCUBRIR LA HISTORIA DE LA TIERRA, QUE TIENE 4 600 MILLONES DE AÑOS, Y LA DE LOS SERES VIVOS QUE LA POBLARON, COMENZANDO POR LA PRIMERA CIANOBACTERIA HACE 3 500 MILLONES DE AÑOS.
AQUÍ TAMBIÉN PUEDEN COMPRENDER LA EVOLUCIÓN DE LA HUMANIDAD, CÓMO FUNCIONA NUESTRO PLANETA, CÓMO ESTAMOS AQUÍ AHORA MISMO...
¡GUAU!
... CÓMO LA TIERRA HA LLEGADO A SER COMO ES AHORA Y QUÉ PODEMOS HACER PARA SEGUIR VIVIENDO EN ELLA POR MUCHO MÁS TIEMPO.
¿AHORA YA LO SABES, JOVENCITO?
¡YO NI SIQUIERA QUERÍA VENIR! SI NO FUERA POR LAS ENTRADAS DEL DR. CEREBRO Y EL DR. ABISAL, NO ESTARÍA AQUÍ...
¡NO TE MUEVAS DE AHÍ!
PLIC
¿QUÉ? ¿EL DR. CEREBRO Y EL DR. ABISAL?
ENTRADAS, ¿EH?
FUIP

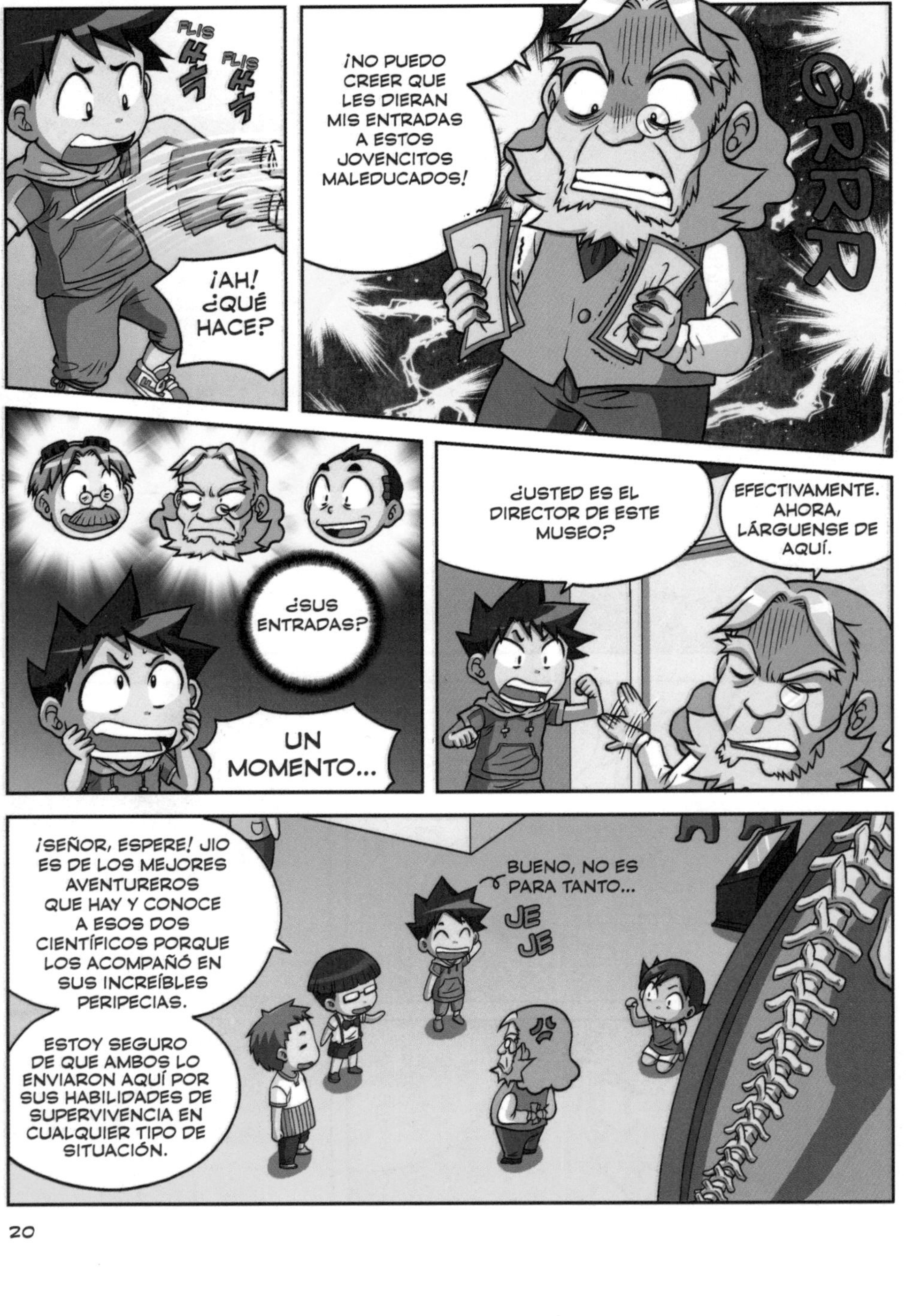
FLIS
FLIS
¡AH! ¿QUÉ HACE?
¡NO PUEDO CREER QUE LES DIERAN MIS ENTRADAS A ESTOS JOVENCITOS MALEDUCADOS!
GRRR
¿SUS ENTRADAS?
UN MOMENTO...
¿USTED ES EL DIRECTOR DE ESTE MUSEO?
EFECTIVAMENTE. AHORA, LÁRGUENSE DE AQUÍ.
¡SEÑOR, ESPERE! JIO ES DE LOS MEJORES AVENTUREROS QUE HAY Y CONOCE A ESOS DOS CIENTÍFICOS PORQUE LOS ACOMPAÑÓ EN SUS INCREÍBLES PERIPECIAS.
ESTOY SEGURO DE QUE AMBOS LO ENVIARON AQUÍ POR SUS HABILIDADES DE SUPERVIVENCIA EN CUALQUIER TIPO DE SITUACIÓN.
BUENO, NO ES PARA TANTO...
JE JE

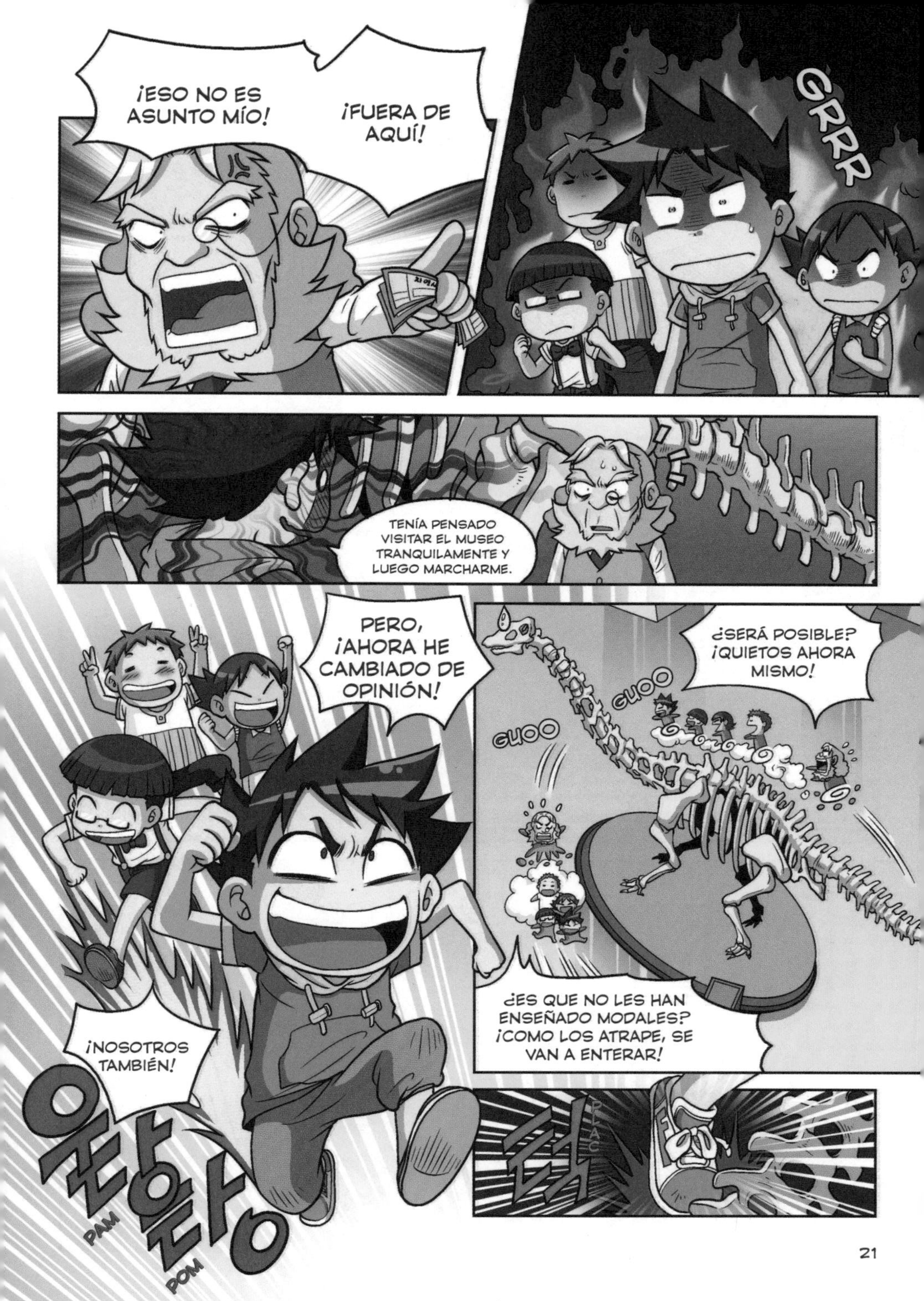
¡ESO NO ES ASUNTO MÍO!
¡FUERA DE AQUÍ!
GRRR
TENÍA PENSADO VISITAR EL MUSEO TRANQUILAMENTE Y LUEGO MARCHARME.
PERO, ¡AHORA HE CAMBIADO DE OPINIÓN!
¡NOSOTROS TAMBIÉN!
PAM
POM
¿SERÁ POSIBLE? ¡QUIETOS AHORA MISMO!
GUOO
GUOO
¿ES QUE NO LES HAN ENSEÑADO MODALES? ¡COMO LOS ATRAPE, SE VAN A ENTERAR!
PLAC

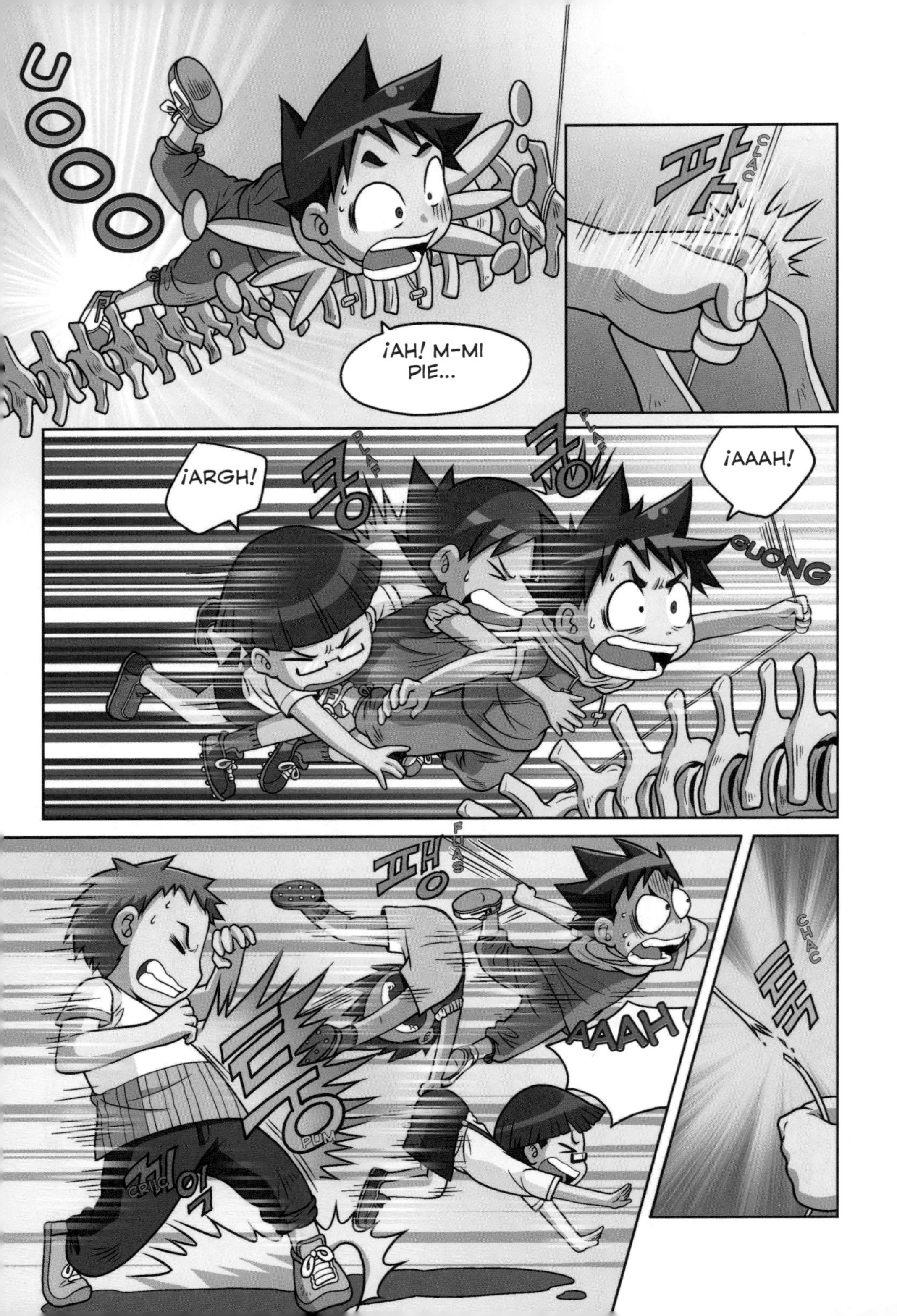
UOOOO
CLAC
¡AH! M-MI PIE...
¡AAAH!
PLAF
PLAF
¡ARGH!
GUONG
CHAC
FUAS
AAAH
PUM
CRIC

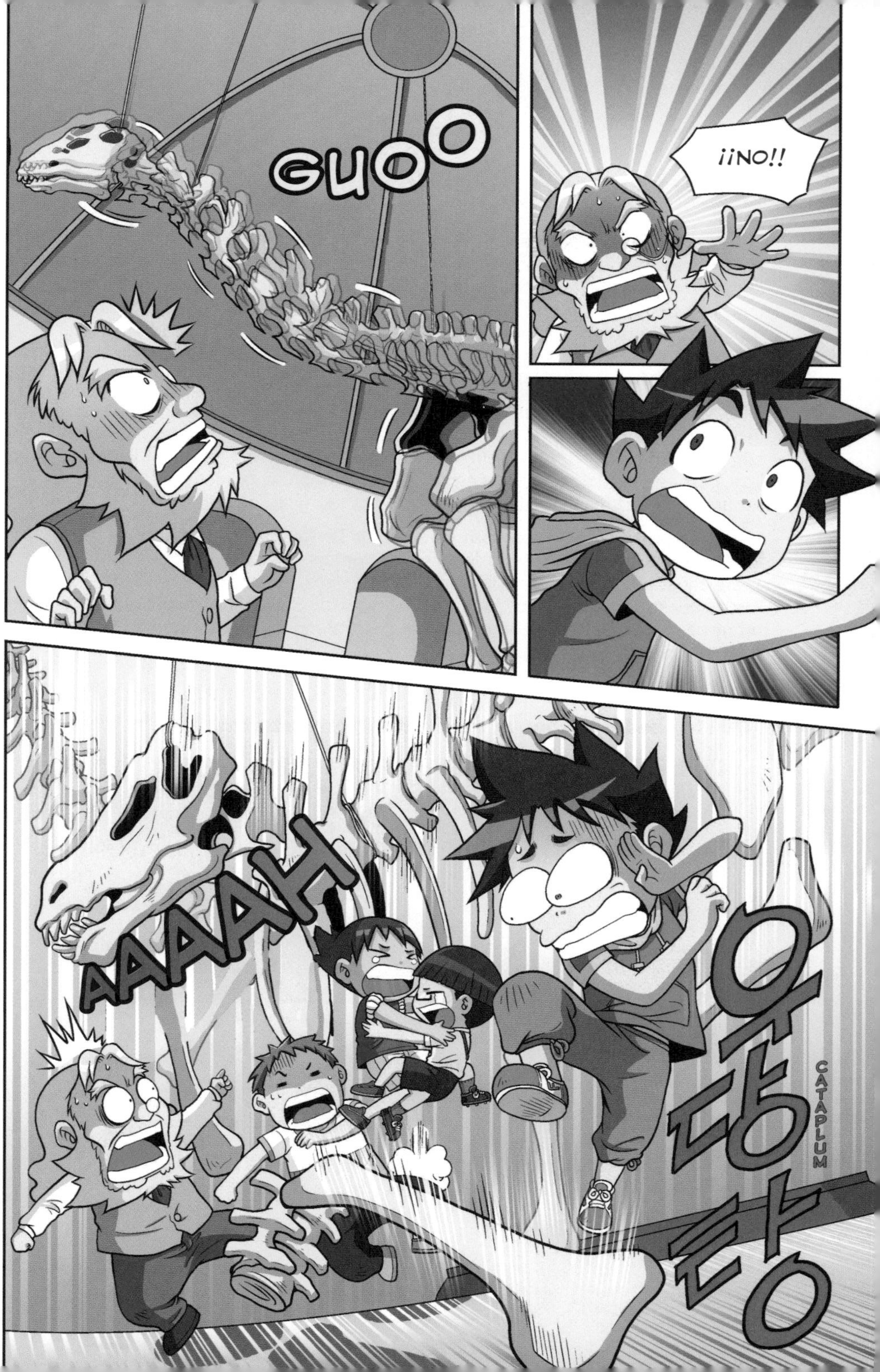
GUOO
¡¡NO!!
AAAAH
CATAPLUM

## ¿Qué es un museo prehistórico?

En inglés se le conoce como «museum of natural history» o museo de historia natural. Como su nombre indica, es un lugar donde se estudia la historia de la naturaleza en el planeta Tierra. Sin embargo, «historia» no sólo significa lo obvio, sino también conocimiento. En este tipo de museos, además de los objetos expuestos, hay registros, historias, experiencias y mucha investigación. De esta forma, un museo prehistórico es un sitio en el que se trata la información relacionada con la naturaleza, más allá de su historia.

El museo prehistórico recoge y expone distintas creaciones de la naturaleza. Eso incluye minerales, rocas, fósiles y especímenes de animales y plantas. Además, cumple la función de difundir el conocimiento y nos ayuda a entender la naturaleza, gracias al estudio de dichos especímenes y también por medio del diseño de programas educativos para los visitantes.

Por ello, aquí puedes conocer cómo se formó la Tierra, saber dónde vivimos y qué aspecto tenía antes de que existiéramos los humanos. También puedes aprender sobre el pasado y el presente de diversos seres vivos que nacieron y desaparecieron de nuestro planeta. Estos cambios naturales son parte de las exposiciones de un museo prehistórico. Al contemplarlas, descubrimos que el ser humano forma parte de un todo, que es la naturaleza.

### ¿Qué te puedes encontrar en un museo prehistórico?

©Shutterstock
Esqueletos de dinosaurios

©Shutterstock
Leopardo disecado

©Wikipedia
Meteorito

©Museo de Historia Natural de Seodaemun

Ágata

©Museo de Historia Natural de Seodaemun

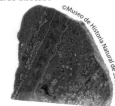

Ejemplares de mariposas

## Museos prehistóricos por el mundo

Hoy en día, hay miles de museos prehistóricos en todo el mundo. Aunque su función principal es la de mostrar la naturaleza de la Tierra, también desempeñan un papel muy importante a la hora de preservar y estudiar la naturaleza de cada región, pues contienen valiosas muestras de la riqueza natural del país en el que se encuentran. Nos ayudan a reconocer el valor de la naturaleza y de la vida, y a transmitir ese conocimiento a las generaciones futuras.

©Museo de Historia Natural de Mokpo

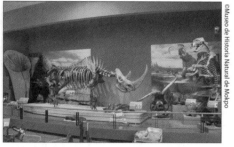

Sala de mamíferos del Museo de Historia Natural de Mokpo

En Corea del Sur, por ejemplo, el más representativo es el Museo Prehistórico de la Universidad Femenina de Ewha. O, por ejemplo, el Museo de Historia Nacional de Seodaemun, donde se muestra el esqueleto del acrocantosaurio, uno de los dinosaurios del Cretácico. También el Museo Prehistórico de Mokpo, donde se expone uno de los dos esqueletos del prenoceratops que hay en el mundo. Además, está el Museo de Historia Natural de Wooseokheon, el de Gyeonggi-do, el Museo de Historia Natural y Folclore de Jeju, y el Museo de Historia Submarina de Busan.

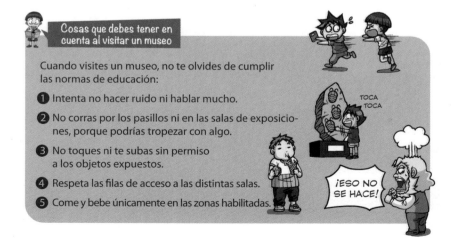

### Cosas que debes tener en cuenta al visitar un museo

Cuando visites un museo, no te olvides de cumplir las normas de educación:

1. Intenta no hacer ruido ni hablar mucho.
2. No corras por los pasillos ni en las salas de exposiciones, porque podrías tropezar con algo.
3. No toques ni te subas sin permiso a los objetos expuestos.
4. Respeta las filas de acceso a las distintas salas.
5. Come y bebe únicamente en las zonas habilitadas.

TOCA
TOCA
¡ESO NO SE HACE!

# Capítulo 2

# El misterioso almacén subterráneo

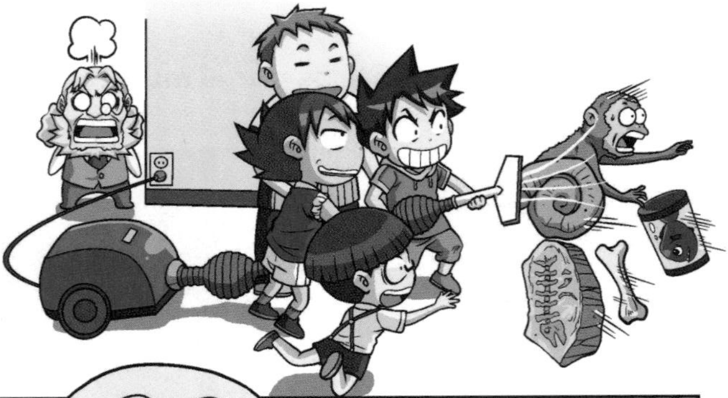

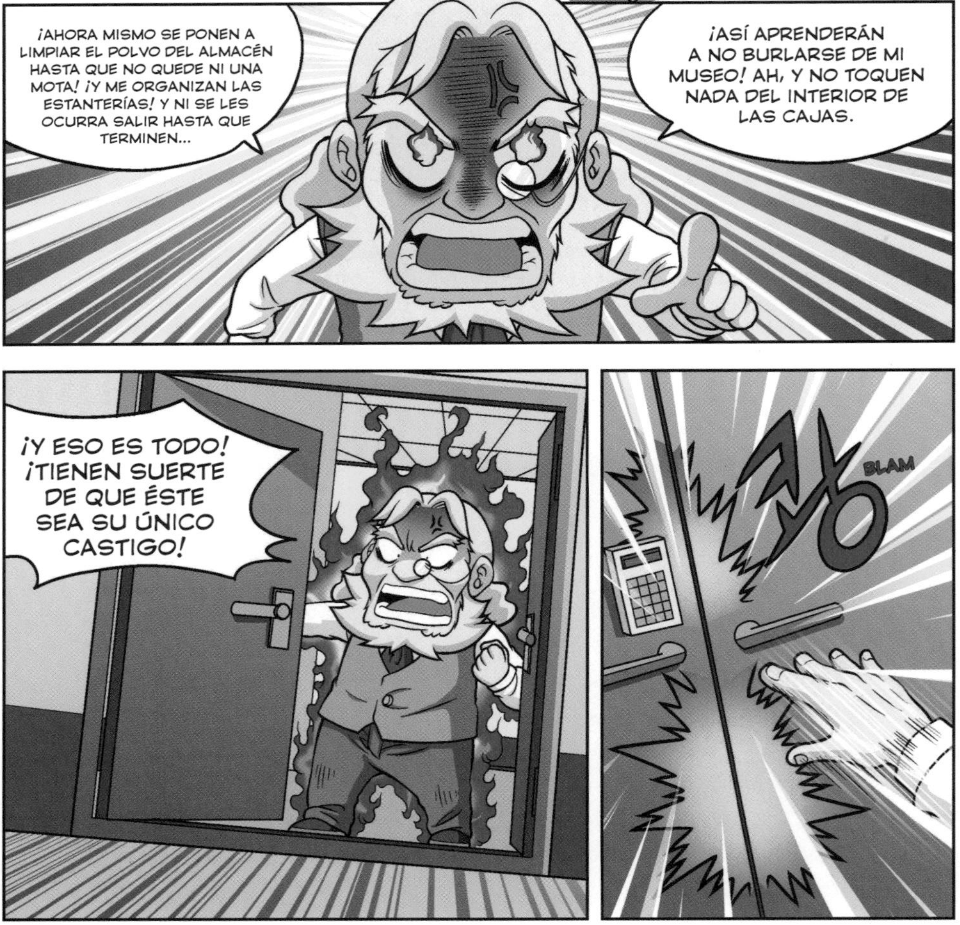

¡AHORA MISMO SE PONEN A LIMPIAR EL POLVO DEL ALMACÉN HASTA QUE NO QUEDE NI UNA MOTA! ¡Y ME ORGANIZAN LAS ESTANTERÍAS! Y NI SE LES OCURRA SALIR HASTA QUE TERMINEN...
¡ASÍ APRENDERÁN A NO BURLARSE DE MI MUSEO! AH, Y NO TOQUEN NADA DEL INTERIOR DE LAS CAJAS.
¡Y ESO ES TODO! ¡TIENEN SUERTE DE QUE ÉSTE SEA SU ÚNICO CASTIGO!
BLAM

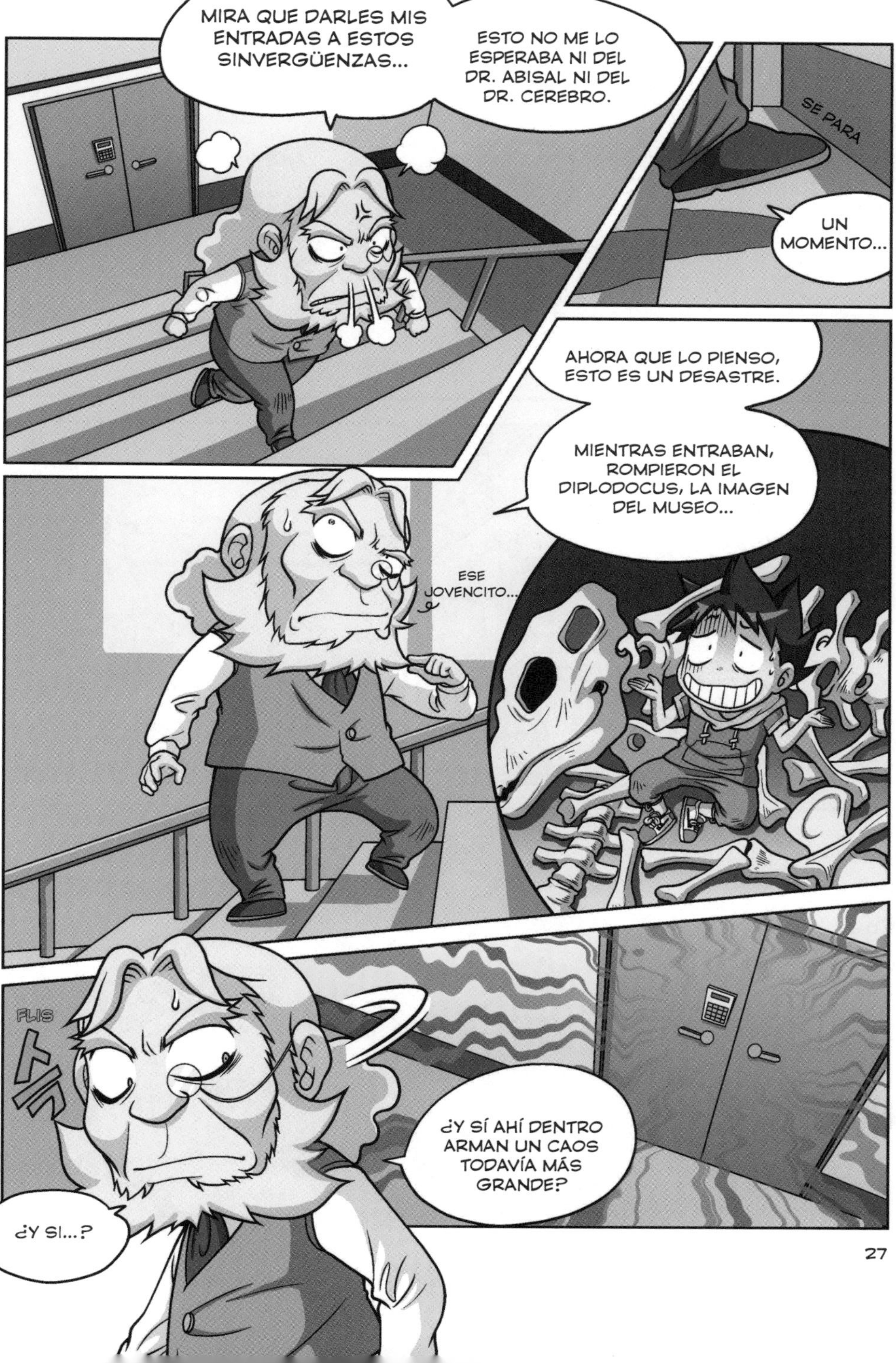
MIRA QUE DARLES MIS ENTRADAS A ESTOS SINVERGÜENZAS...
ESTO NO ME LO ESPERABA NI DEL DR. ABISAL NI DEL DR. CEREBRO.
SE PARA
UN MOMENTO...
AHORA QUE LO PIENSO, ESTO ES UN DESASTRE.
MIENTRAS ENTRABAN, ROMPIERON EL DIPLODOCUS, LA IMAGEN DEL MUSEO...
ESE JOVENCITO...
FLIS
¿Y SI...?
¿Y SÍ AHÍ DENTRO ARMAN UN CAOS TODAVÍA MÁS GRANDE?

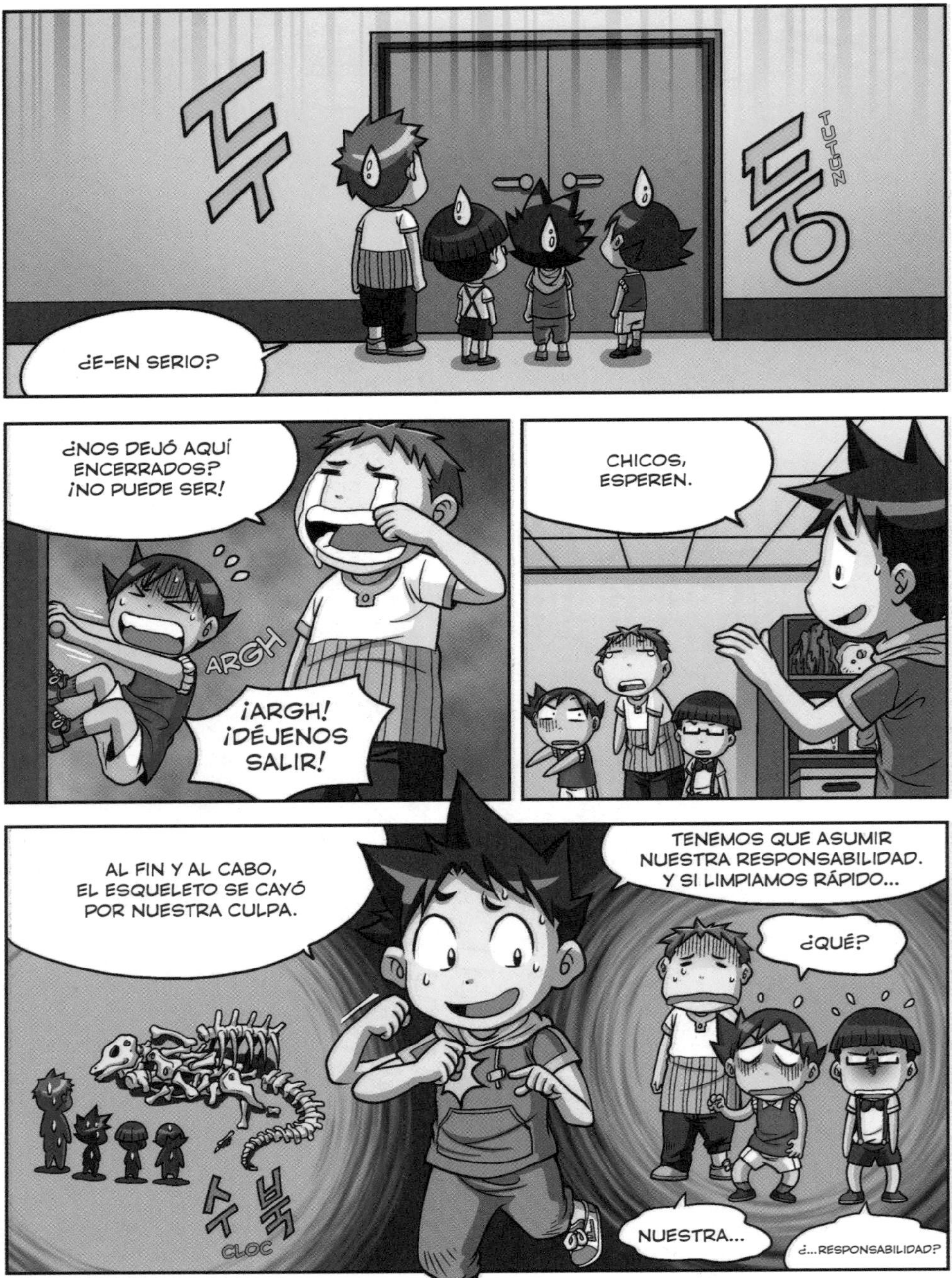
TUTÚN
¿E-EN SERIO?
¿NOS DEJÓ AQUÍ ENCERRADOS? ¡NO PUEDE SER!
ARGH
¡ARGH! ¡DÉJENOS SALIR!
CHICOS, ESPEREN.
AL FIN Y AL CABO, EL ESQUELETO SE CAYÓ POR NUESTRA CULPA.
TENEMOS QUE ASUMIR NUESTRA RESPONSABILIDAD. Y SI LIMPIAMOS RÁPIDO...
¿QUÉ?
CLOC
NUESTRA...
¿...RESPONSABILIDAD?

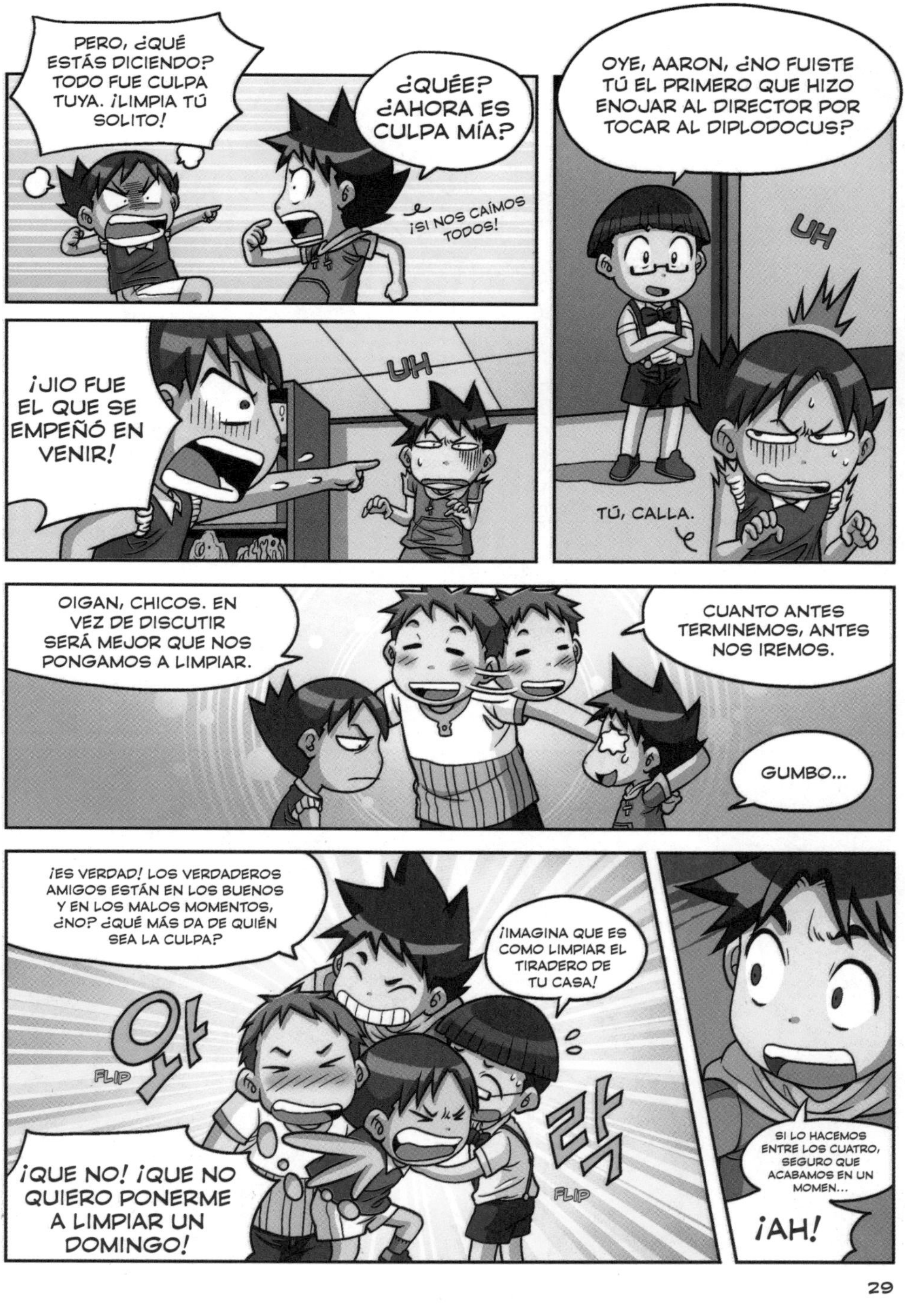
PERO, ¿QUÉ ESTÁS DICIENDO? TODO FUE CULPA TUYA. ¡LIMPIA TÚ SOLITO!
¿QUÉE? ¿AHORA ES CULPA MÍA?
¡SI NOS CAÍMOS TODOS!
OYE, AARON, ¿NO FUISTE TÚ EL PRIMERO QUE HIZO ENOJAR AL DIRECTOR POR TOCAR AL DIPLODOCUS?
UH
¡JIO FUE EL QUE SE EMPEÑÓ EN VENIR!
UH
TÚ, CALLA.
OIGAN, CHICOS. EN VEZ DE DISCUTIR SERÁ MEJOR QUE NOS PONGAMOS A LIMPIAR.
CUANTO ANTES TERMINEMOS, ANTES NOS IREMOS.
GUMBO...
¡ES VERDAD! LOS VERDADEROS AMIGOS ESTÁN EN LOS BUENOS Y EN LOS MALOS MOMENTOS, ¿NO? ¿QUÉ MÁS DA DE QUIÉN SEA LA CULPA?
¡IMAGINA QUE ES COMO LIMPIAR EL TIRADERO DE TU CASA!
FLIP
FLIP
¡QUE NO! ¡QUE NO QUIERO PONERME A LIMPIAR UN DOMINGO!
SI LO HACEMOS ENTRE LOS CUATRO, SEGURO QUE ACABAMOS EN UN MOMEN...
¡AH!

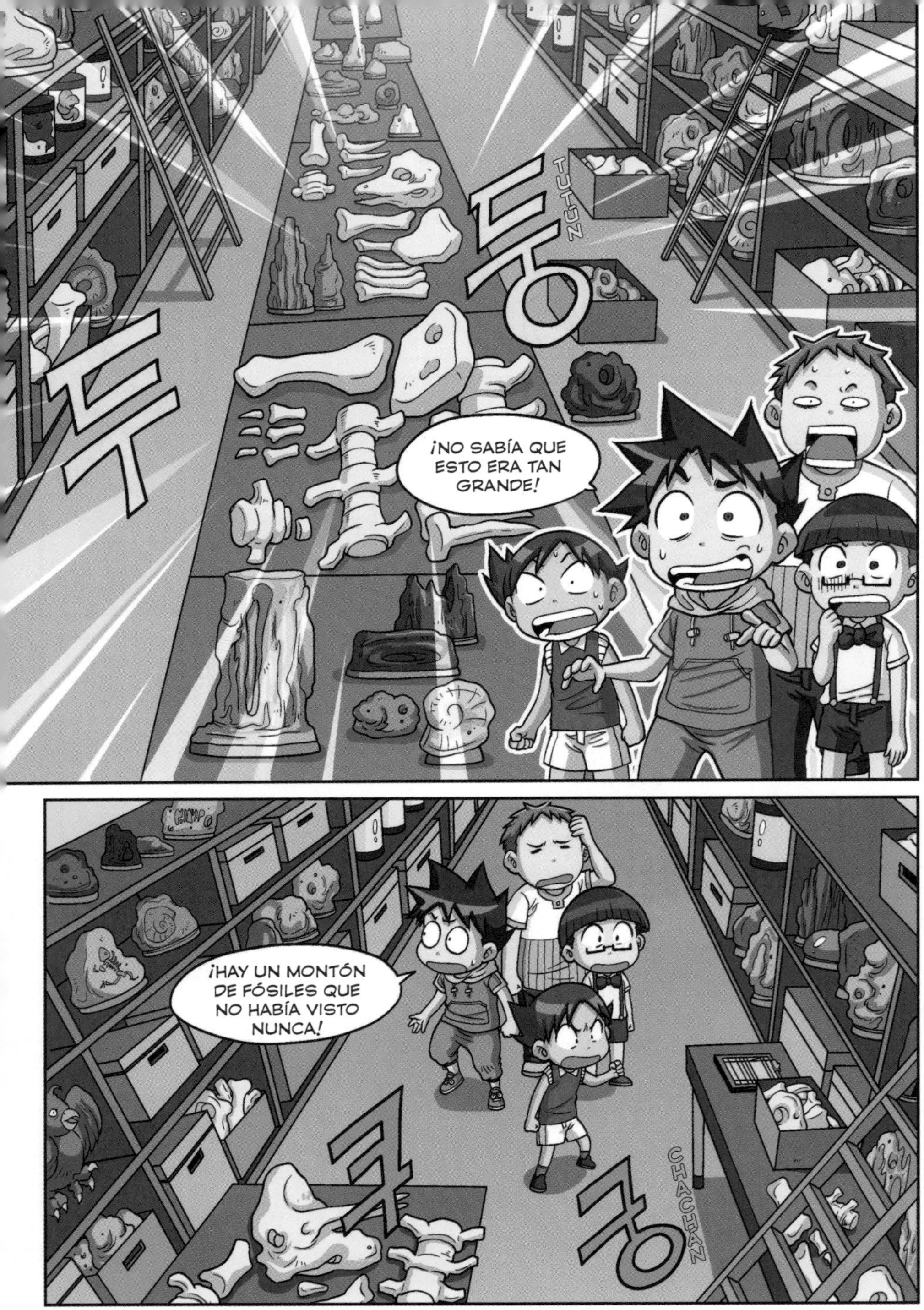
두
둥
TUTÚN
¡NO SABÍA QUE ESTO ERA TAN GRANDE!
¡HAY UN MONTÓN DE FÓSILES QUE NO HABÍA VISTO NUNCA!
CHACHAN

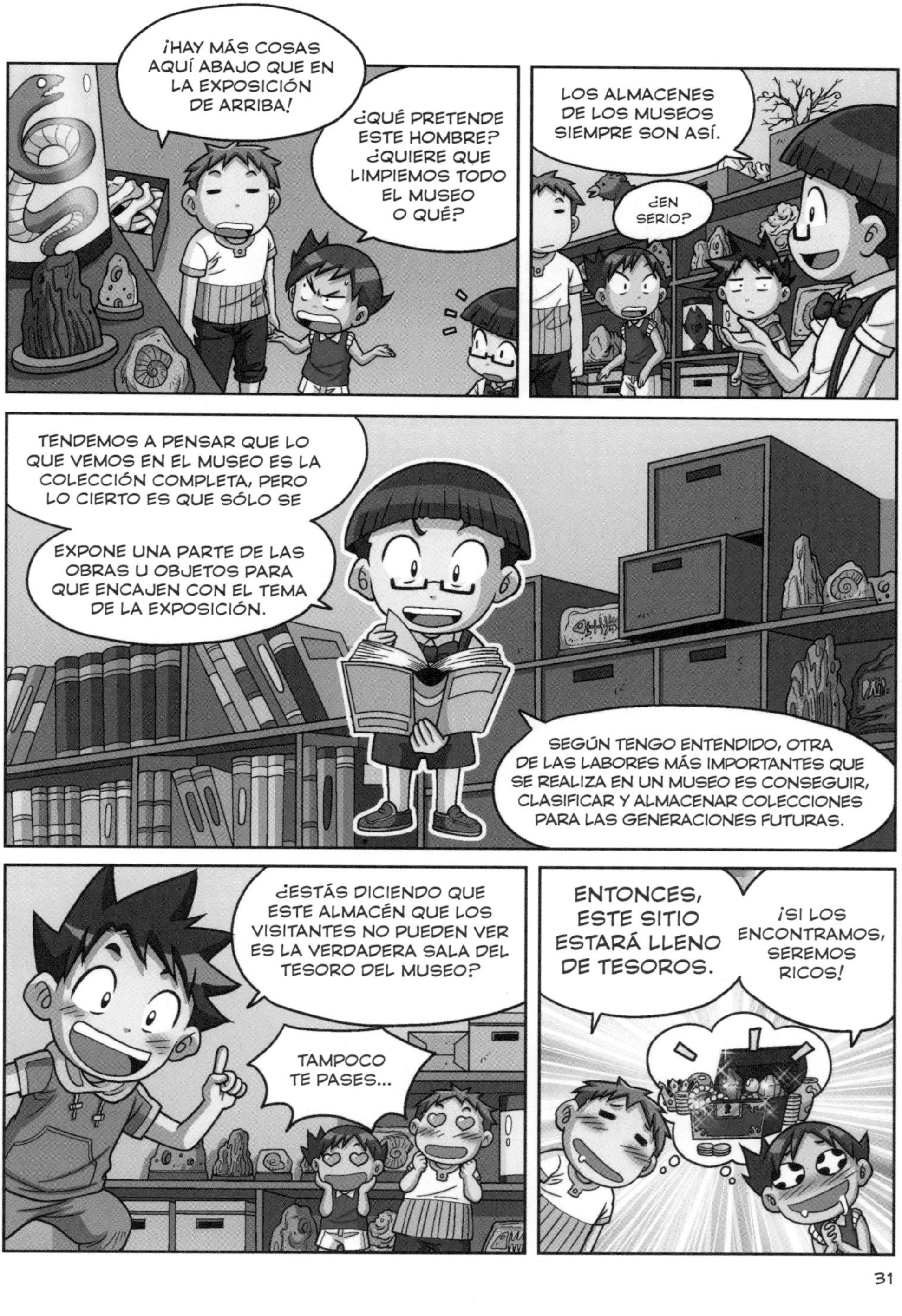
¡HAY MÁS COSAS AQUÍ ABAJO QUE EN LA EXPOSICIÓN DE ARRIBA!
¿QUÉ PRETENDE ESTE HOMBRE? ¿QUIERE QUE LIMPIEMOS TODO EL MUSEO O QUÉ?
LOS ALMACENES DE LOS MUSEOS SIEMPRE SON ASÍ.
¿EN SERIO?
TENDEMOS A PENSAR QUE LO QUE VEMOS EN EL MUSEO ES LA COLECCIÓN COMPLETA, PERO LO CIERTO ES QUE SÓLO SE
EXPONE UNA PARTE DE LAS OBRAS U OBJETOS PARA QUE ENCAJEN CON EL TEMA DE LA EXPOSICIÓN.
SEGÚN TENGO ENTENDIDO, OTRA DE LAS LABORES MÁS IMPORTANTES QUE SE REALIZA EN UN MUSEO ES CONSEGUIR, CLASIFICAR Y ALMACENAR COLECCIONES PARA LAS GENERACIONES FUTURAS.
¿ESTÁS DICIENDO QUE ESTE ALMACÉN QUE LOS VISITANTES NO PUEDEN VER ES LA VERDADERA SALA DEL TESORO DEL MUSEO?
TAMPOCO TE PASES...
ENTONCES, ESTE SITIO ESTARÁ LLENO DE TESOROS.
¡SI LOS ENCONTRAMOS, SEREMOS RICOS!

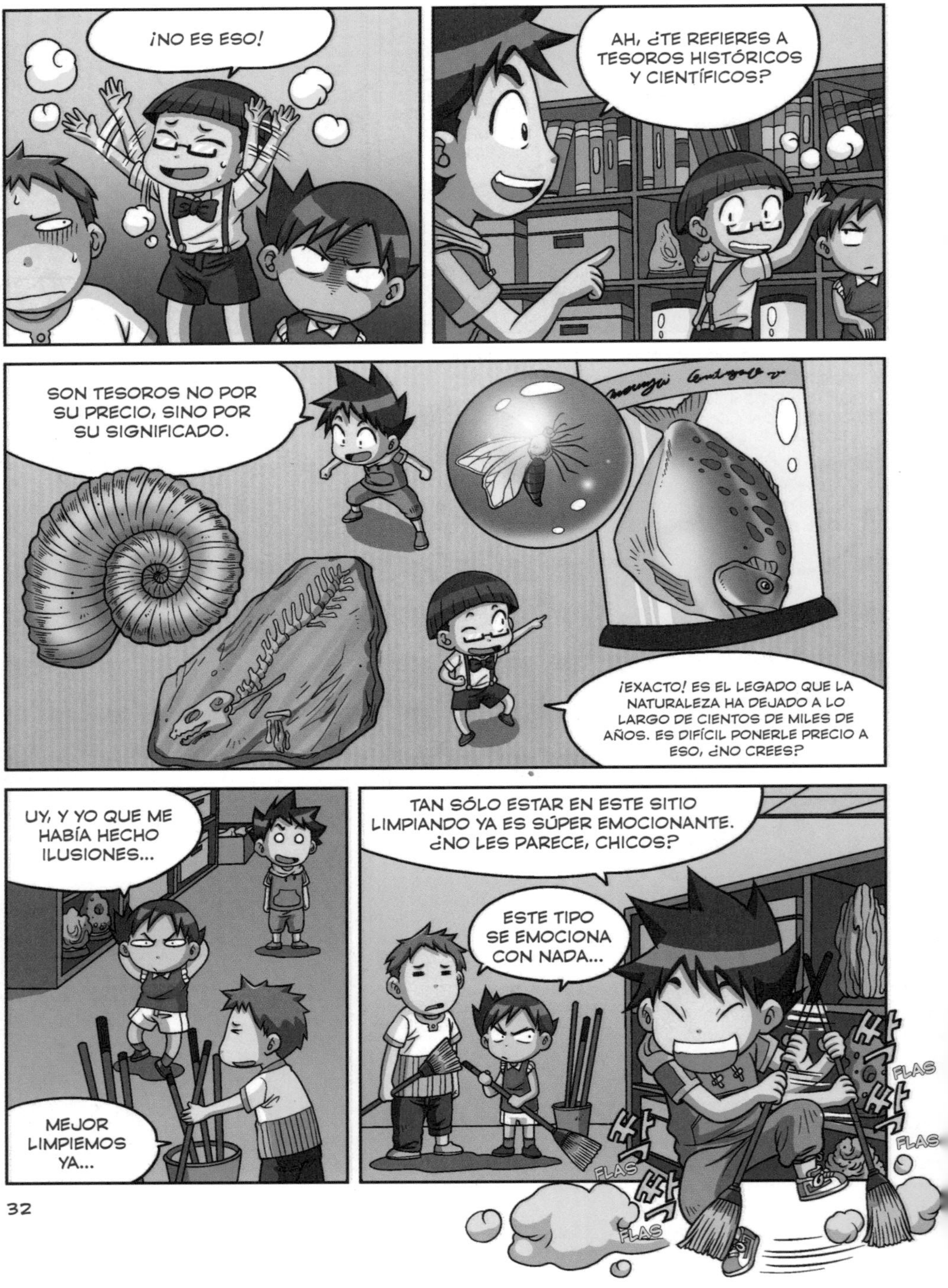
¡NO ES ESO!
AH, ¿TE REFIERES A TESOROS HISTÓRICOS Y CIENTÍFICOS?
SON TESOROS NO POR SU PRECIO, SINO POR SU SIGNIFICADO.
¡EXACTO! ES EL LEGADO QUE LA NATURALEZA HA DEJADO A LO LARGO DE CIENTOS DE MILES DE AÑOS. ES DIFÍCIL PONERLE PRECIO A ESO, ¿NO CREES?
UY, Y YO QUE ME HABÍA HECHO ILUSIONES...
MEJOR LIMPIEMOS YA...
TAN SÓLO ESTAR EN ESTE SITIO LIMPIANDO YA ES SÚPER EMOCIONANTE. ¿NO LES PARECE, CHICOS?
ESTE TIPO SE EMOCIONA CON NADA...
FLAS
FLAS
FLAS
FLAS

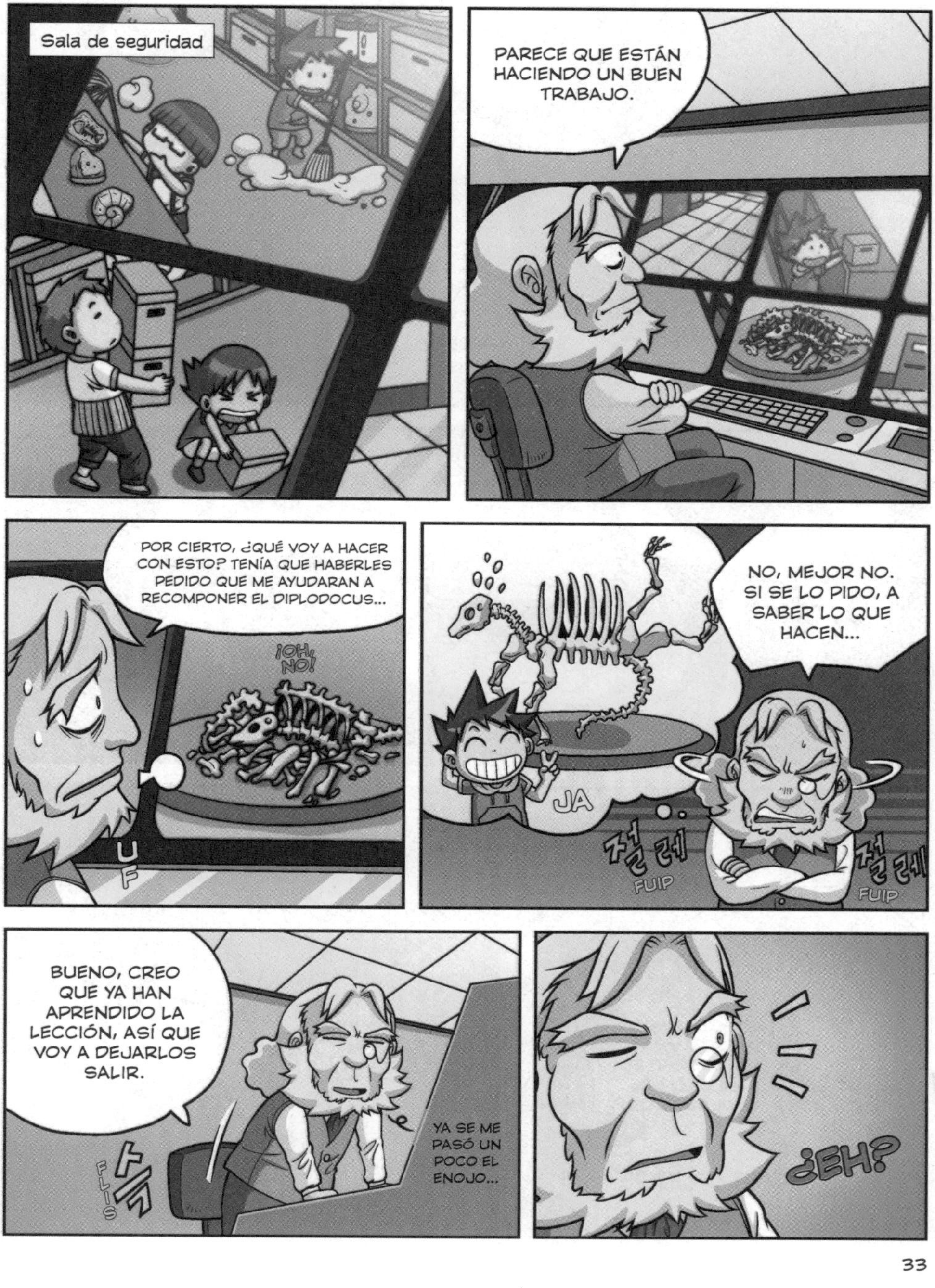
Sala de seguridad
PARECE QUE ESTÁN HACIENDO UN BUEN TRABAJO.
POR CIERTO, ¿QUÉ VOY A HACER CON ESTO? TENÍA QUE HABERLES PEDIDO QUE ME AYUDARAN A RECOMPONER EL DIPLODOCUS...
¡OH, NO!
UF
NO, MEJOR NO. SI SE LO PIDO, A SABER LO QUE HACEN...
JA
FUIP
FUIP
BUENO, CREO QUE YA HAN APRENDIDO LA LECCIÓN, ASÍ QUE VOY A DEJARLOS SALIR.
YA SE ME PASÓ UN POCO EL ENOJO...
FLIS
¿EH?

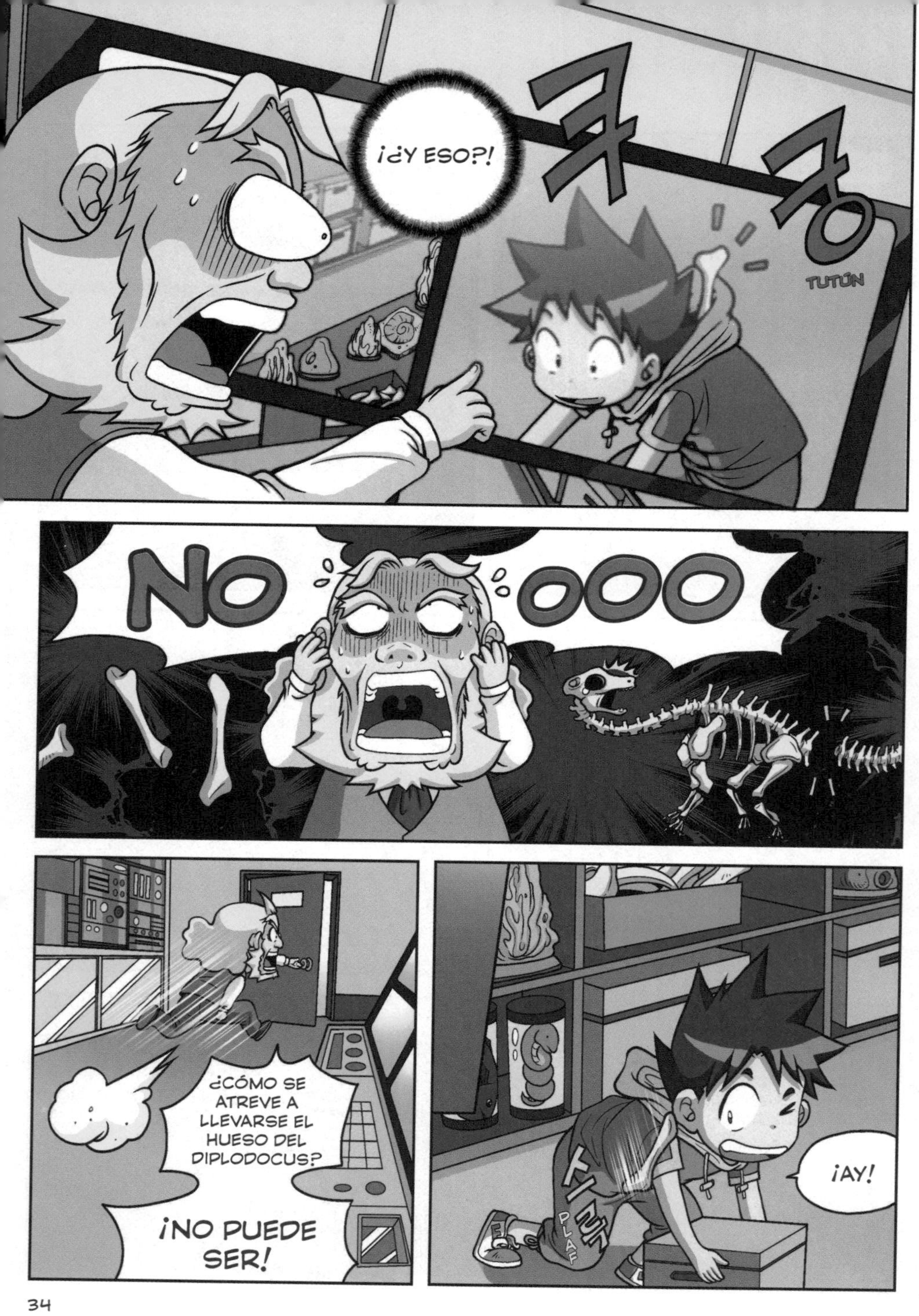
¡¿Y ESO?!
TUTÚN
NOOOO
¿CÓMO SE ATREVE A LLEVARSE EL HUESO DEL DIPLODOCUS?
¡NO PUEDE SER!
¡AY!
PLAF

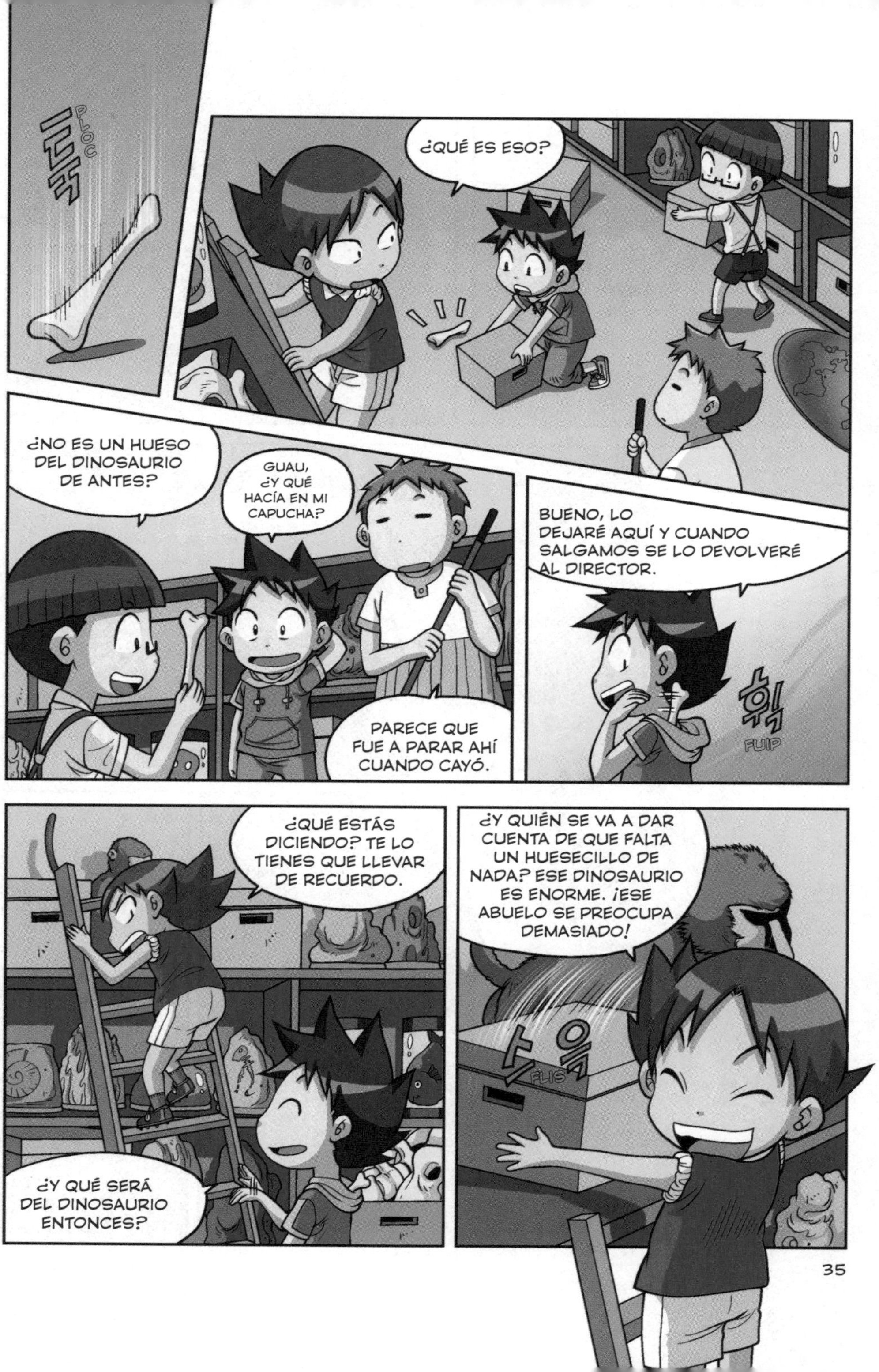
PLOC
¿QUÉ ES ESO?
¿NO ES UN HUESO DEL DINOSAURIO DE ANTES?
GUAU, ¿Y QUÉ HACÍA EN MI CAPUCHA?
PARECE QUE FUE A PARAR AHÍ CUANDO CAYÓ.
BUENO, LO DEJARÉ AQUÍ Y CUANDO SALGAMOS SE LO DEVOLVERÉ AL DIRECTOR.
FUIP
¿QUÉ ESTÁS DICIENDO? TE LO TIENES QUE LLEVAR DE RECUERDO.
¿Y QUÉ SERÁ DEL DINOSAURIO ENTONCES?
¿Y QUIÉN SE VA A DAR CUENTA DE QUE FALTA UN HUESECILLO DE NADA? ESE DINOSAURIO ES ENORME. ¡ESE ABUELO SE PREOCUPA DEMASIADO!
FLIS

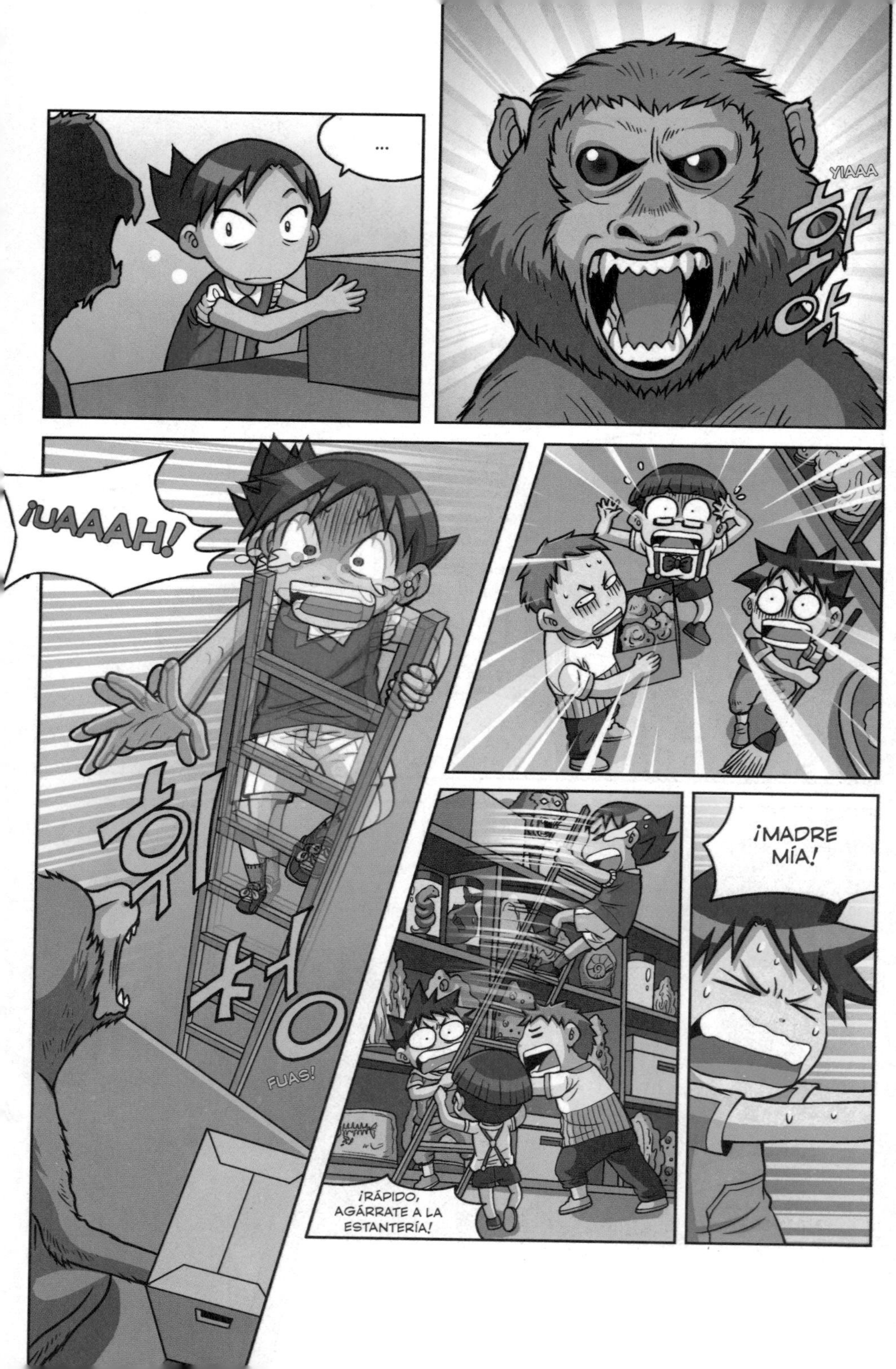
...
YIAAA
¡UAAAH!
FUAS!
¡RÁPIDO, AGÁRRATE A LA ESTANTERÍA!
¡MADRE MÍA!

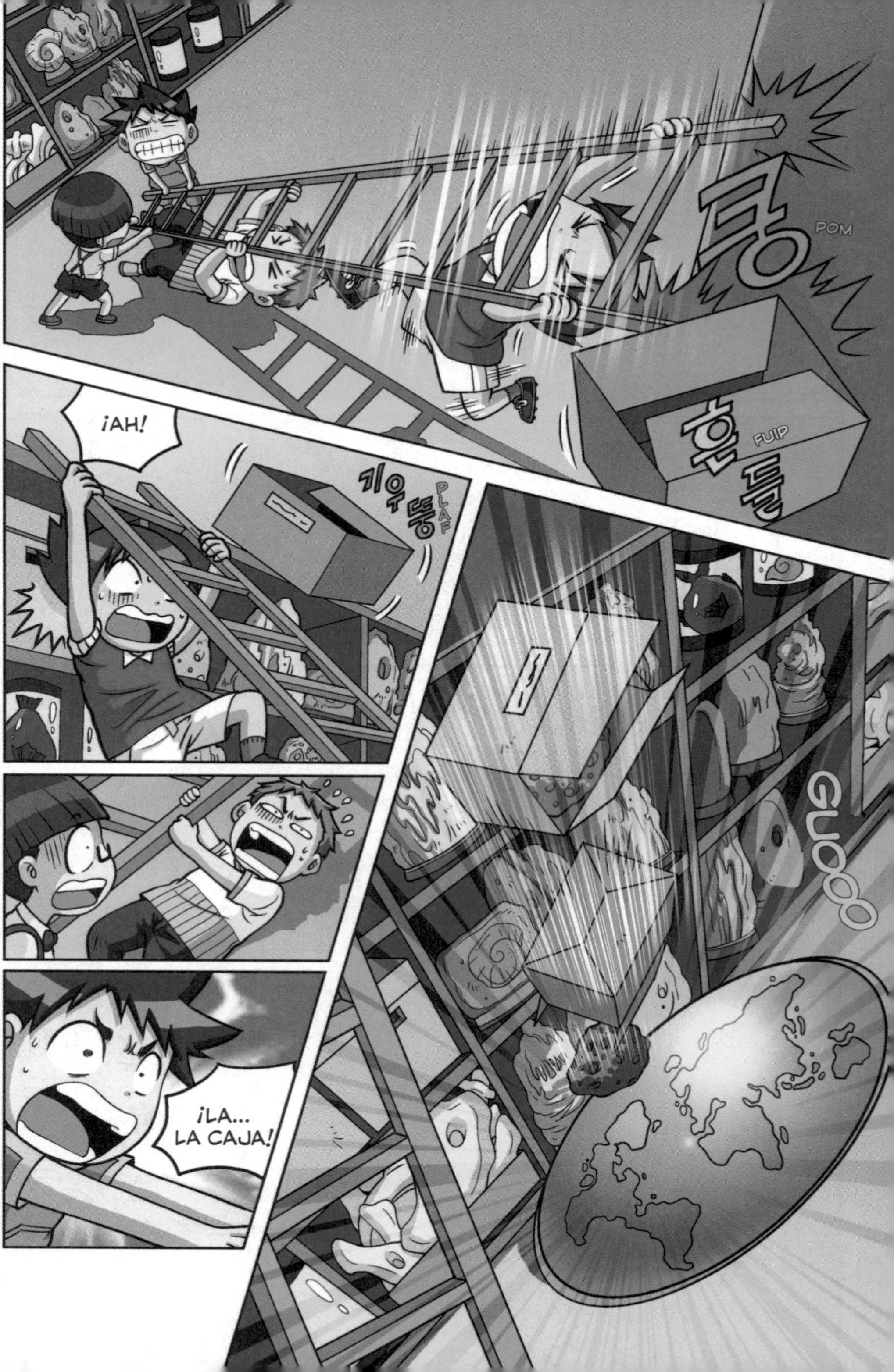
POM
FUIP
¡AH!
PLAF
GUOOO
¡LA...
LA CAJA!

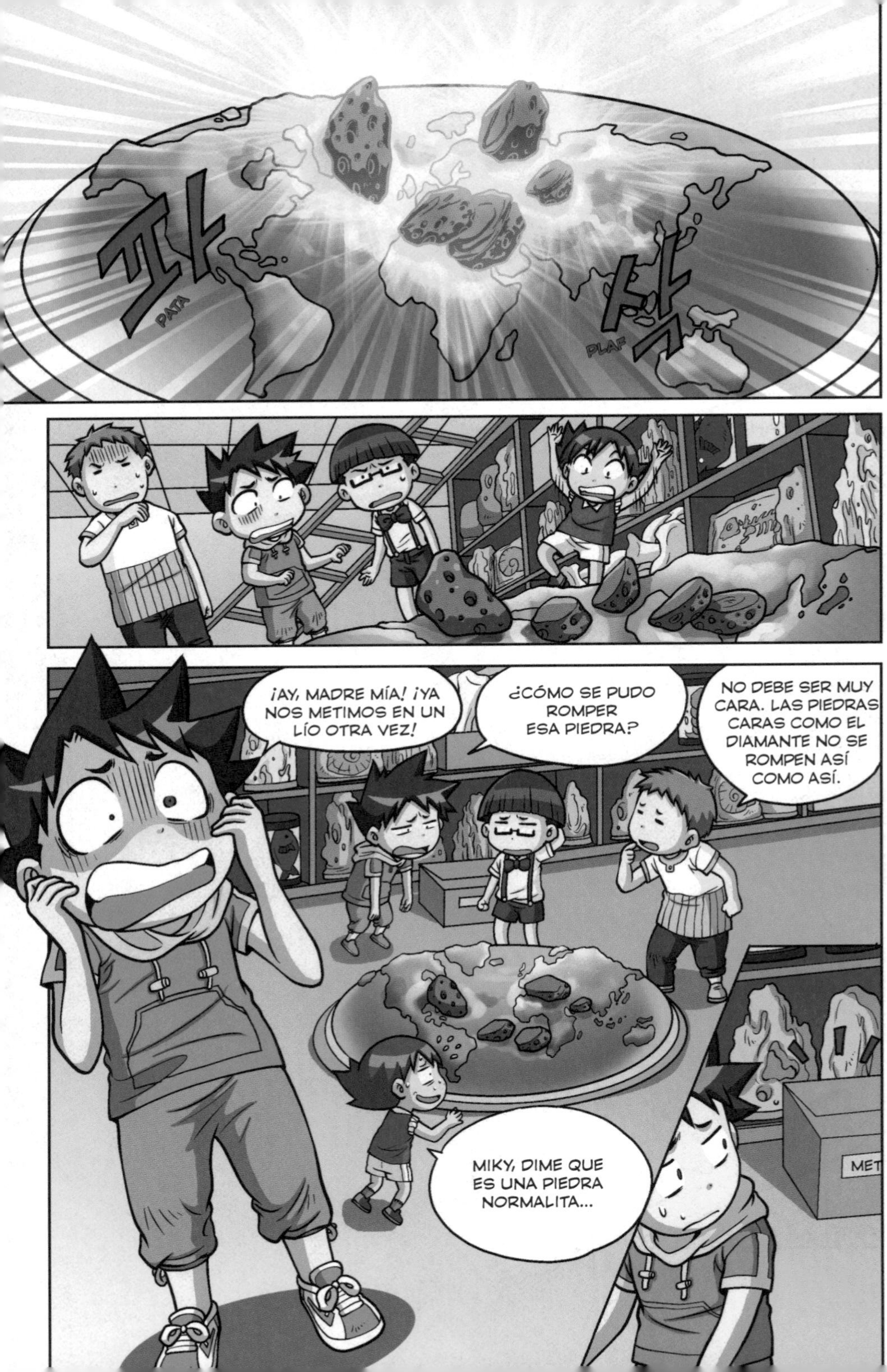
PATA
PLAF
¡AY, MADRE MÍA! ¡YA NOS METIMOS EN UN LÍO OTRA VEZ!
¿CÓMO SE PUDO ROMPER ESA PIEDRA?
NO DEBE SER MUY CARA. LAS PIEDRAS CARAS COMO EL DIAMANTE NO SE ROMPEN ASÍ COMO ASÍ.
MIKY, DIME QUE ES UNA PIEDRA NORMALITA...
MET

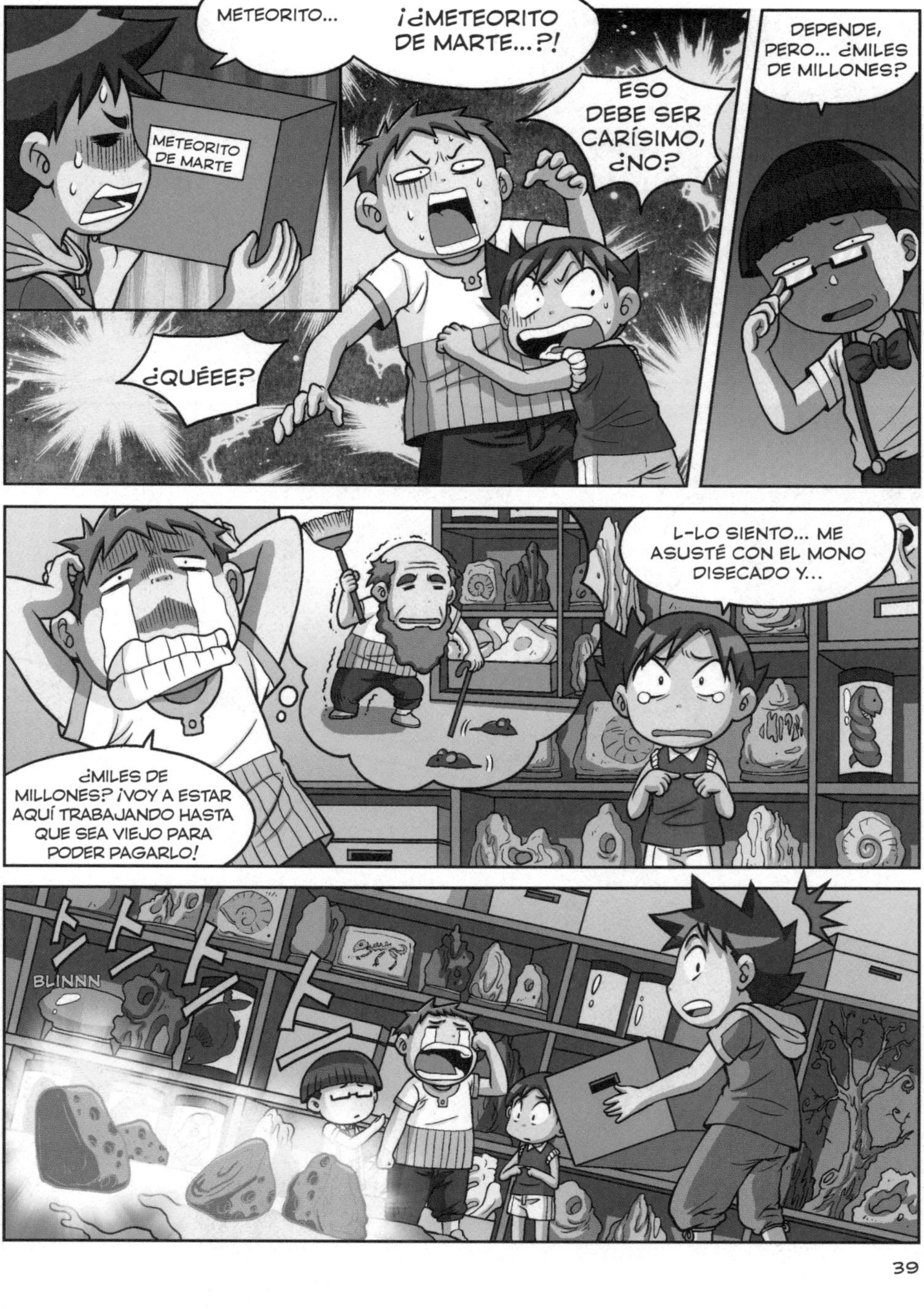
METEORITO...
¡¿METEORITO DE MARTE...?!
METEORITO DE MARTE
ESO DEBE SER CARÍSIMO, ¿NO?
¿QUÉEE?
DEPENDE, PERO... ¿MILES DE MILLONES?
¿MILES DE MILLONES? ¡VOY A ESTAR AQUÍ TRABAJANDO HASTA QUE SEA VIEJO PARA PODER PAGARLO!
L-LO SIENTO... ME ASUSTÉ CON EL MONO DISECADO Y...
BLINNN

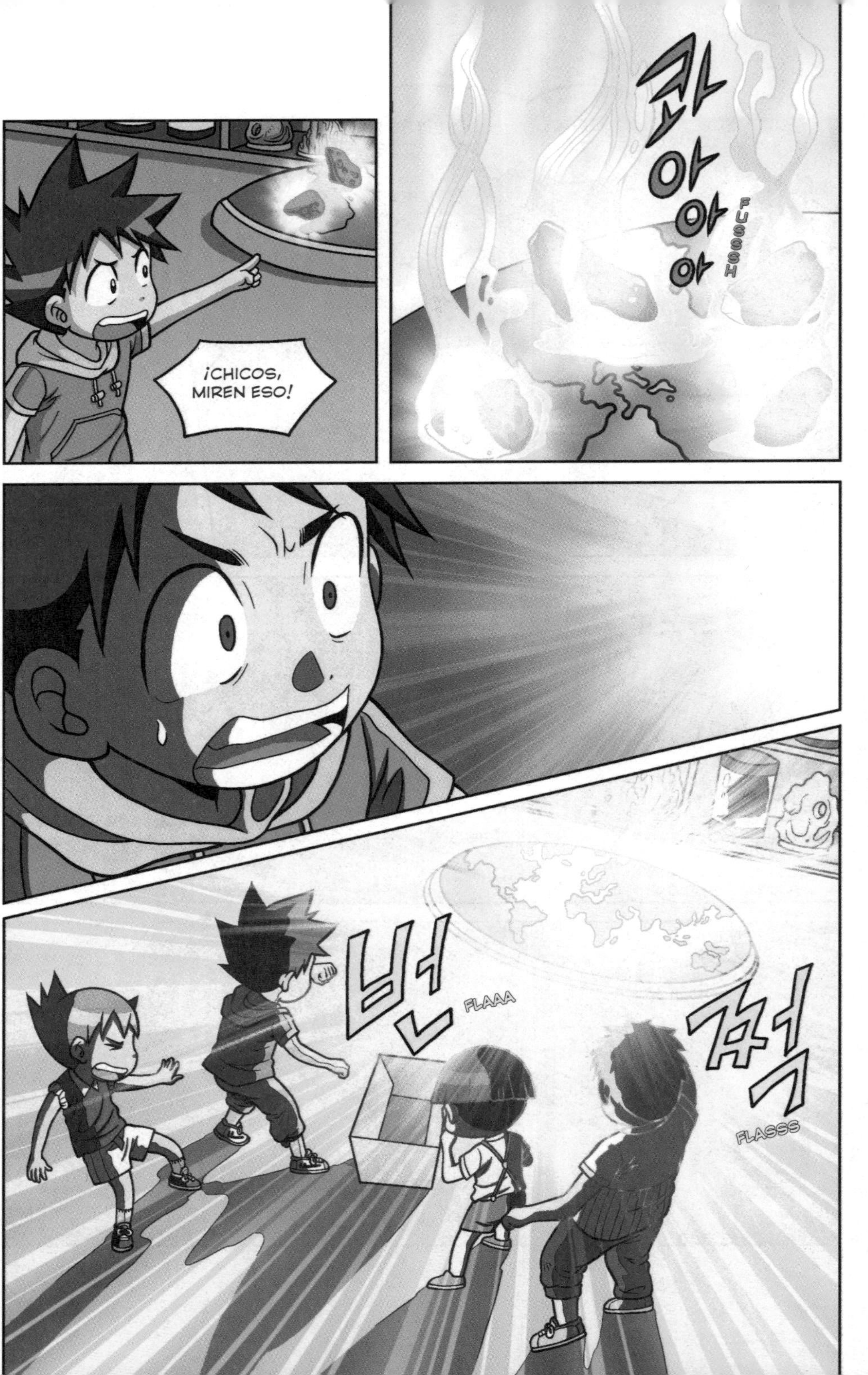
¡CHICOS,
MIREN ESO!
콰아아아
FUSSH
번
FLAAA
쩍
FLASSS

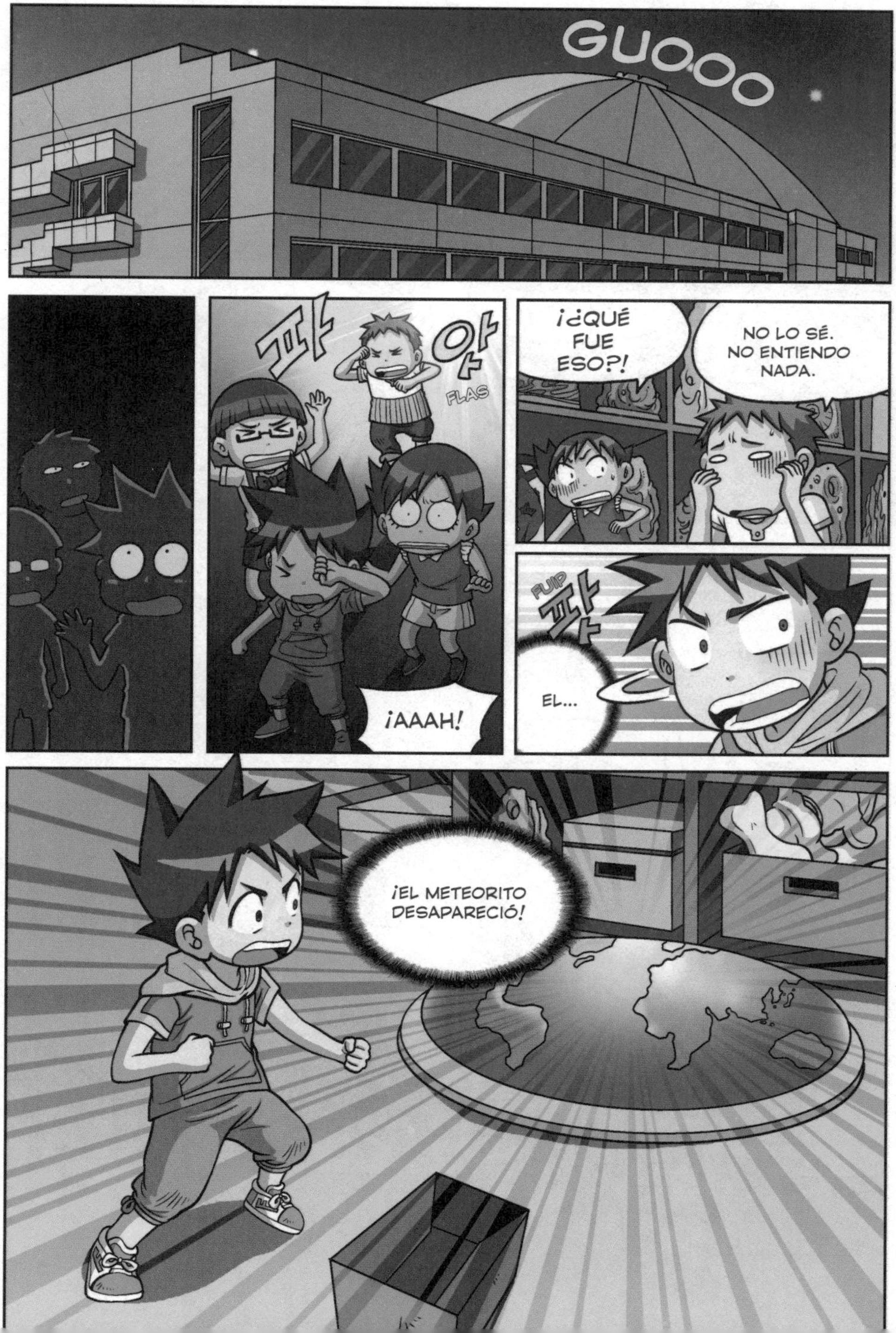
GUOOO
FLAS
¡AAAH!
¡¿QUÉ FUE ESO?!
NO LO SÉ. NO ENTIENDO NADA.
FUIP
EL...
¡EL METEORITO DESAPARECIÓ!

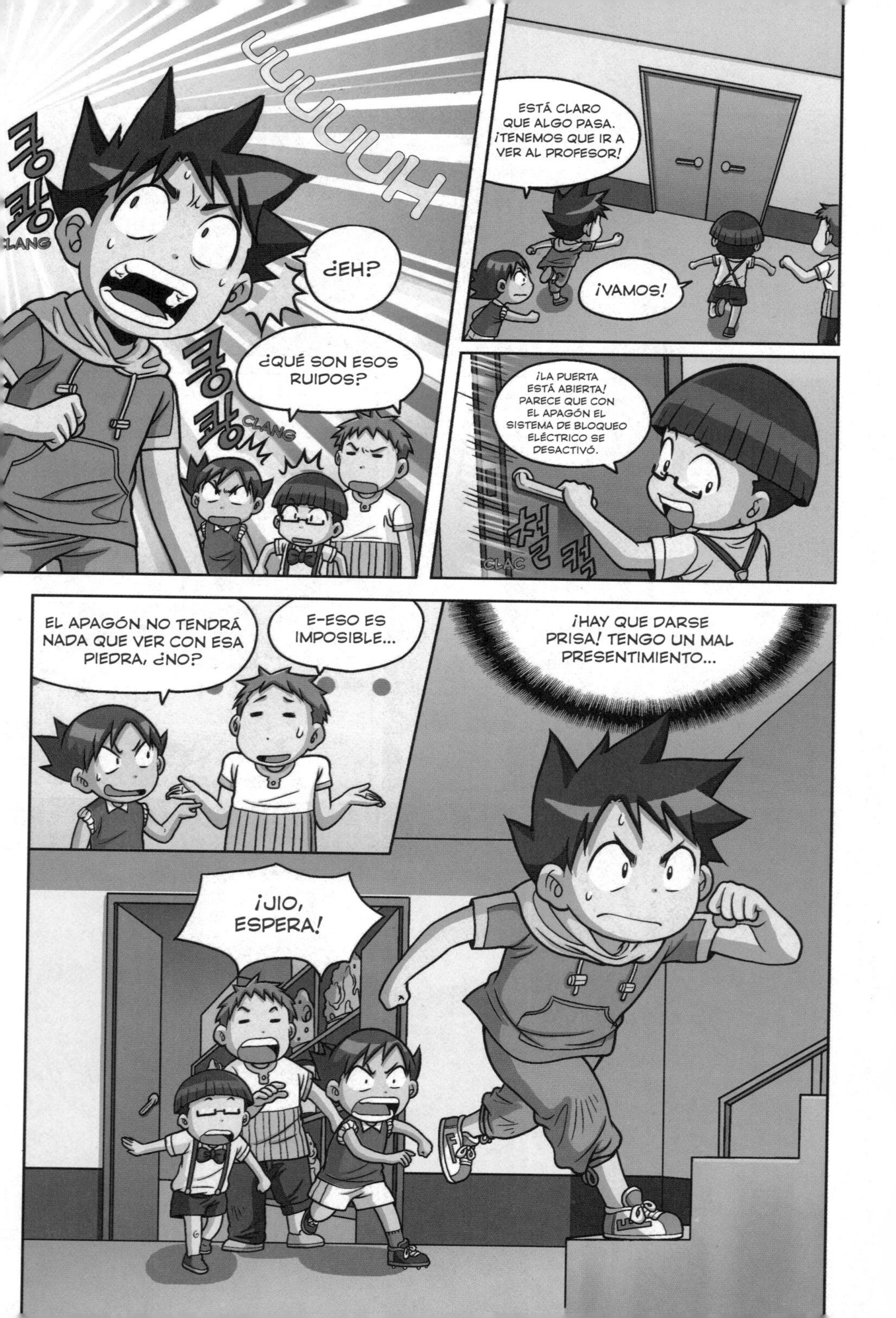

UUUUUH
쿵쾅
CLANG
¿EH?
¿QUÉ SON ESOS RUIDOS?
쿵쾅
CLANG
ESTÁ CLARO QUE ALGO PASA. ¡TENEMOS QUE IR A VER AL PROFESOR!
¡VAMOS!
¡LA PUERTA ESTÁ ABIERTA! PARECE QUE CON EL APAGÓN EL SISTEMA DE BLOQUEO ELÉCTRICO SE DESACTIVÓ.
철컥
CLAC
EL APAGÓN NO TENDRÁ NADA QUE VER CON ESA PIEDRA, ¿NO?
E-ESO ES IMPOSIBLE...
¡HAY QUE DARSE PRISA! TENGO UN MAL PRESENTIMIENTO...
¡JIO, ESPERA!

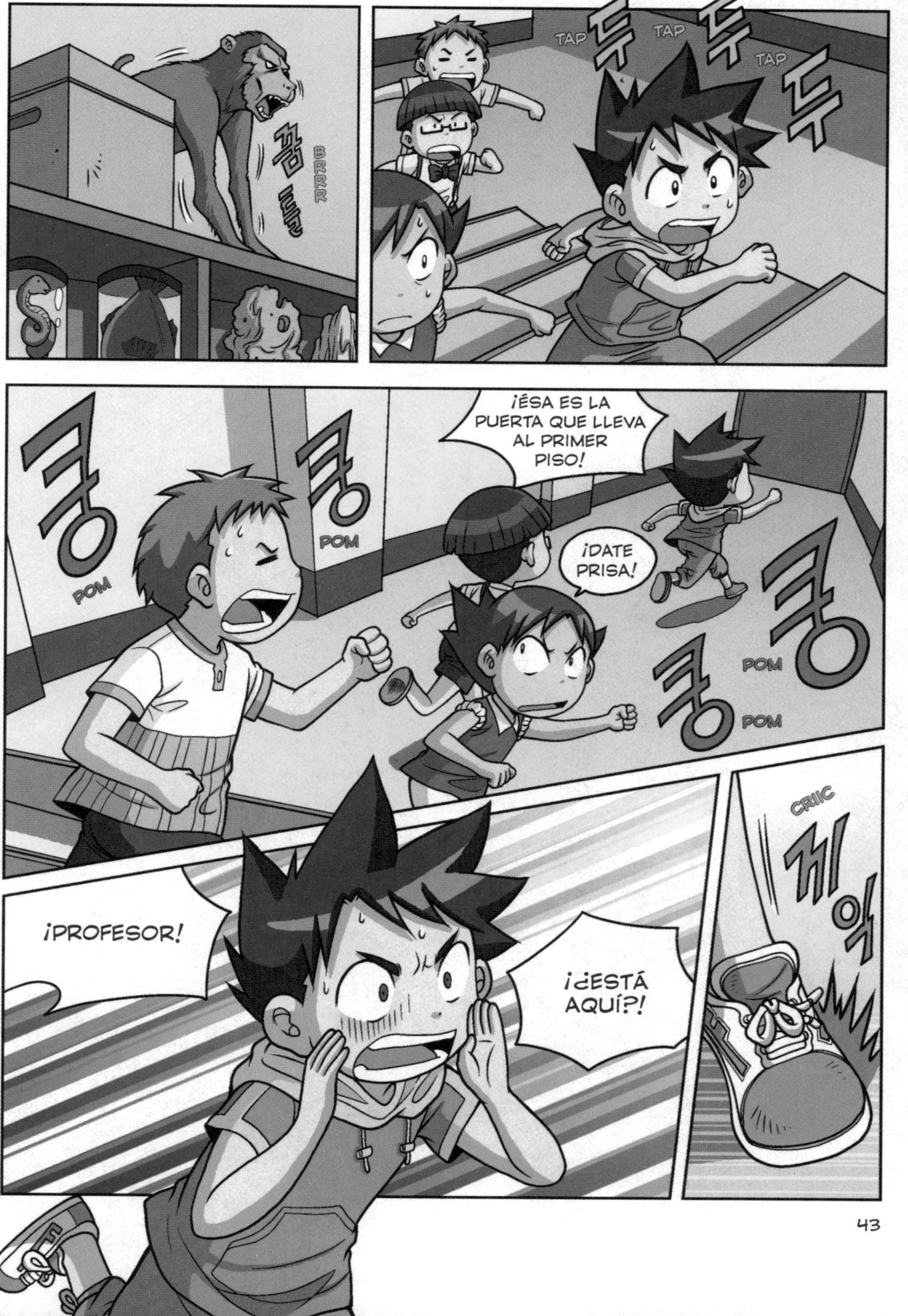
BRRR
TAP
TAP
TAP
¡ÉSA ES LA PUERTA QUE LLEVA AL PRIMER PISO!
POM
POM
¡DATE PRISA!
POM
POM
CRIIC
¡PROFESOR!
¡¿ESTÁ AQUÍ?!

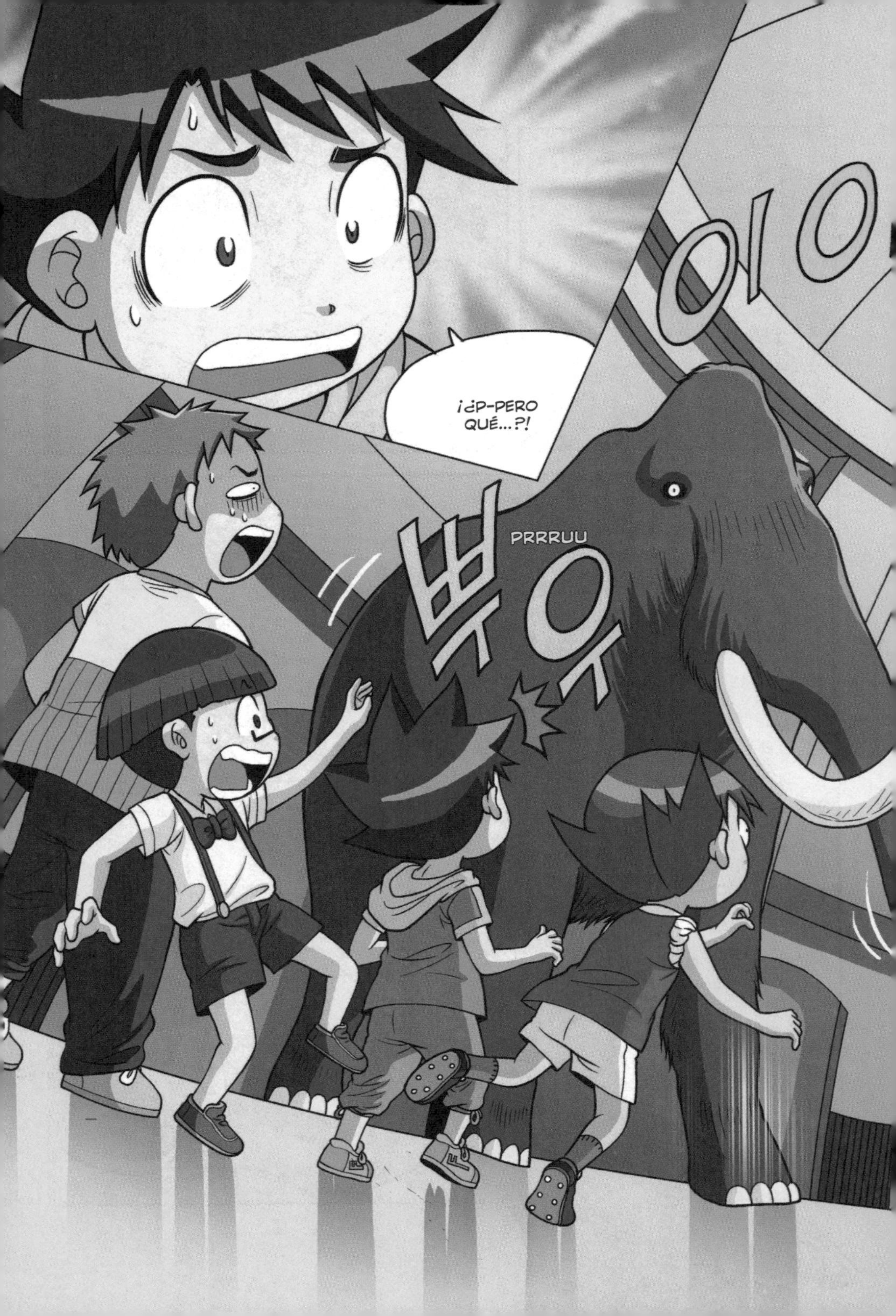
¡¿P-PERO QUÉ...?!
PRRRUU

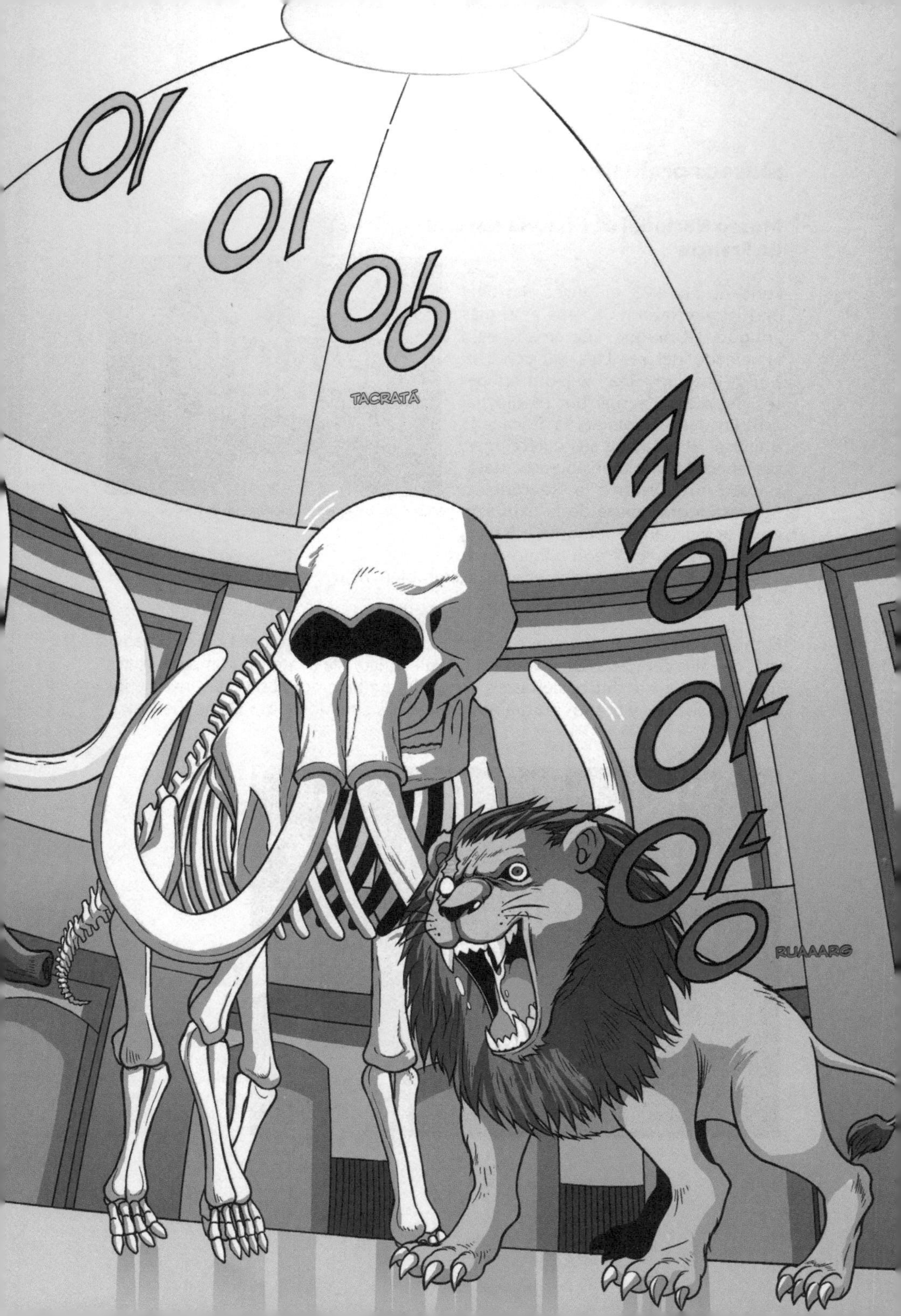
TACRATÁ
RUAAARG

## Museos prehistóricos por el mundo

### Museo Nacional de Historia Natural de Francia

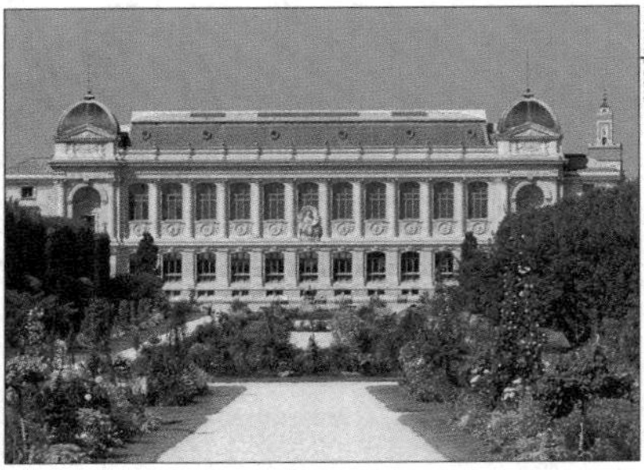
©Wikipedia

Museo Nacional de Historia Natural de Francia

Fundado en 1973, el Museo Nacional de Historia Natural de París es el más antiguo del mundo. Fue creado bajo el reinado del rey Luis XIII como el Jardín Botánico Real, y sentó las bases del museo actual por medio del estudio de la geología, la física y la química. Algunas de sus colecciones, pertenecientes a la aristocracia, desaparecieron durante la Revolución francesa y gran parte de lo expuesto en la actualidad se remonta a las expediciones de Napoleón a Egipto entre 1798 y 1801. Las exposiciones actuales también incluyen materiales del ecuador y de los polos.

El museo cuenta con salas de exposiciones, zoológico y jardines botánicos, además de salas dedicadas a la evolución, al Paleolítico, a la anatomía comparada, a la mineralogía, entre muchas otras. Es conocido también por la sala destinada a los descubrimientos y por sus programas educativos dirigidos a los más pequeños.

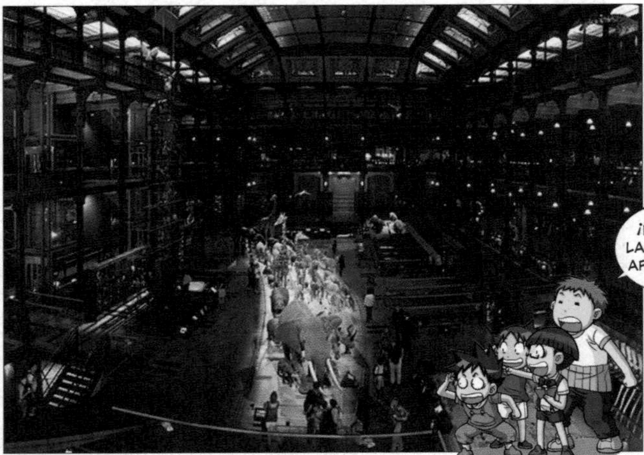
©Wikipedia

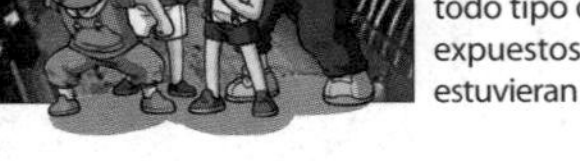
¡PARECE LA SABANA AFRICANA!

Sala central dedicada a la evolución. Desde el elefante africano hasta el más pequeño de los roedores, pasando por todo tipo de mamíferos, están expuestos juntos, como si estuvieran avanzando en grupo.

## Museo Americano de Historia Natural

Conocido por haber servido de escenario de la película *Una noche en el museo*, el Museo Americano de Historia Natural, en Estados Unidos, es un destino turístico visitado por más de tres millones de personas al año. Desde su inauguración en 1869, gracias al científico Albert Bickmore, este museo ha conseguido atesorar más de 32 millones de especímenes, de los cuales está expuesto sólo 2%. Es famoso por albergar el meteorito expuesto más grande del mundo, Ahnighito, también llamado la «Estrella de India», que pesa más de 31 toneladas y contiene más de 563 quilates de zafiro. Además, en el Rose Center se pueden experimentar explosiones espaciales y terremotos de manera virtual.

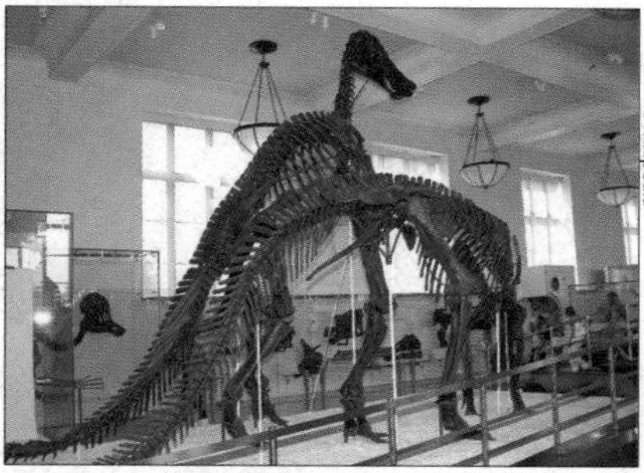

©Wikipedia

Sala de los dinosaurios. Está equipada con pantallas táctiles y ayudas visuales para que se pueda apreciar la evolución de los dinosaurios de un vistazo.

## Museo Británico de Historia Natural

Inaugurado en 1881, el Museo de Historia Natural en Londres, de Reino Unido, es uno de los museos de Historia Natural más grandes del mundo. Está dividido en la Sala de la Vida, que exhibe seres vivos, y la Sala de la Tierra, que muestra objetos inanimados. Entre las colecciones expuestas, encontramos varios tipos de dinosaurios, los extintos pájaros dodo, meteoritos de Marte y fósiles de ballena azul. La colección de aves es una muestra de 95% de las que hay en el mundo. Su nuevo centro de investigación, fundado en 2002, conserva más de 22 millones de muestras, obtenidas en todas partes del mundo. Existe ahí un servicio de consulta científica disponible para el público, con más de 350 profesionales que ofrecen a los visitantes la oportunidad de hacer preguntas sobre el proceso de sus trabajos de investigación.

©Wikipedia

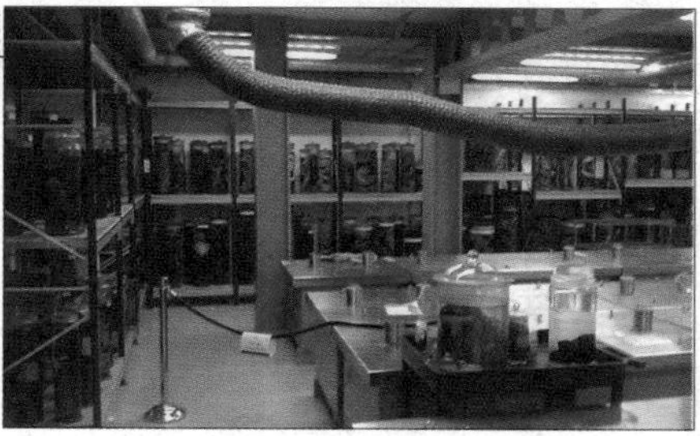

Depósito del Darwin Centre. Aquí se guardan los especímenes recogidos por el científico Charles Darwin.

# Capítulo 3

## ¡Un mamut nos ataca!

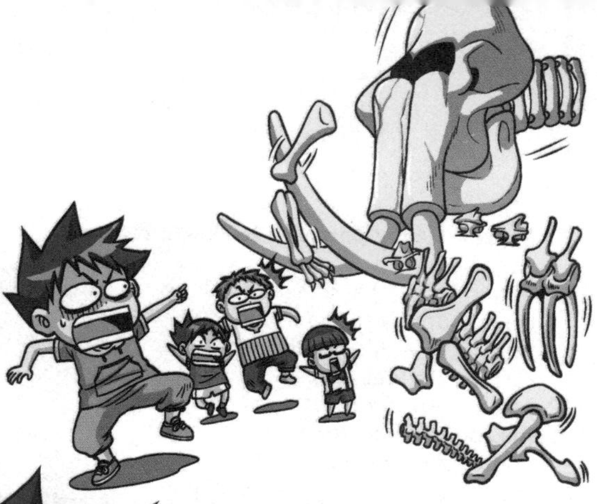

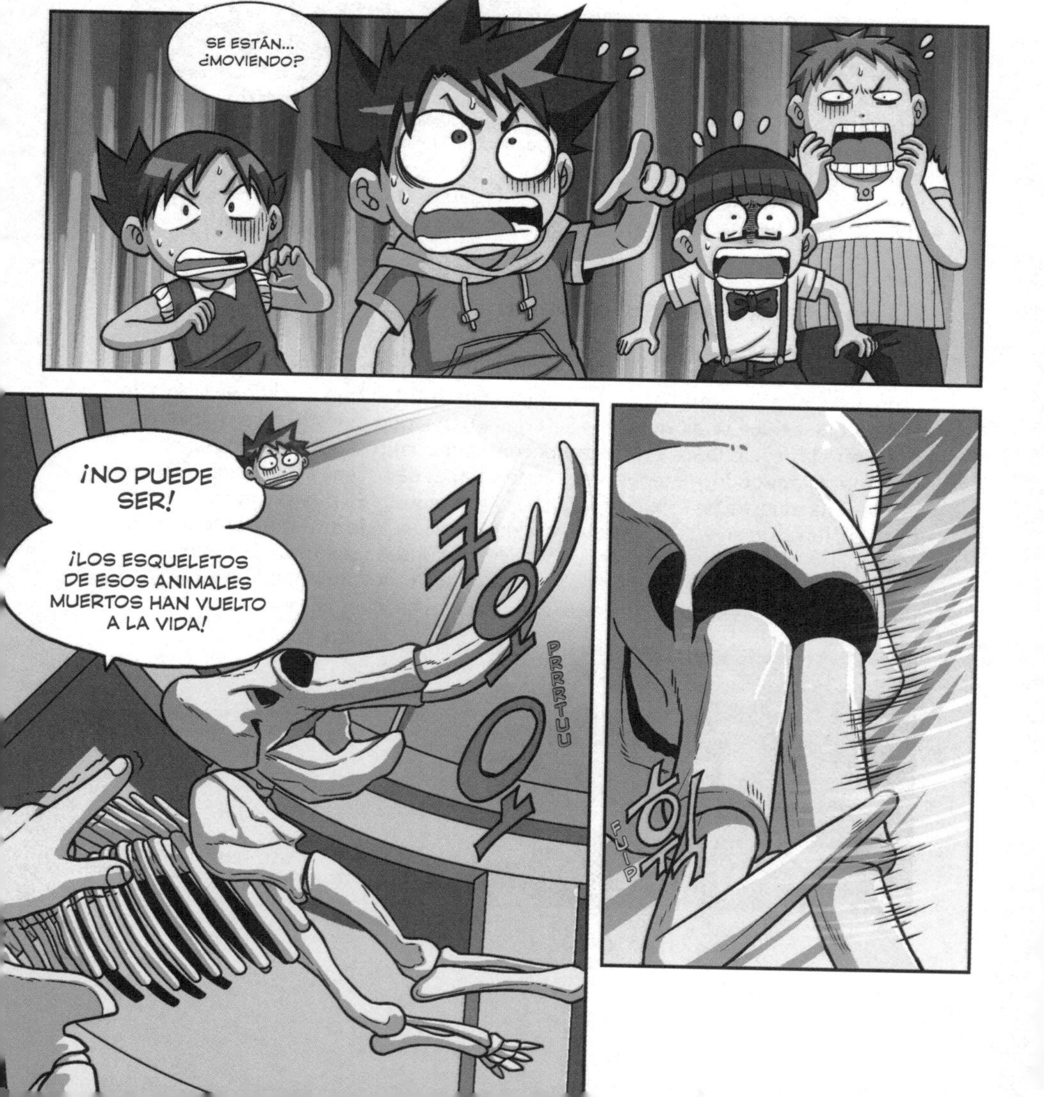

SE ESTÁN... ¿MOVIENDO?
¡NO PUEDE SER!
¡LOS ESQUELETOS DE ESOS ANIMALES MUERTOS HAN VUELTO A LA VIDA!
PRRRTUU
FUIP

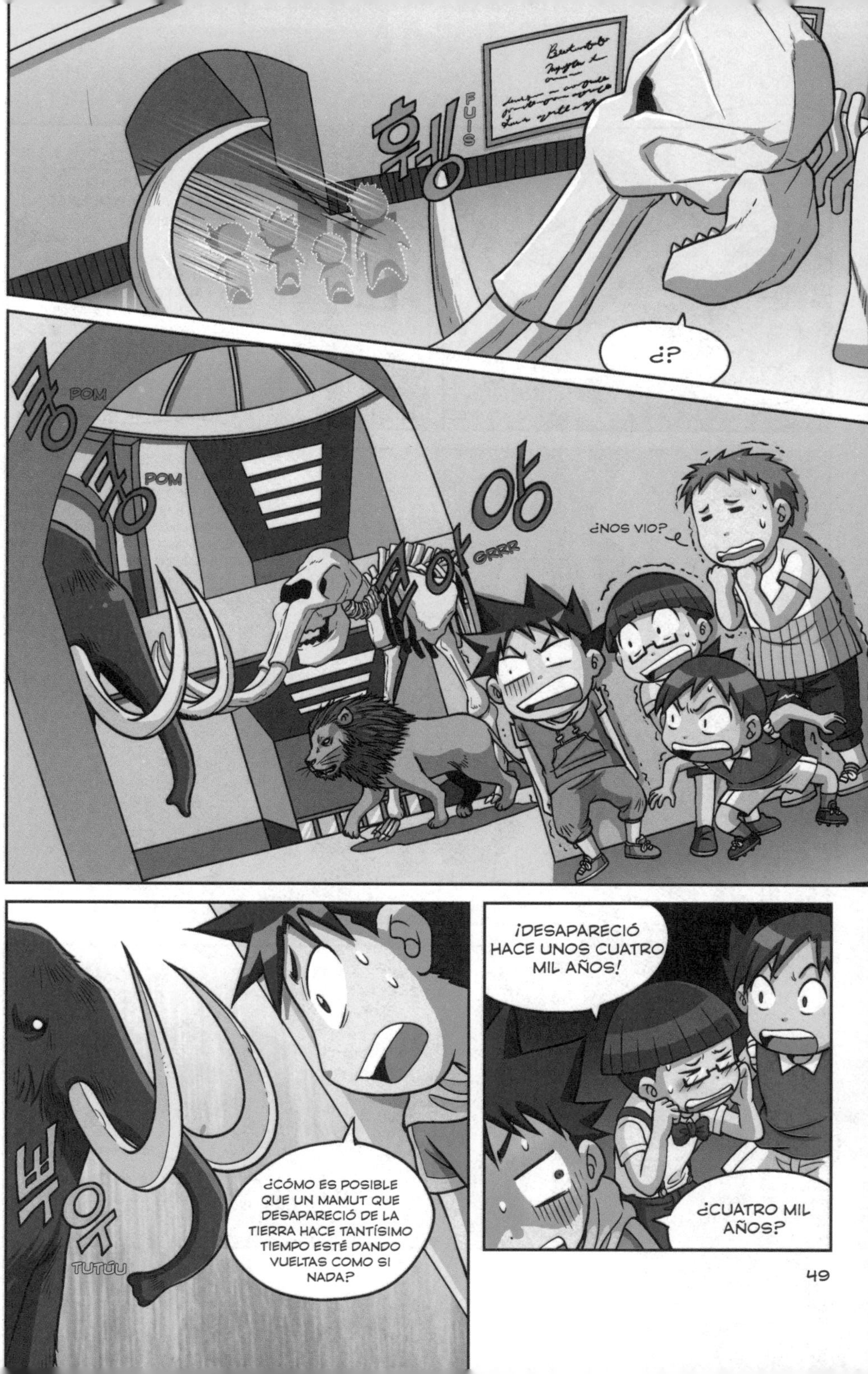
FUIS
¿?
POM
POM
GRRR
¿NOS VIO?
TUTÚU
¿CÓMO ES POSIBLE QUE UN MAMUT QUE DESAPARECIÓ DE LA TIERRA HACE TANTÍSIMO TIEMPO ESTÉ DANDO VUELTAS COMO SI NADA?
¡DESAPARECIÓ HACE UNOS CUATRO MIL AÑOS!
¿CUATRO MIL AÑOS?

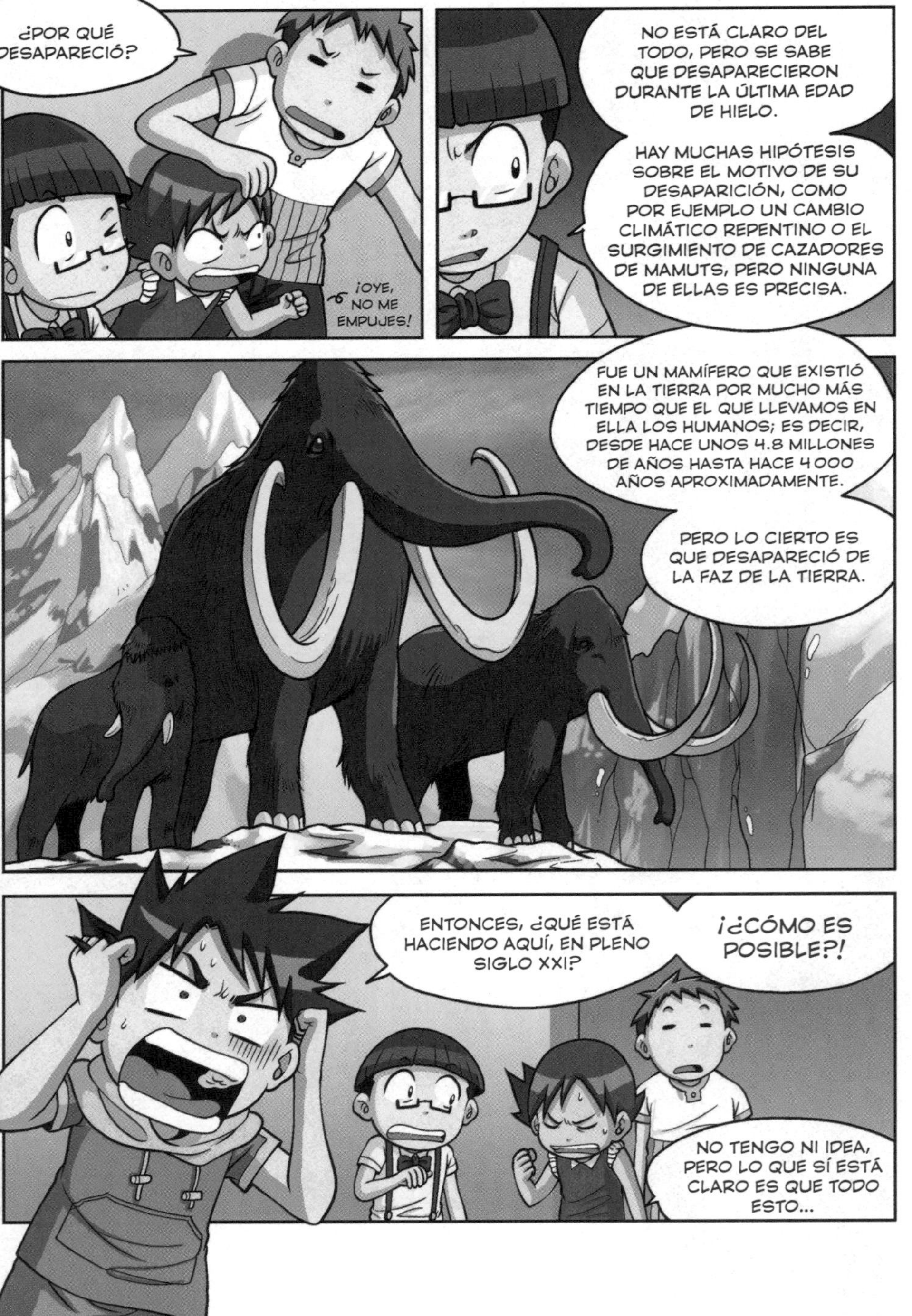
¿POR QUÉ DESAPARECIÓ?
¡OYE, NO ME EMPUJES!
NO ESTÁ CLARO DEL TODO, PERO SE SABE QUE DESAPARECIERON DURANTE LA ÚLTIMA EDAD DE HIELO.
HAY MUCHAS HIPÓTESIS SOBRE EL MOTIVO DE SU DESAPARICIÓN, COMO POR EJEMPLO UN CAMBIO CLIMÁTICO REPENTINO O EL SURGIMIENTO DE CAZADORES DE MAMUTS, PERO NINGUNA DE ELLAS ES PRECISA.
FUE UN MAMÍFERO QUE EXISTIÓ EN LA TIERRA POR MUCHO MÁS TIEMPO QUE EL QUE LLEVAMOS EN ELLA LOS HUMANOS; ES DECIR, DESDE HACE UNOS 4.8 MILLONES DE AÑOS HASTA HACE 4 000 AÑOS APROXIMADAMENTE.
PERO LO CIERTO ES QUE DESAPARECIÓ DE LA FAZ DE LA TIERRA.
¡¿CÓMO ES POSIBLE?!
ENTONCES, ¿QUÉ ESTÁ HACIENDO AQUÍ, EN PLENO SIGLO XXI?
NO TENGO NI IDEA, PERO LO QUE SÍ ESTÁ CLARO ES QUE TODO ESTO...

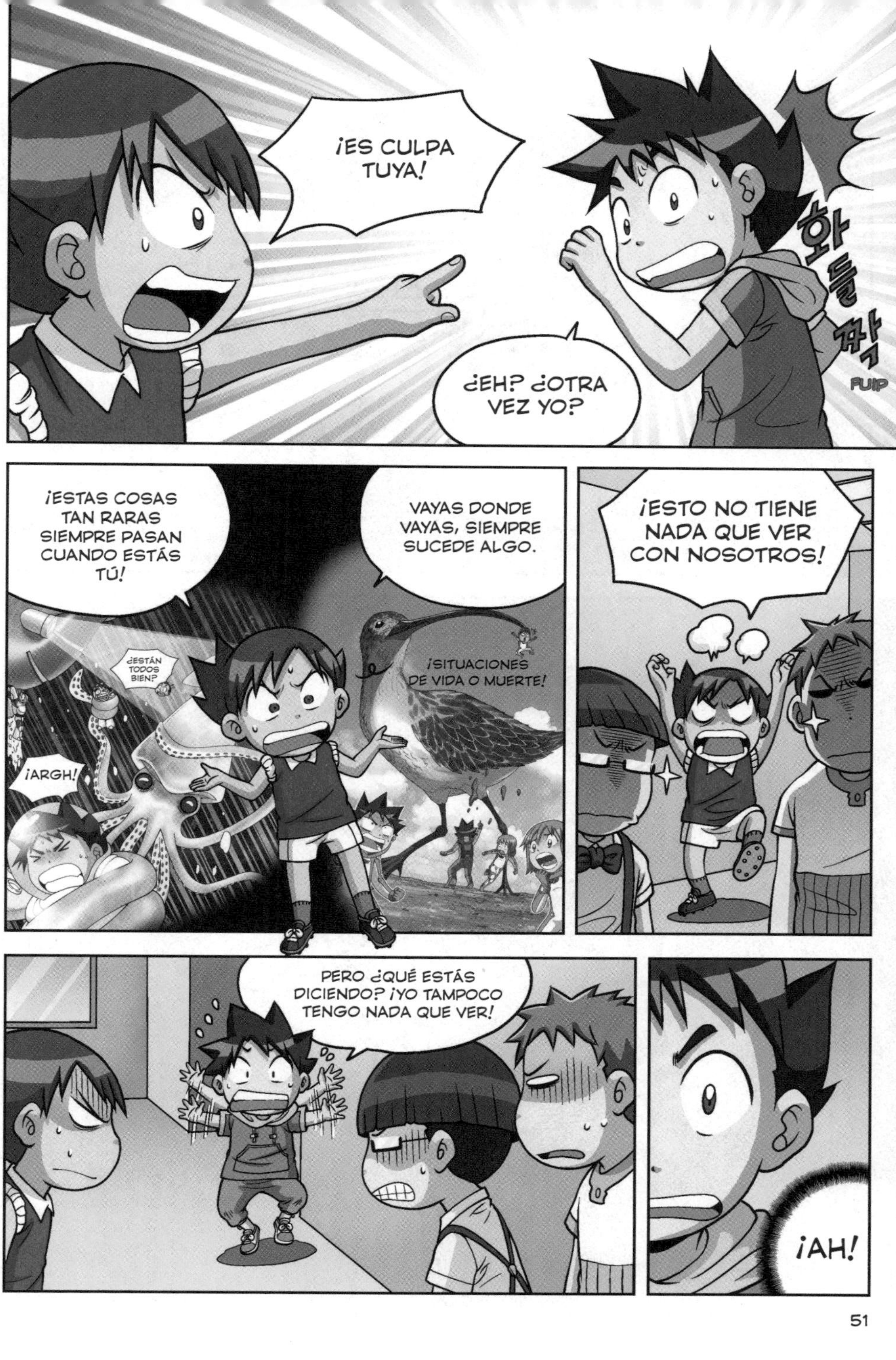
¡ES CULPA TUYA!
화들짝
FUIP
¿EH? ¿OTRA VEZ YO?
¡ESTAS COSAS TAN RARAS SIEMPRE PASAN CUANDO ESTÁS TÚ!
VAYAS DONDE VAYAS, SIEMPRE SUCEDE ALGO.
¿ESTÁN TODOS BIEN?
¡SITUACIONES DE VIDA O MUERTE!
¡ARGH!
¡ESTO NO TIENE NADA QUE VER CON NOSOTROS!
PERO ¿QUÉ ESTÁS DICIENDO? ¡YO TAMPOCO TENGO NADA QUE VER!
¡AH!

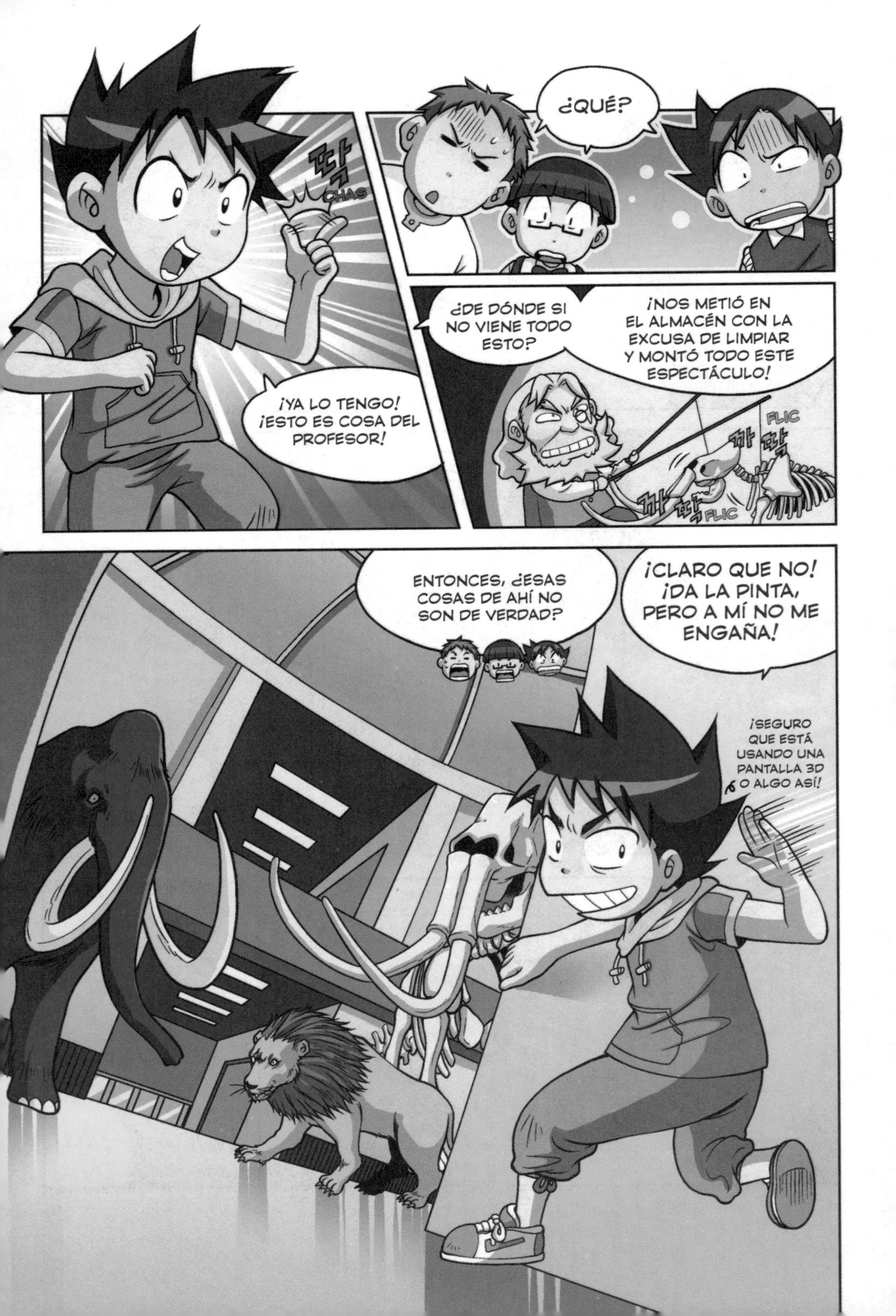

CHAS
¡YA LO TENGO! ¡ESTO ES COSA DEL PROFESOR!
¿QUÉ?
¿DE DÓNDE SI NO VIENE TODO ESTO?
¡NOS METIÓ EN EL ALMACÉN CON LA EXCUSA DE LIMPIAR Y MONTÓ TODO ESTE ESPECTÁCULO!
FLIC
FLIC
ENTONCES, ¿ESAS COSAS DE AHÍ NO SON DE VERDAD?
¡CLARO QUE NO! ¡DA LA PINTA, PERO A MÍ NO ME ENGAÑA!
¡SEGURO QUE ESTÁ USANDO UNA PANTALLA 3D O ALGO ASÍ!

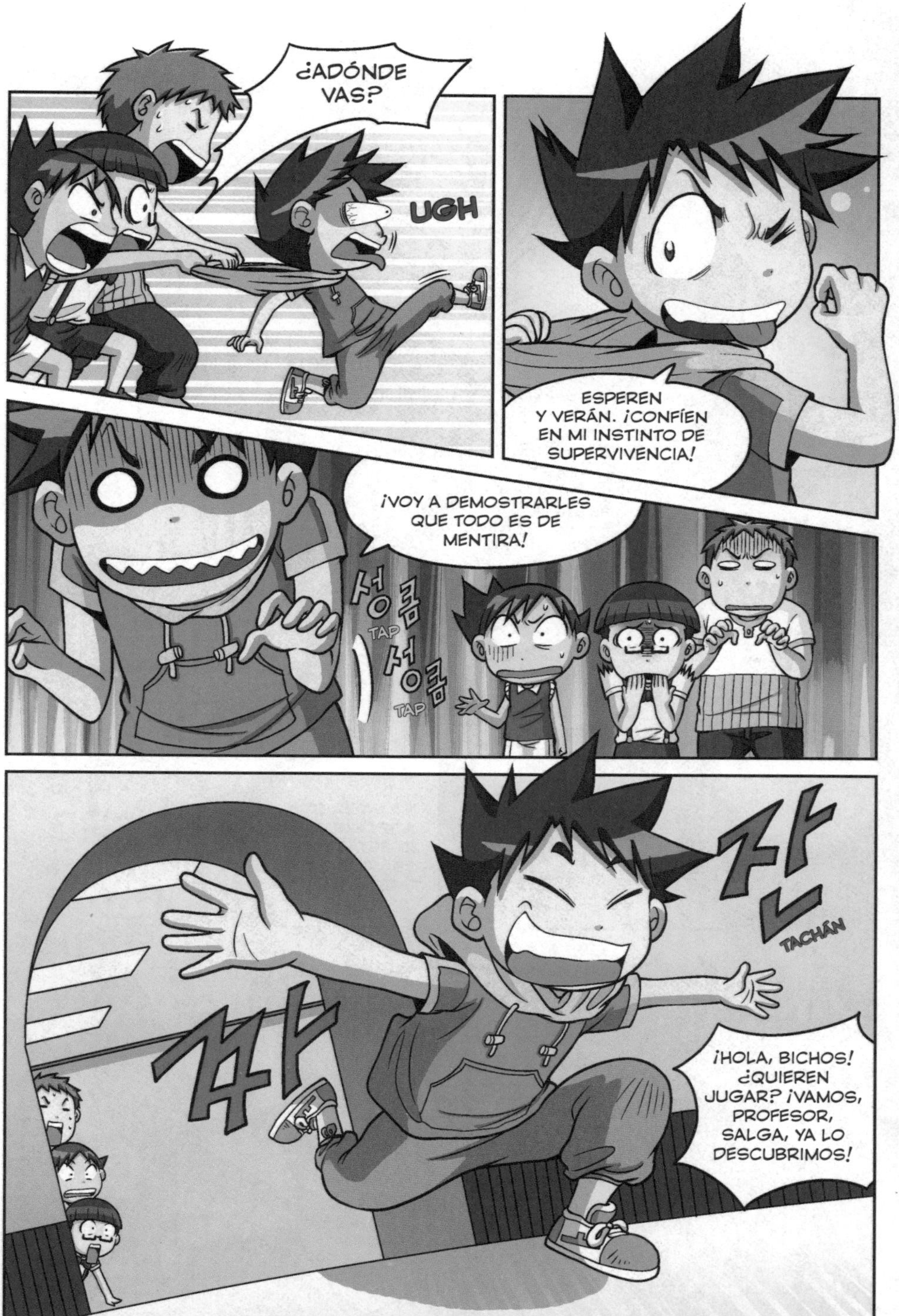
¿ADÓNDE VAS?
UGH
ESPEREN Y VERÁN. ¡CONFÍEN EN MI INSTINTO DE SUPERVIVENCIA!
¡VOY A DEMOSTRARLES QUE TODO ES DE MENTIRA!
성큼
TAP
성큼
TAP
짜잔
TACHÁN
¡HOLA, BICHOS! ¿QUIEREN JUGAR? ¡VAMOS, PROFESOR, SALGA, YA LO DESCUBRIMOS!

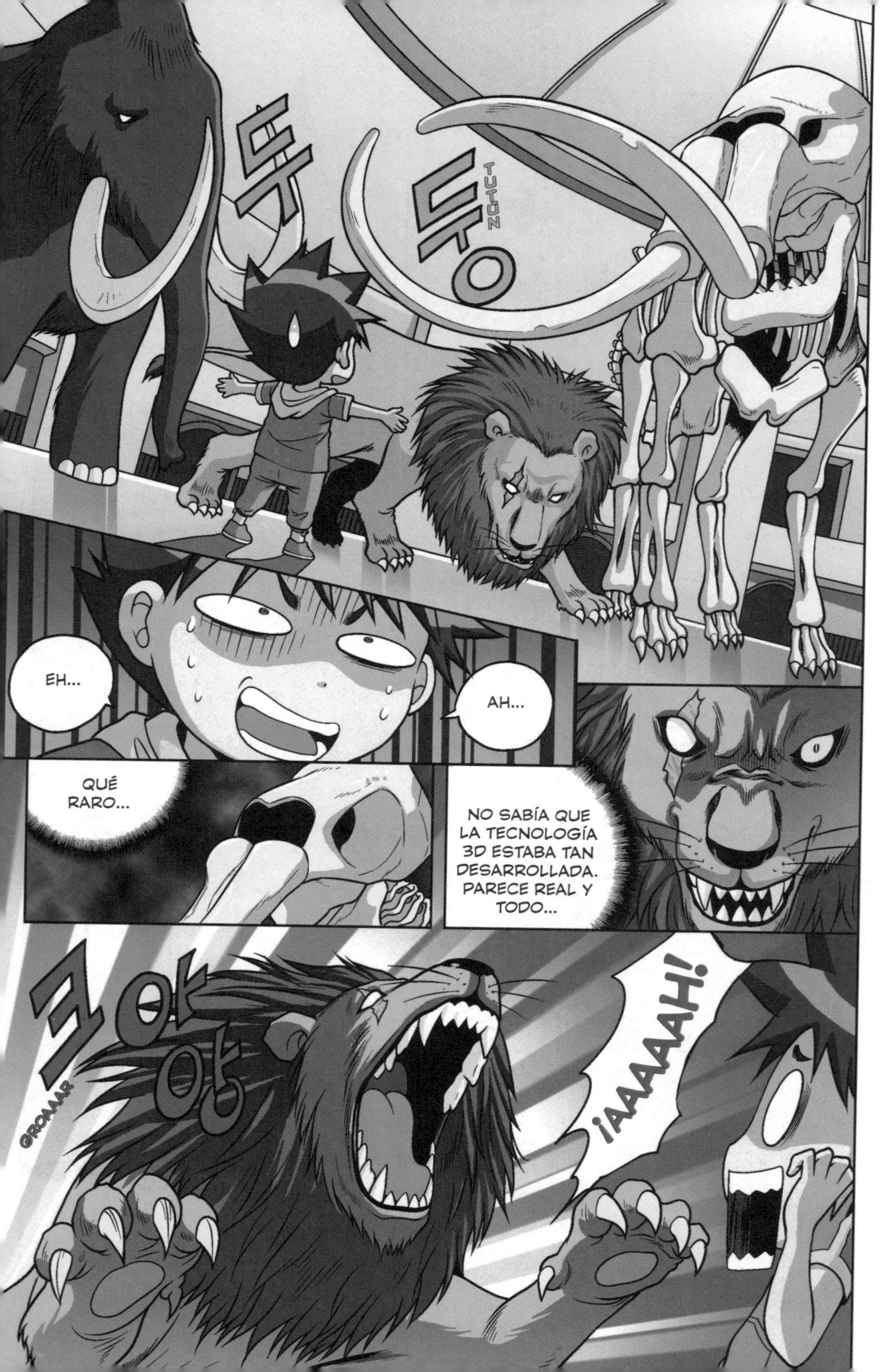
TUTÚN
EH...
AH...
QUÉ RARO...
NO SABÍA QUE LA TECNOLOGÍA 3D ESTABA TAN DESARROLLADA. PARECE REAL Y TODO...
GROAAR
¡AAAAAH!

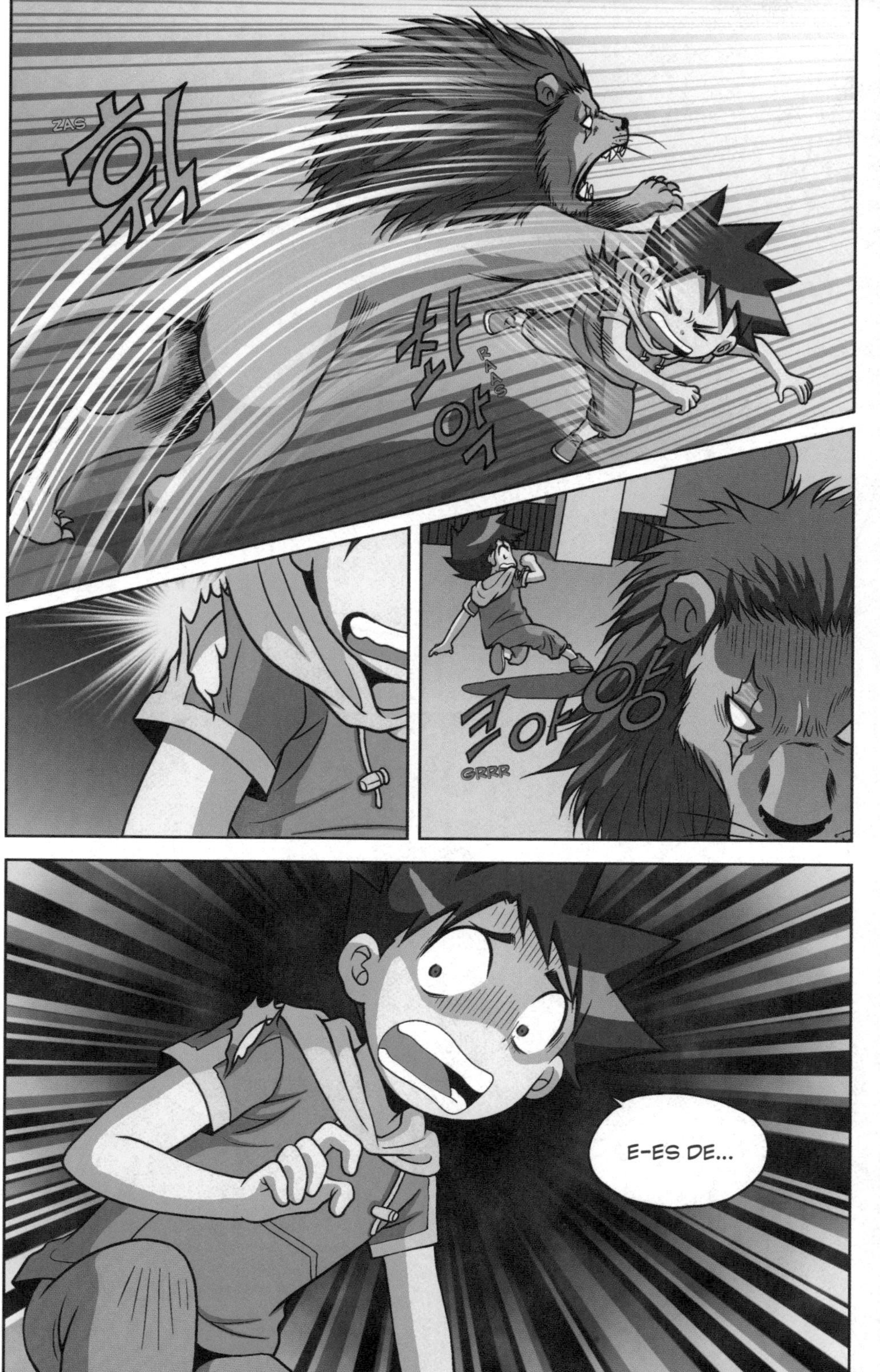
ZAS
RAAS
GRRR
E-ES DE...

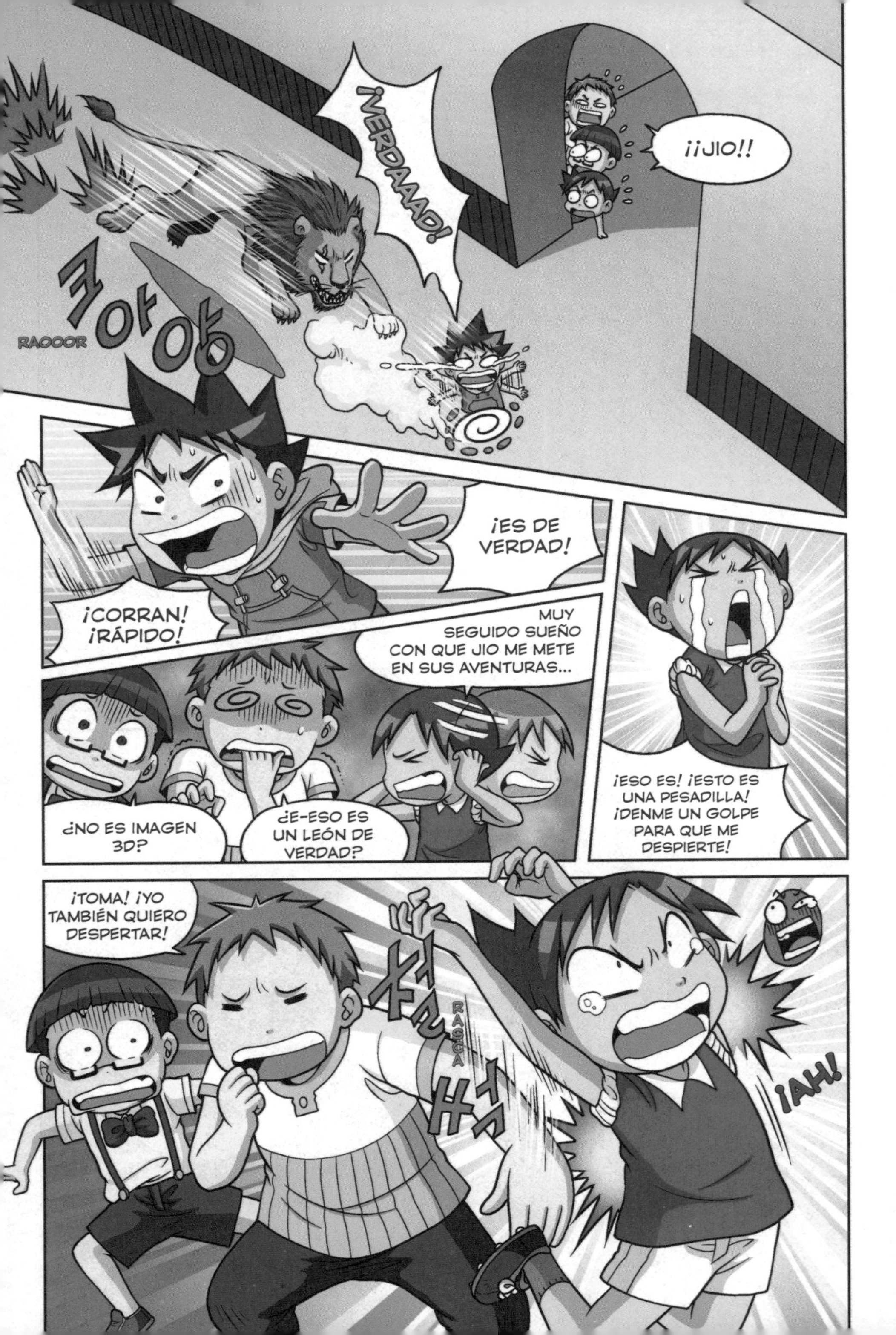
¡VERDAAAD!
¡¡JIO!!
RAOOOR
¡CORRAN! ¡RÁPIDO!
¡ES DE VERDAD!
MUY SEGUIDO SUEÑO CON QUE JIO ME METE EN SUS AVENTURAS...
¿NO ES IMAGEN 3D?
¿E-ESO ES UN LEÓN DE VERDAD?
¡ESO ES! ¡ESTO ES UNA PESADILLA! ¡DENME UN GOLPE PARA QUE ME DESPIERTE!
¡TOMA! ¡YO TAMBIÉN QUIERO DESPERTAR!
RASCA
¡AH!

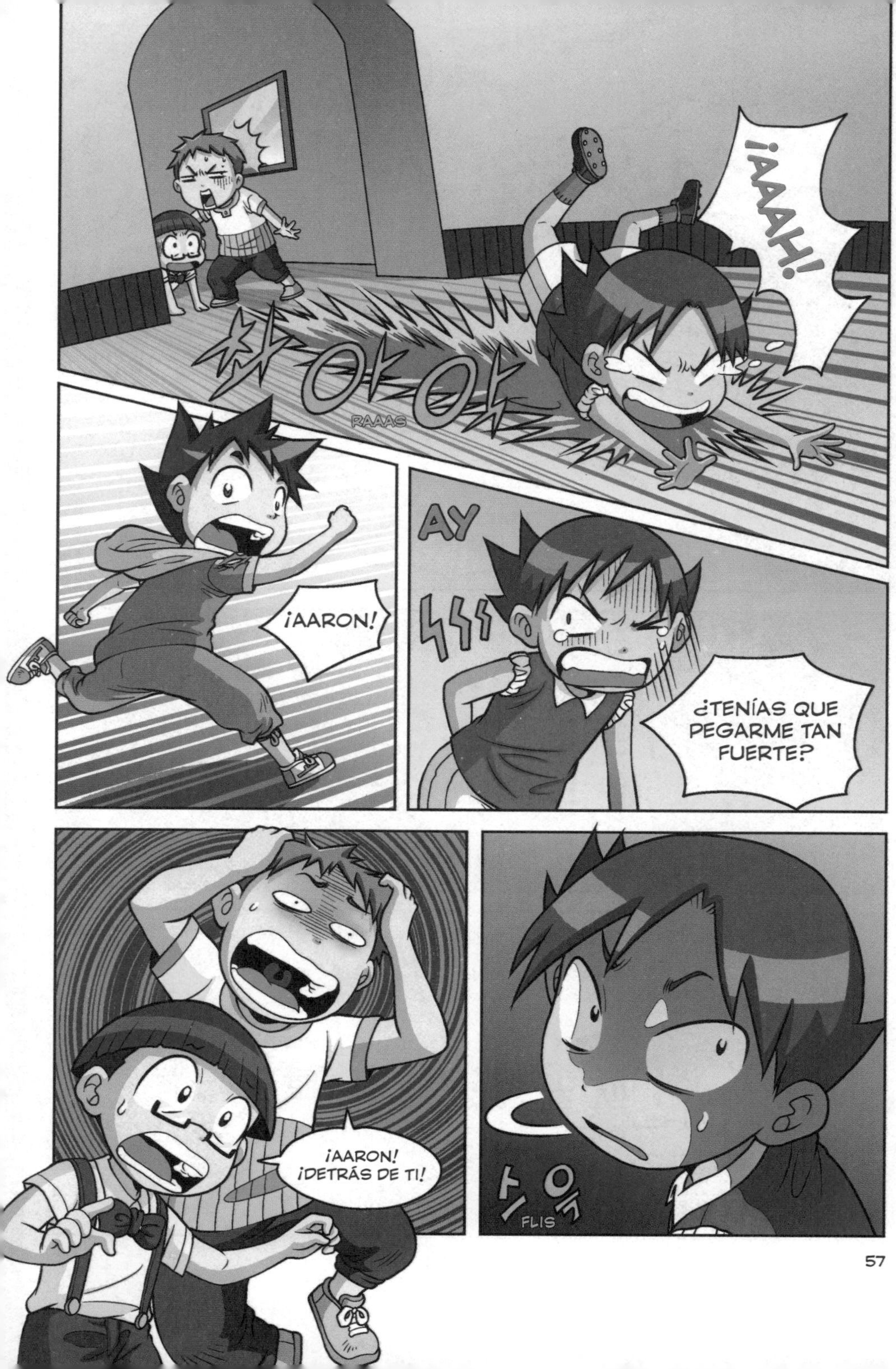
¡AAAH!
RAAAS
¡AARON!
AY
¿TENÍAS QUE PEGARME TAN FUERTE?
¡AARON! ¡DETRÁS DE TI!
FLIS

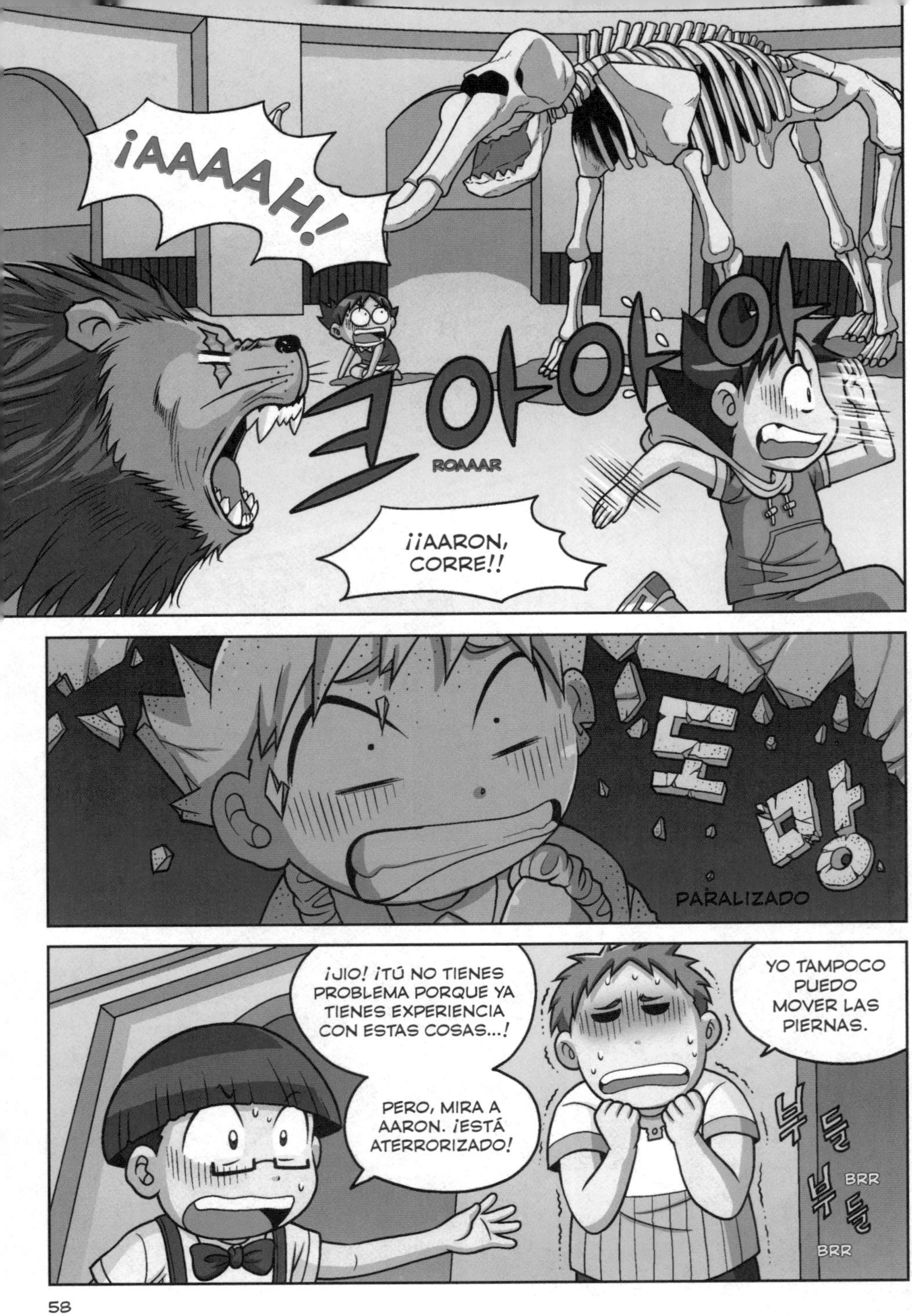

¡AAAAH!
크아아아
ROAAAR
¡¡AARON, CORRE!!
또 당
PARALIZADO
¡JIO! ¡TÚ NO TIENES PROBLEMA PORQUE YA TIENES EXPERIENCIA CON ESTAS COSAS...!
PERO, MIRA A AARON. ¡ESTÁ ATERRORIZADO!
YO TAMPOCO PUEDO MOVER LAS PIERNAS.
부들
BRR
부들
BRR

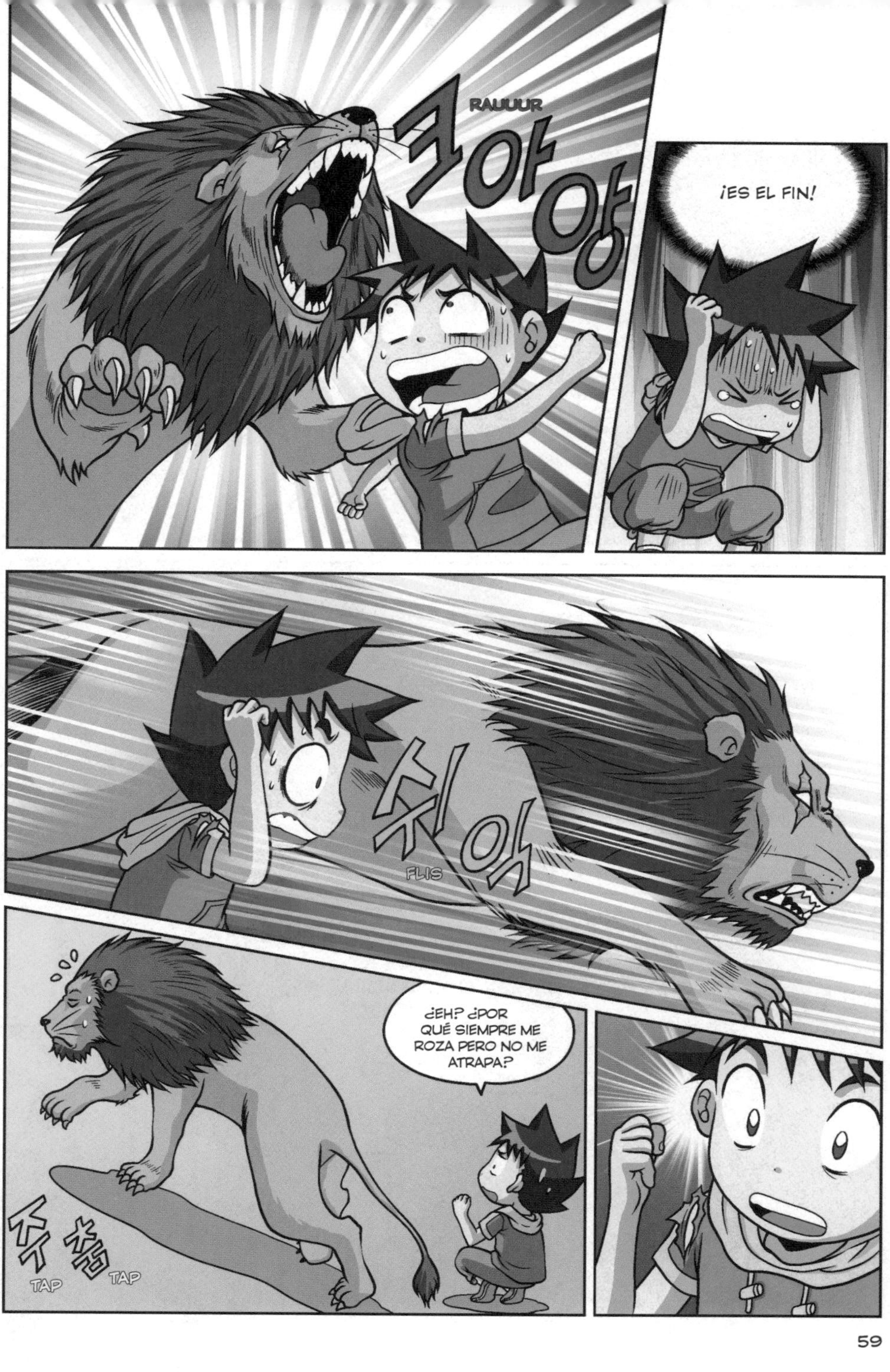

RAUUUR
크아앙
¡ES EL FIN!
쉬익
FLIS
¿EH? ¿POR QUÉ SIEMPRE ME ROZA PERO NO ME ATRAPA?
TAP
TAP

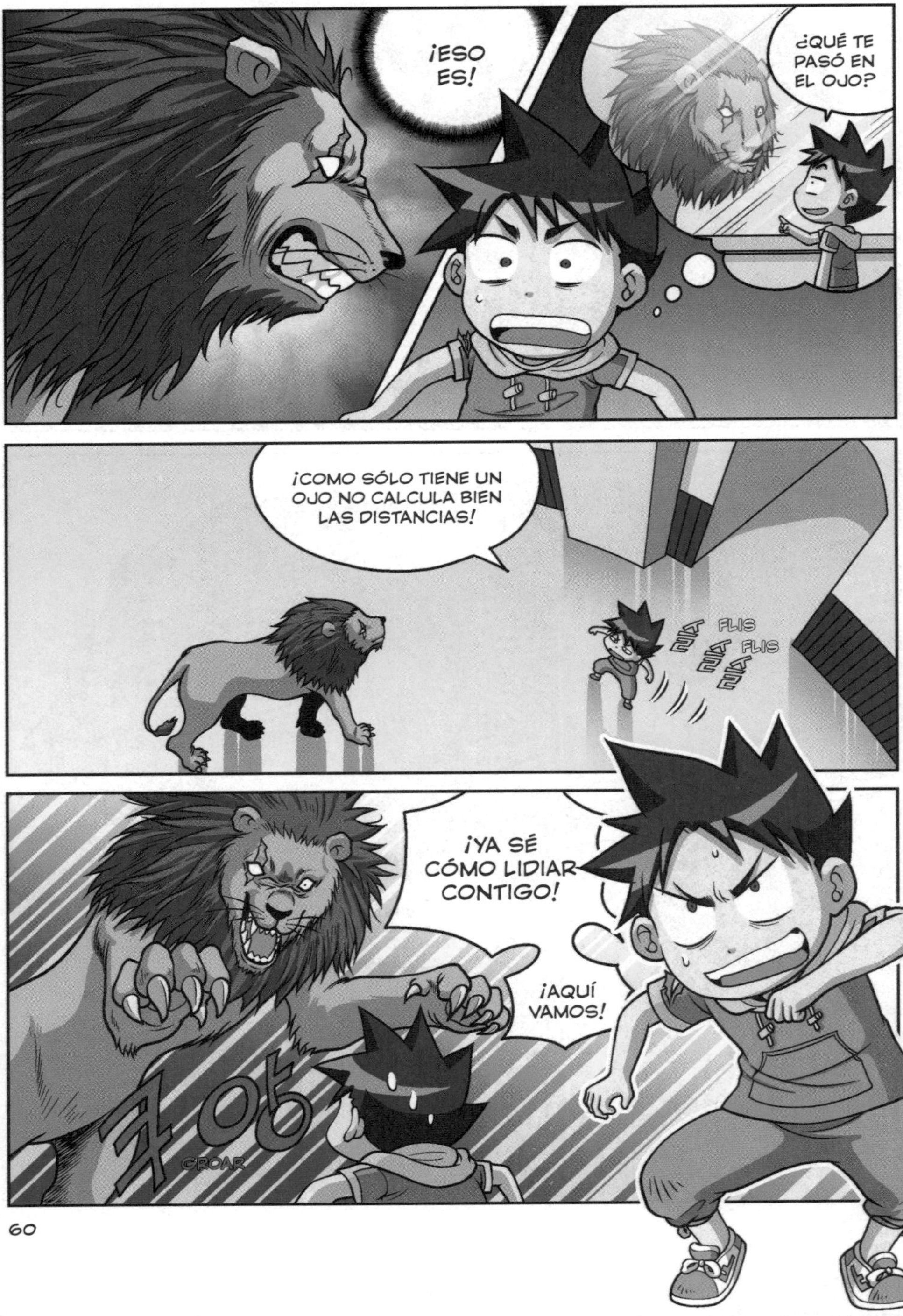
¡ESO ES!
¿QUÉ TE PASÓ EN EL OJO?
¡COMO SÓLO TIENE UN OJO NO CALCULA BIEN LAS DISTANCIAS!
FLIS
FLIS
¡YA SÉ CÓMO LIDIAR CONTIGO!
¡AQUÍ VAMOS!
GROAR

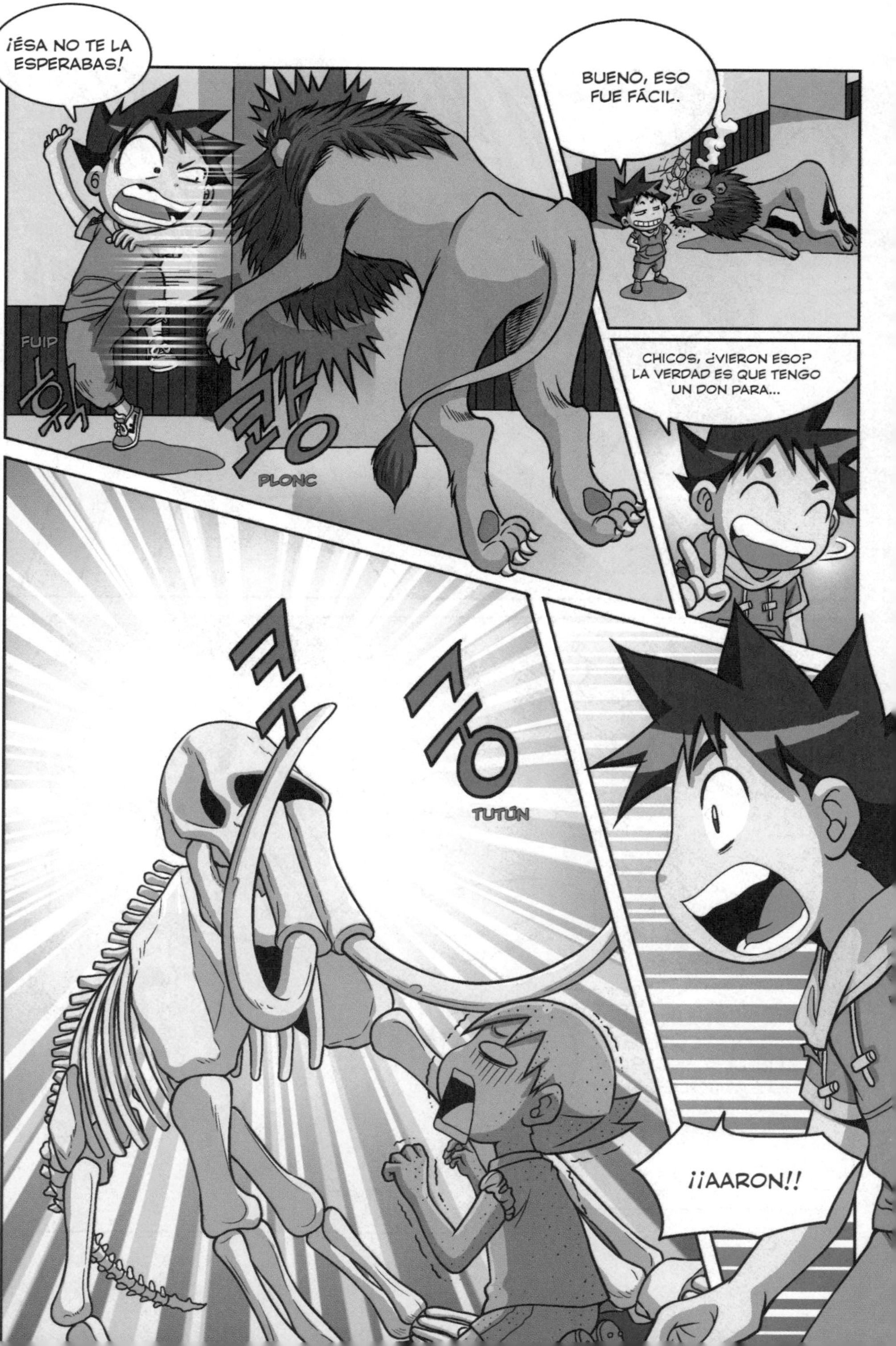
¡ÉSA NO TE LA ESPERABAS!
FUIP
PLONC
BUENO, ESO FUE FÁCIL.
CHICOS, ¿VIERON ESO? LA VERDAD ES QUE TENGO UN DON PARA...
TUTÚN
¡¡AARON!!

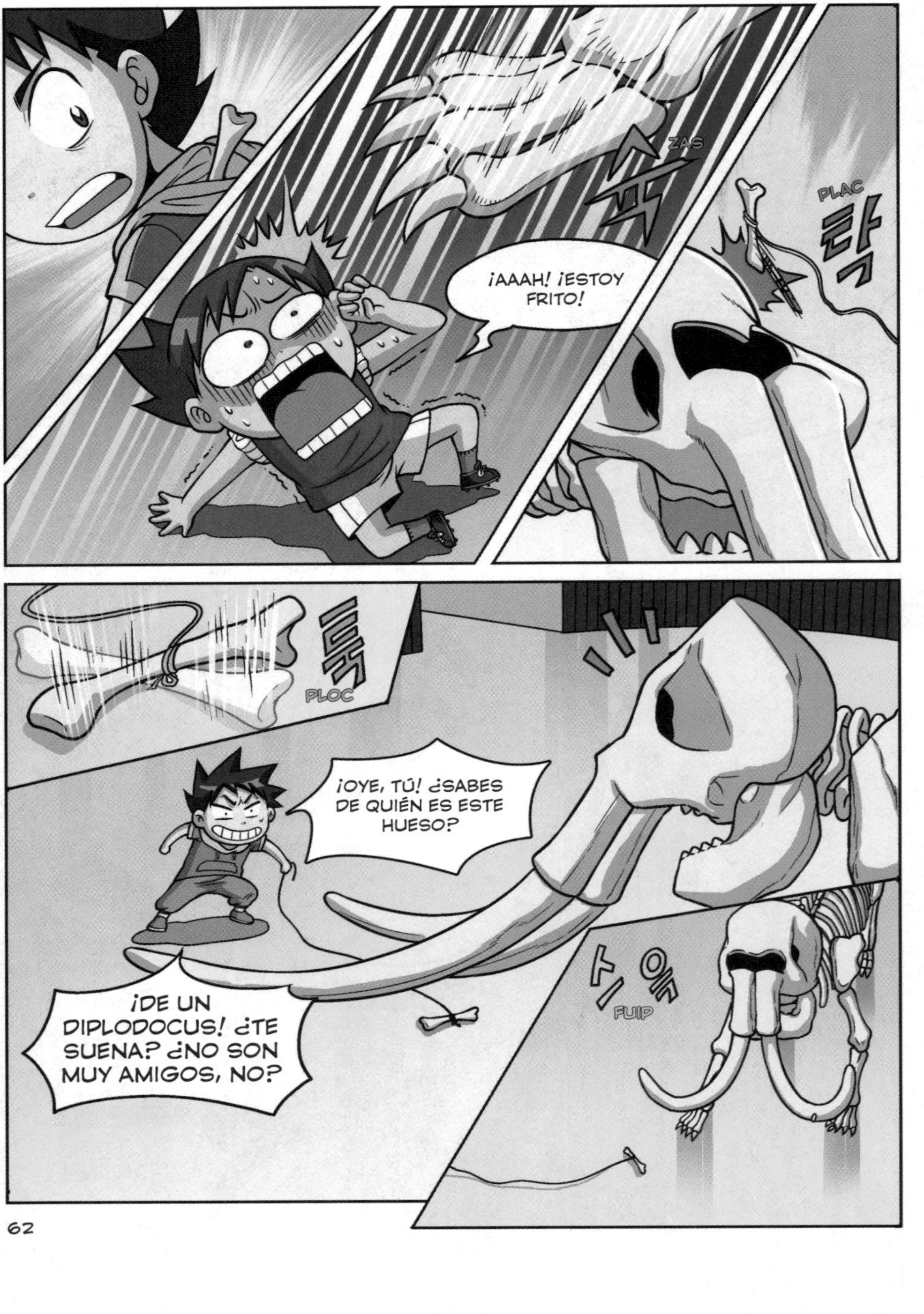
ZAS
PLAC
¡AAAH! ¡ESTOY FRITO!
PLOC
¡OYE, TÚ! ¿SABES DE QUIÉN ES ESTE HUESO?
¡DE UN DIPLODOCUS! ¿TE SUENA? ¿NO SON MUY AMIGOS, NO?
FUIP

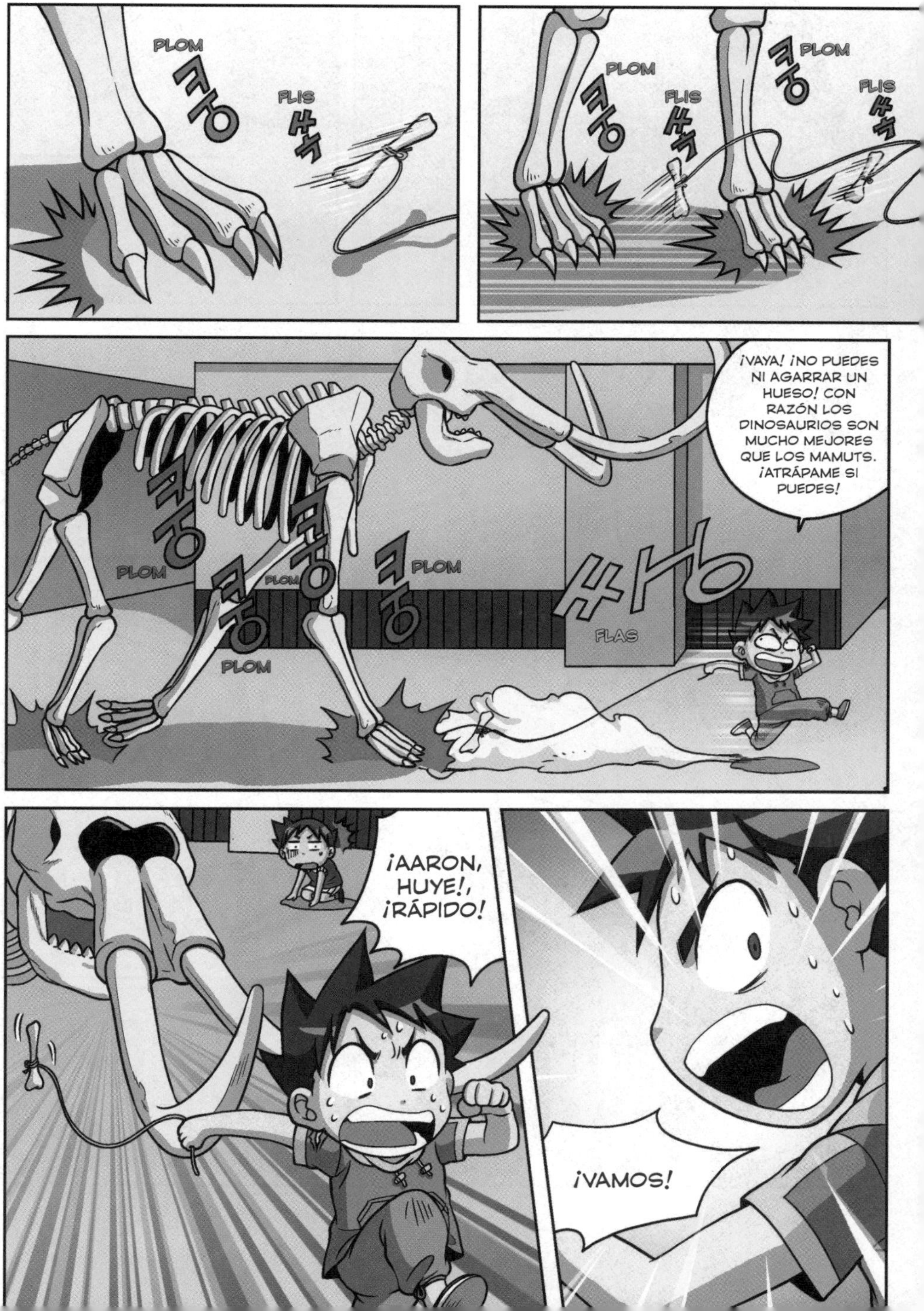
PLOM
FLIS
PLOM
FLIS
PLOM
FLIS
¡VAYA! ¡NO PUEDES NI AGARRAR UN HUESO! CON RAZÓN LOS DINOSAURIOS SON MUCHO MEJORES QUE LOS MAMUTS. ¡ATRÁPAME SI PUEDES!
PLOM
PLOM
PLOM
PLOM
FLAS
¡AARON, HUYE!, ¡RÁPIDO!
¡VAMOS!

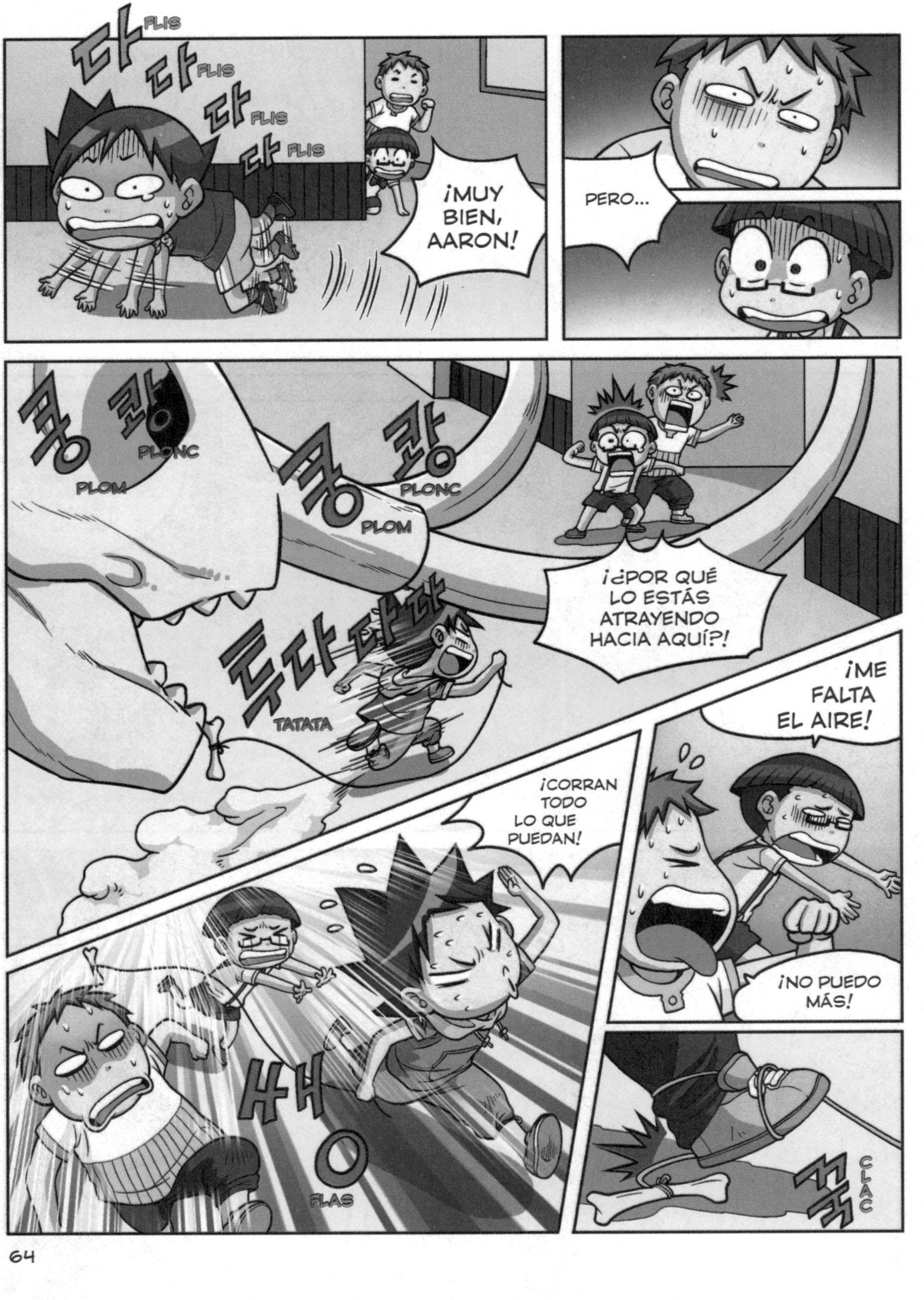

다 FLIS
다 FLIS
다 FLIS
다 FLIS
¡MUY BIEN, AARON!
PERO...
쿵 PLOM
쾅 PLONC
쿵 PLOM
쾅 PLONC
¡¿POR QUÉ LO ESTÁS ATRAYENDO HACIA AQUÍ?!
두다다다 TATATA
¡ME FALTA EL AIRE!
¡CORRAN TODO LO QUE PUEDAN!
¡NO PUEDO MÁS!
FLAS
CLAC

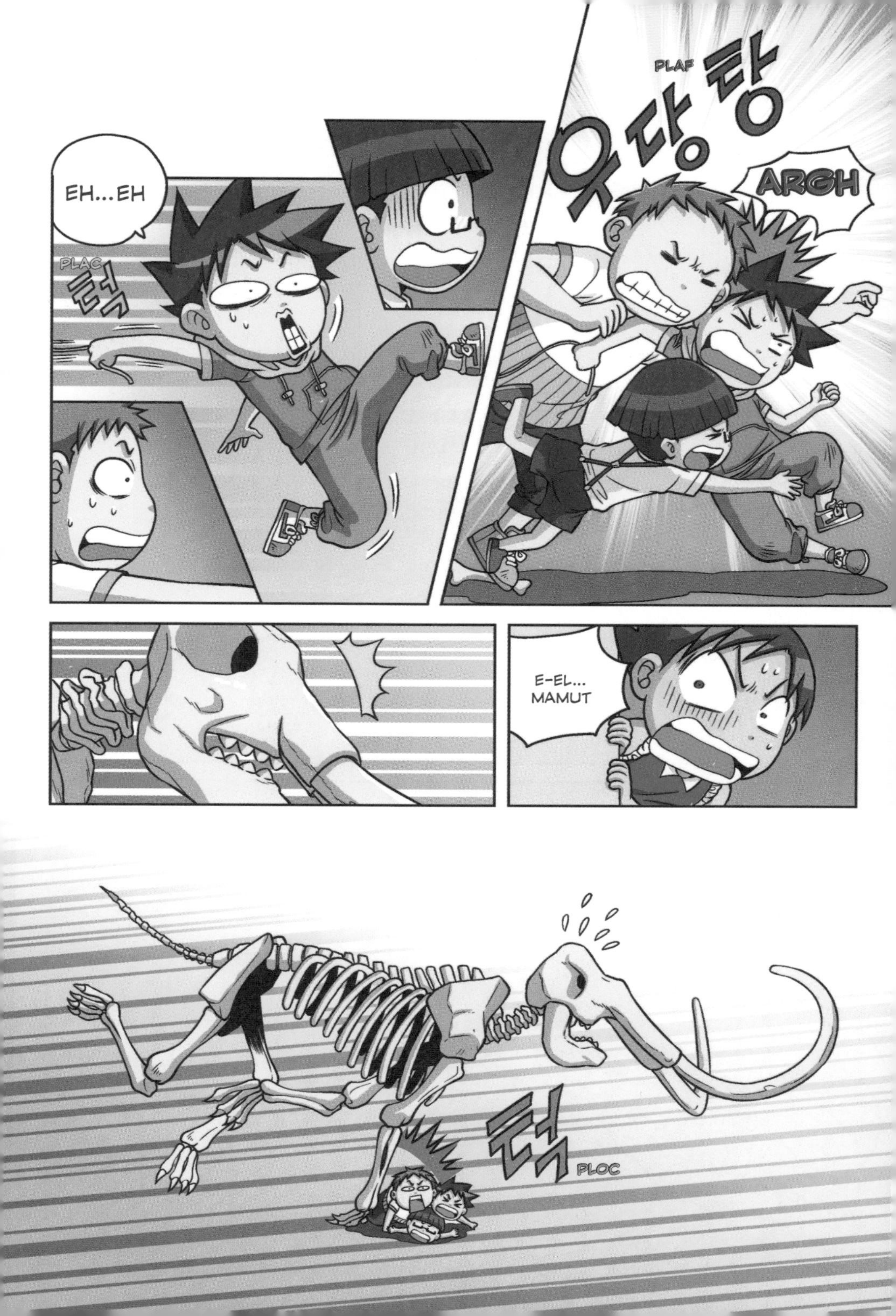

EH...EH
PLAC
PLAF
ARGH
E-EL...
MAMUT
PLOC

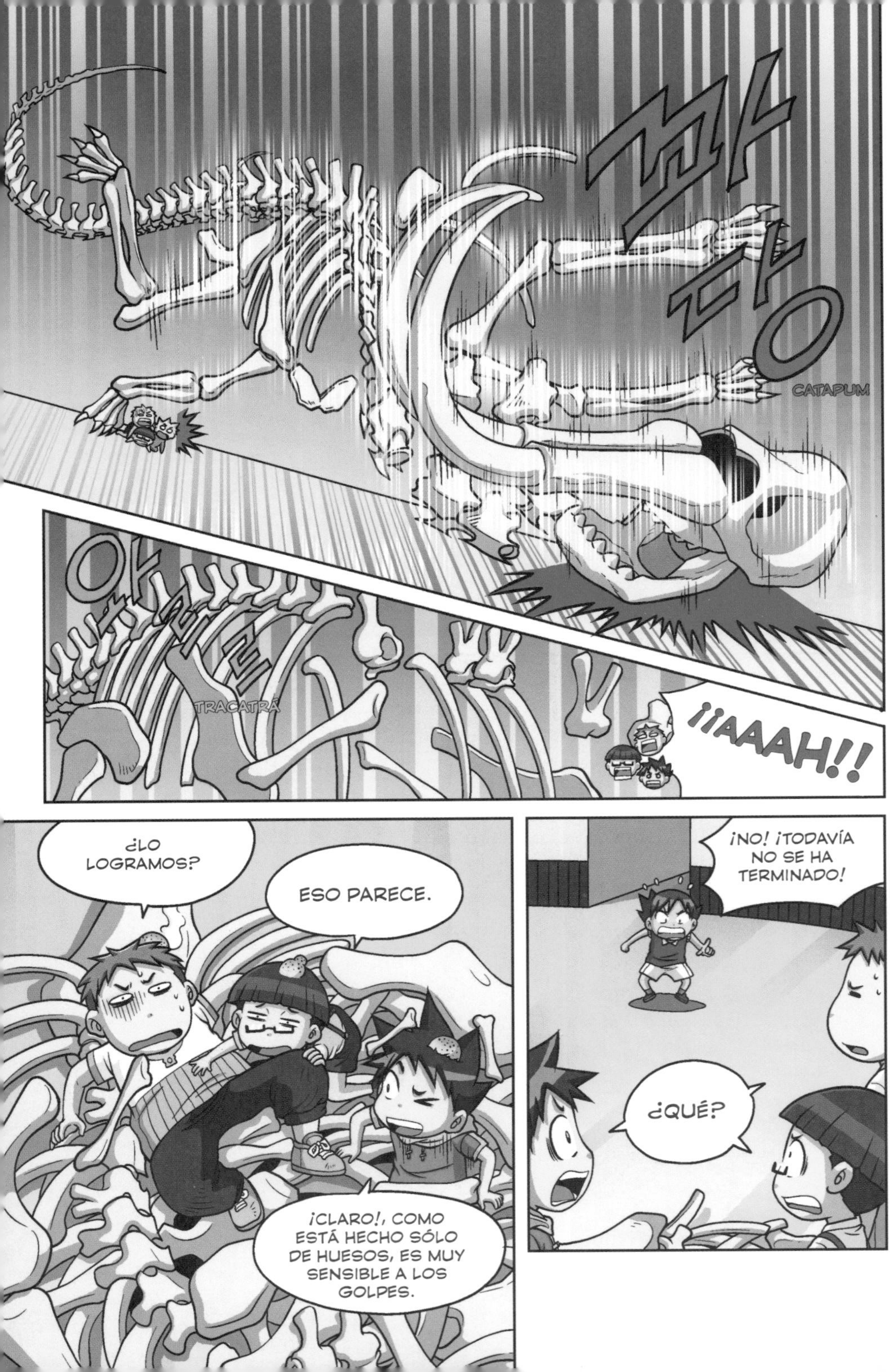
CATAPUM
TRACATRÁ
¡¡AAAH!!
¿LO LOGRAMOS?
ESO PARECE.
¡CLARO!, COMO ESTÁ HECHO SÓLO DE HUESOS, ES MUY SENSIBLE A LOS GOLPES.
¡NO! ¡TODAVÍA NO SE HA TERMINADO!
¿QUÉ?

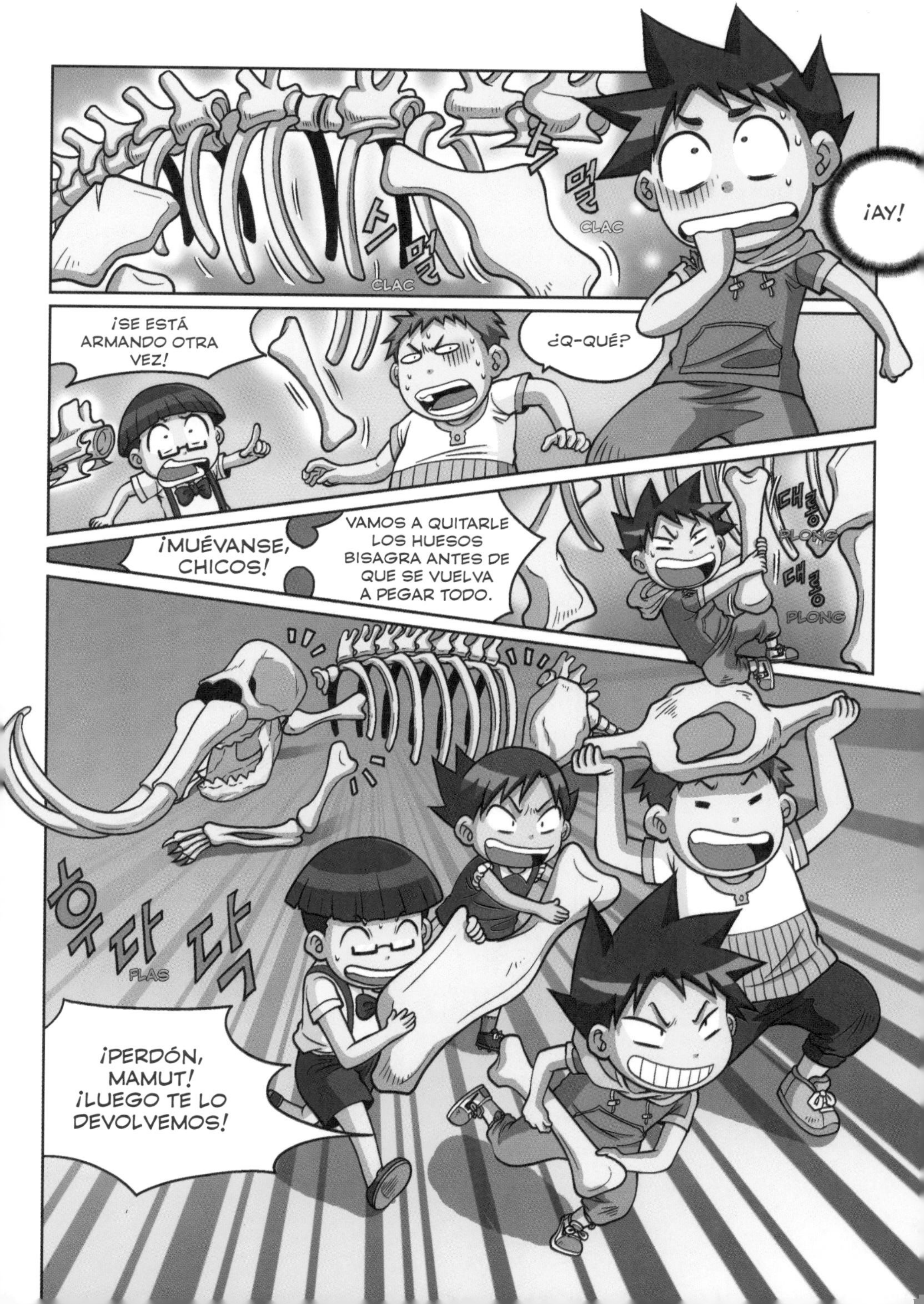

CLAC
CLAC
¡AY!
¡SE ESTÁ ARMANDO OTRA VEZ!
¿Q-QUÉ?
¡MUÉVANSE, CHICOS!
VAMOS A QUITARLE LOS HUESOS BISAGRA ANTES DE QUE SE VUELVA A PEGAR TODO.
PLONG
PLONG
FLAS
¡PERDÓN, MAMUT! ¡LUEGO TE LO DEVOLVEMOS!

## El registro de la vida: los fósiles

### ¿Qué es un fósil?

Los fósiles son los restos o señales de la existencia de seres que vivieron en distintos periodos geológicos que se encuentran en los sedimentos de la corteza terrestre. Para que estas criaturas se convirtieran en fósiles, hizo falta que quedaran enterradas justo después de morir, sin haber sufrido daños. En ocasiones, encontramos fósiles de insectos y de otros animales que cayeron en resina de árbol antes de que ésta se endureciera, lo más común es que los tejidos más frágiles se descompusieran o desaparecieran, y sólo se conservara la parte dura, de ahí que muchos fósiles sean esqueletos o conchas.

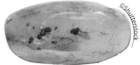

©Shutterstock
Insecto fosilizado en resina

### El proceso de fosilización

Lo más habitual es encontrar fósiles en rocas sedimentarias, sobre las que el ser vivo estaba cuando murió o hacia las que fue arrastrado al poco tiempo de morir. Vamos a echar un vistazo al proceso de fosilización, desde que esos organismos muertos quedan enterrados y se convierten en fósiles, hasta que los descubrimos.

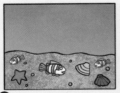

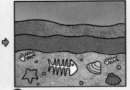

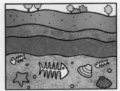

1 Los seres vivos mueren y permanecen bajo tierra.
2 El barro o la arena se sedimentan sobre ellos.
3 Los restos de otros organismos muertos siguen acumulándose durante mucho tiempo mientras se forman los distintos estratos.
4 Los estratos salen a la superficie como resultado de los movimientos de la corteza terrestre.
5 El estrato se quiebra debido, entre otros factores, a la erosión, y los fósiles afloran.
¡FÓSIL DESCUBIERTO!

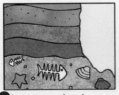

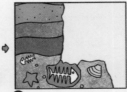

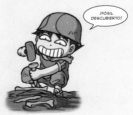

## El valor de los fósiles

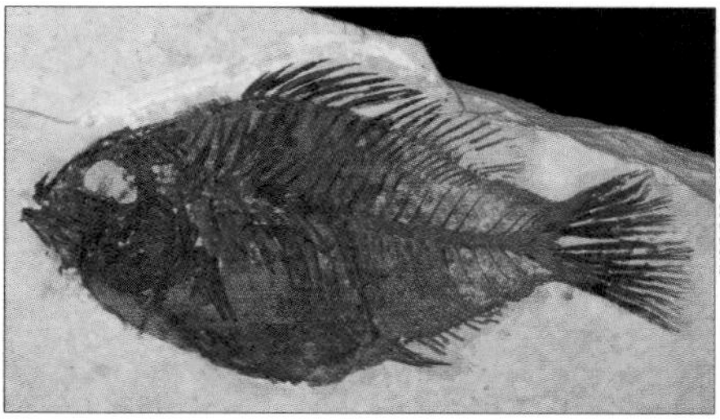
©Didier Desciuens

Fósil de pez. Gracias a este tipo de fósiles, podemos saber si una zona solía estar bajo el agua en una etapa anterior.

Los fósiles nos ofrecen muchísima información no sólo sobre el aspecto de los seres vivos de otras épocas, sino también sobre qué tipo de organismos habitaron la Tierra en los distintos periodos. Así, nos permiten conocer cómo era el entorno dependiendo de la era geológica. Por ejemplo, gracias a los estratos donde se han encontrado fósiles de coral, podemos saber que en esa época la profundidad del agua era suficiente como para que organismos como éstos pudieran sobrevivir, e incluso, conocer la temperatura del agua, que es muy importante para un ser tan delicado como el coral. Además, podemos asumir que la existencia de dos fósiles de un mismo estrato indica que ambos vivieron en la misma época. Gracias a los fósiles podemos reconstruir la historia de la Tierra, la cual es posible dividir en tres grandes eras geológicas: la Paleozoica, la Mesozoica y la Cenozoica.

También, nos ayudan a obtener evidencias acerca de la evolución de los seres vivos. Al comparar los fósiles que se conservan de cada una de esas eras geológicas, podemos ver cómo han ido cambiando a lo largo del tiempo y cómo los organismos ya extinguidos guardan una estrecha relación con los que existen en la actualidad.

Hoy en día, los fósiles constituyen un indicador de la existencia de recursos naturales subterráneos. Los combustibles fósiles, como el petróleo o el carbón, se generan a altas temperaturas y presión durante prolongados periodos de tiempo, gracias precisamente a la acumulación de restos de seres vivos.

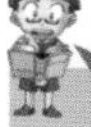

### Las huellas también son fósiles

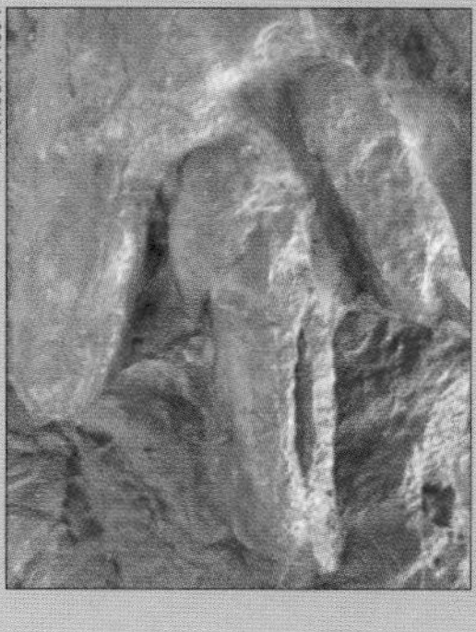
©Wilson44691

Fósil de huella de dinosaurio

Además de los restos de seres vivos, las huellas de animales, los excrementos y restos de comida también se consideran fósiles. Las huellas resultan ser de particular interés si se trata de estudiar el estilo de vida en el pasado. Por ejemplo, al analizar la huella de un dinosaurio, podemos identificar información importante que no nos es posible obtener de los huesos, como la forma en la que caminaba, su velocidad al trasladarse y si lo hacía en grupo o no.

# Capítulo 4

# ¡Huyamos del *big bang*!

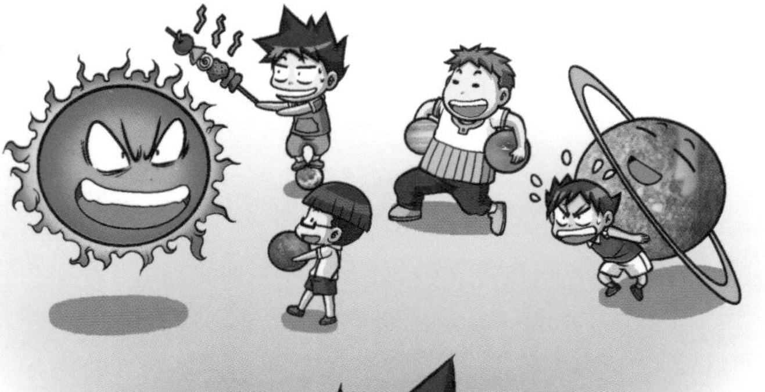

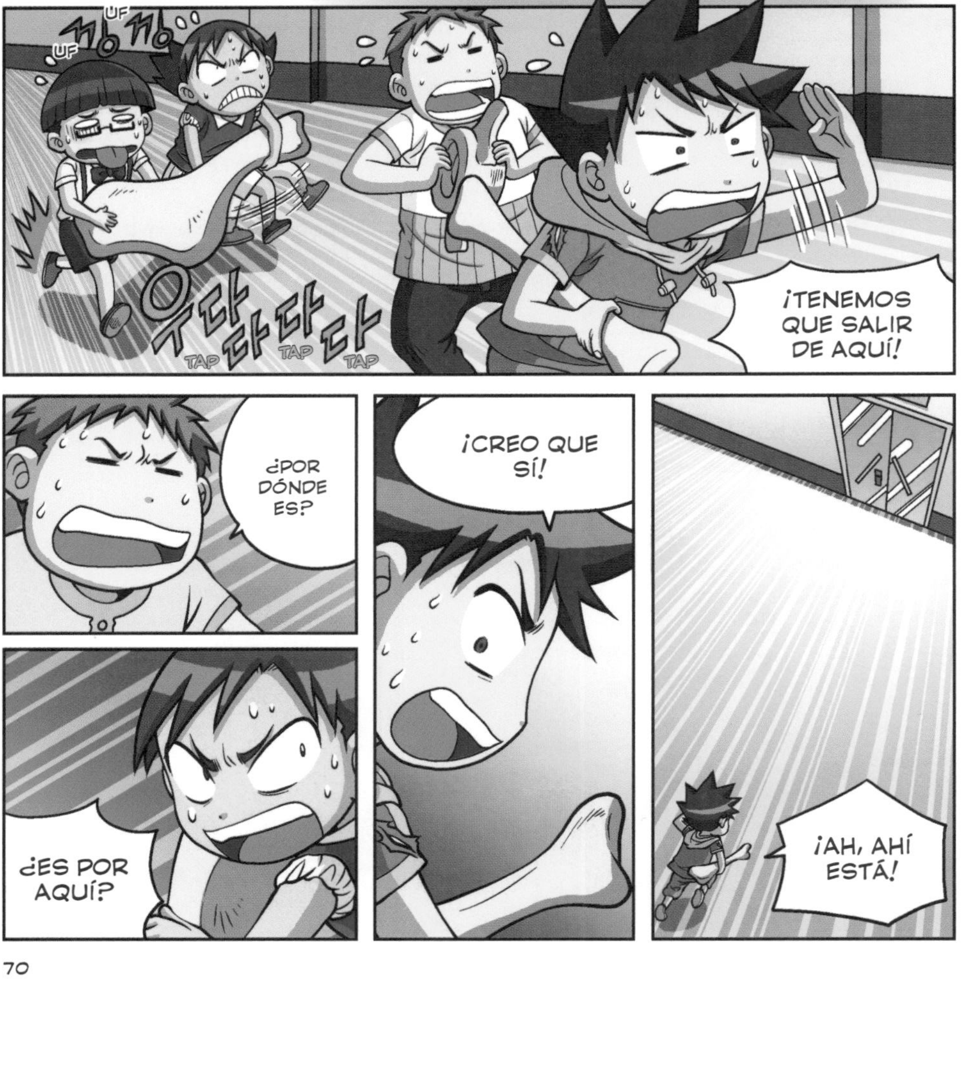
UF
UF
TAP
TAP
TAP
¡TENEMOS QUE SALIR DE AQUÍ!
¿POR DÓNDE ES?
¡CREO QUE SÍ!
¿ES POR AQUÍ?
¡AH, AHÍ ESTÁ!

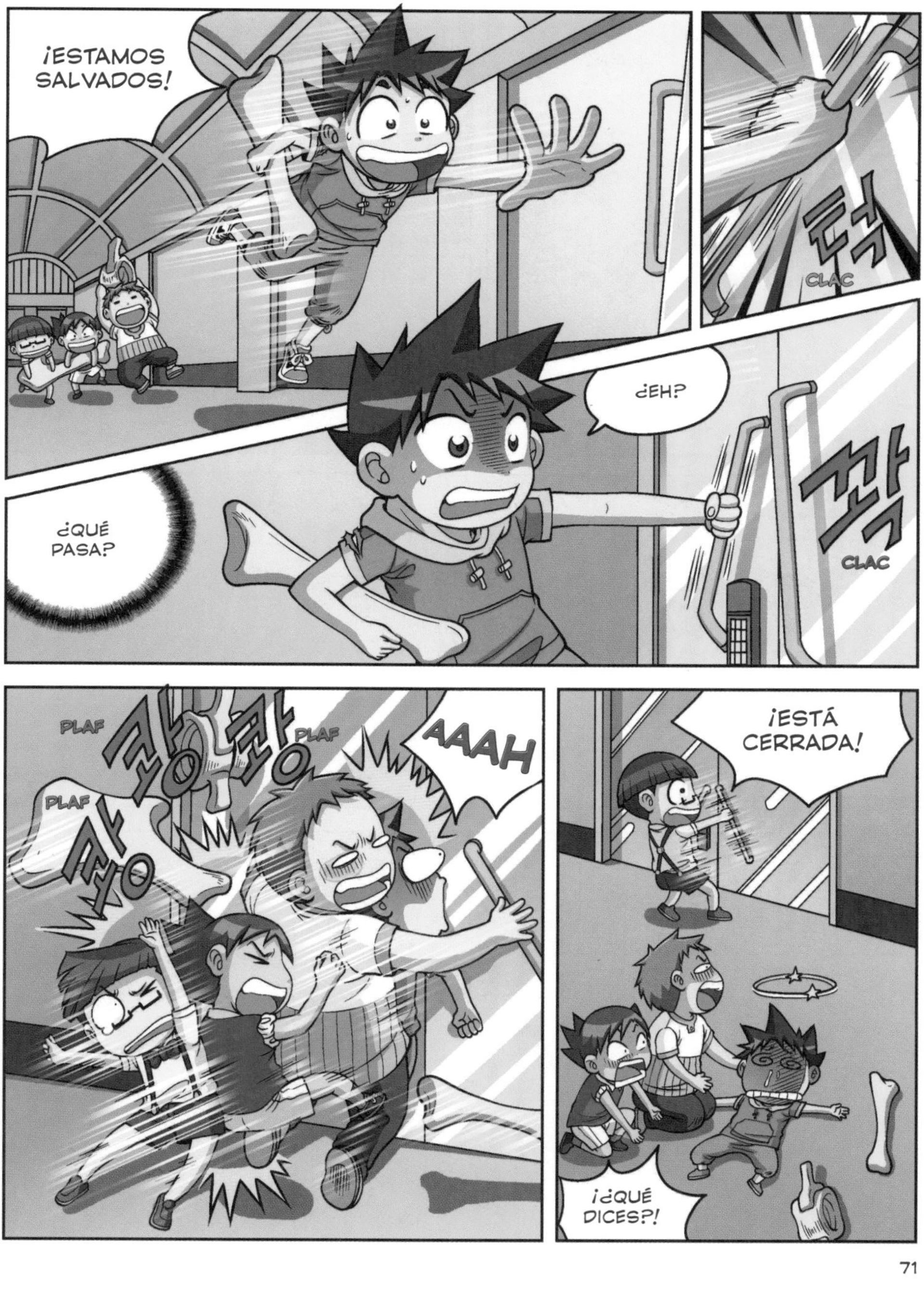

¡ESTAMOS SALVADOS!
덜컥
CLAC
¿EH?
¿QUÉ PASA?
꽉
CLAC
PLAF
PLAF
PLAF
AAAH
¡ESTÁ CERRADA!
¡¿QUÉ DICES?!

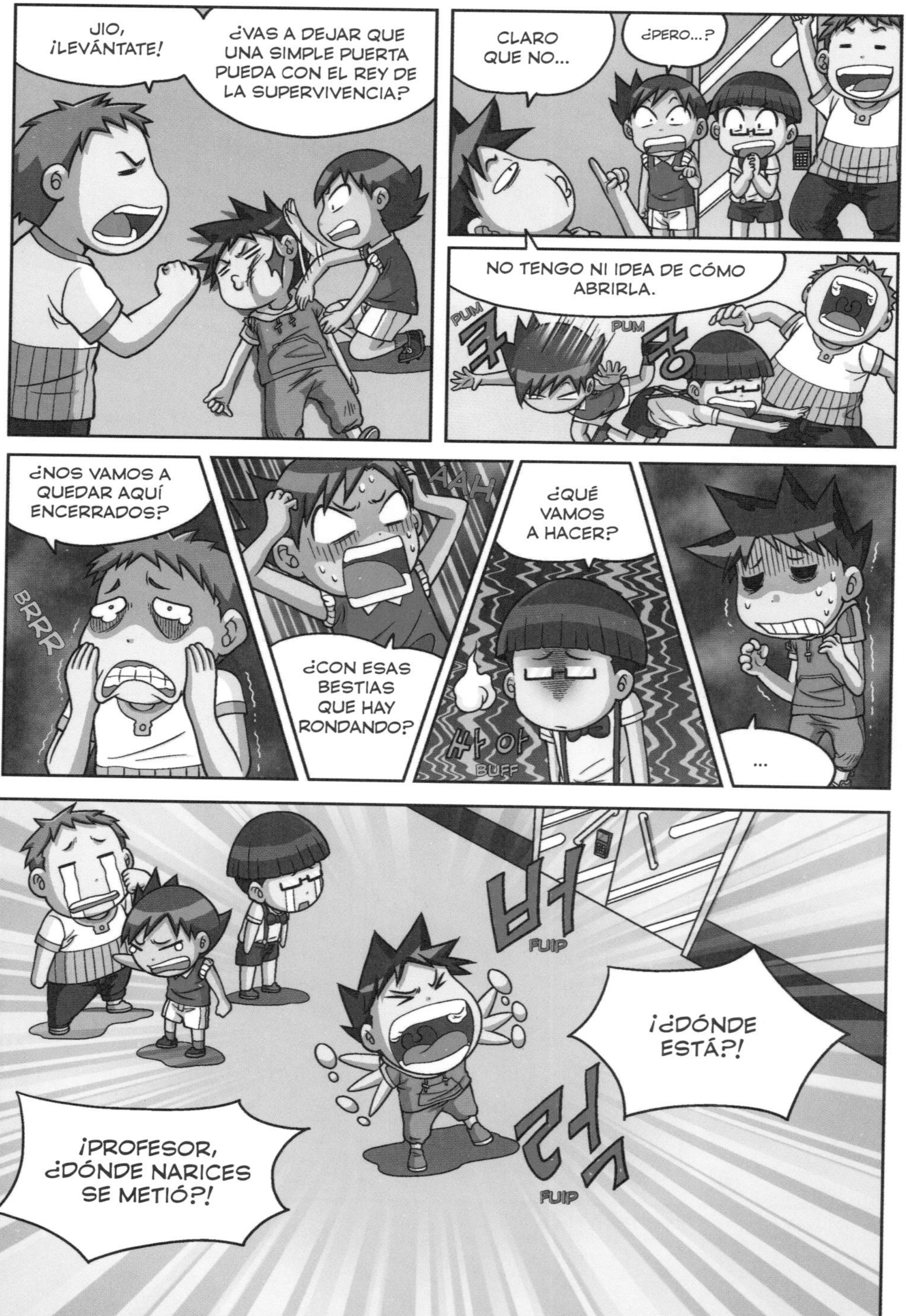

JIO, ¡LEVÁNTATE!
¿VAS A DEJAR QUE UNA SIMPLE PUERTA PUEDA CON EL REY DE LA SUPERVIVENCIA?
CLARO QUE NO...
¿PERO...?
NO TENGO NI IDEA DE CÓMO ABRIRLA.
PUM
PUM
¿NOS VAMOS A QUEDAR AQUÍ ENCERRADOS?
BRRR
AAH
¿CON ESAS BESTIAS QUE HAY RONDANDO?
¿QUÉ VAMOS A HACER?
BUFF
...
FUIP
¡¿DÓNDE ESTÁ?!
¡PROFESOR, ¿DÓNDE NARICES SE METIÓ?!
FUIP

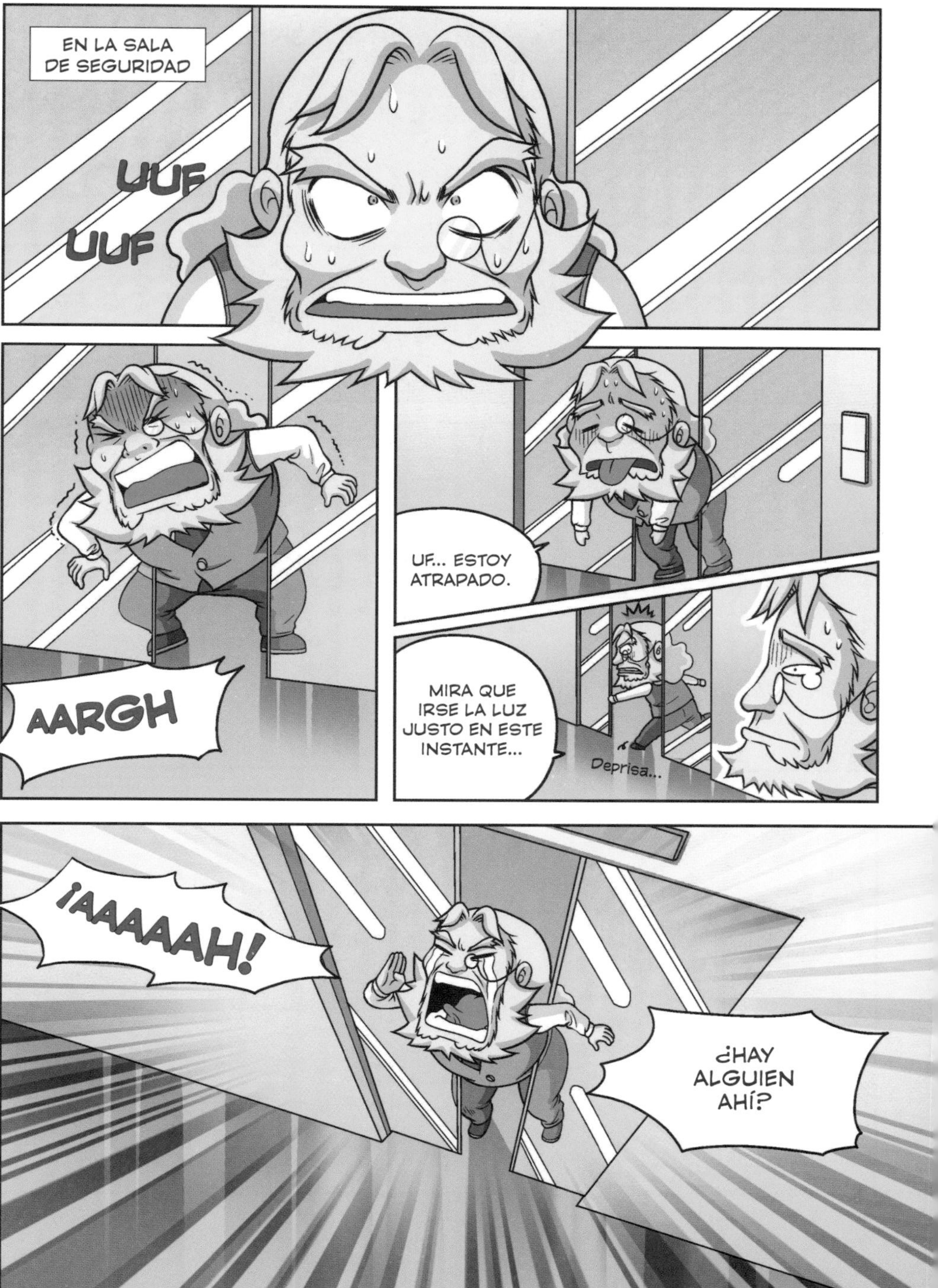
EN LA SALA DE SEGURIDAD
UUF
UUF
AARGH
UF... ESTOY ATRAPADO.
MIRA QUE IRSE LA LUZ JUSTO EN ESTE INSTANTE...
Deprisa...
¡AAAAAAH!
¿HAY ALGUIEN AHÍ?

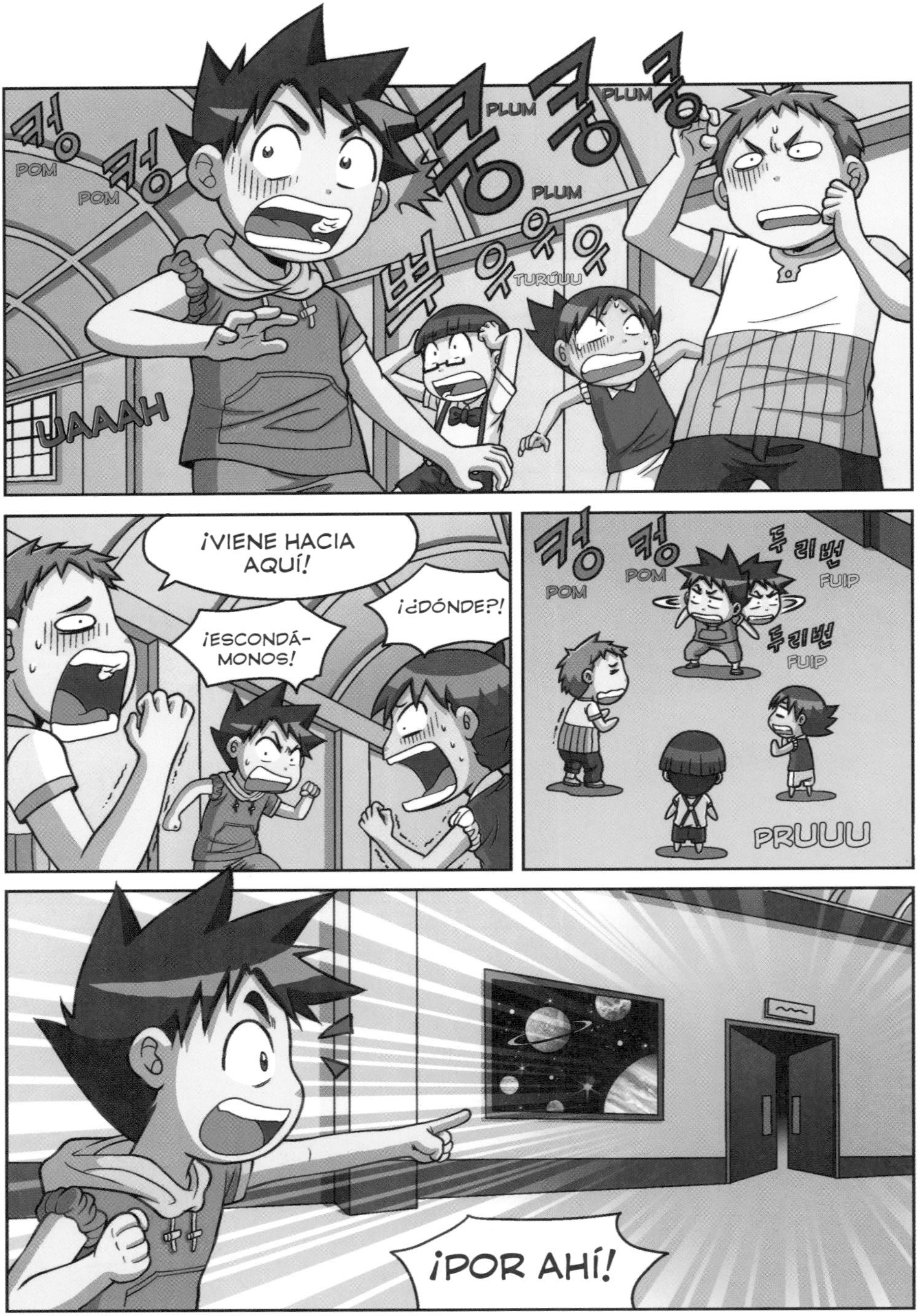
쾅 쾅
POM POM
쿵 쿵 쿵
PLUM PLUM PLUM
뿌우우우
TURÚUU
UAAAH
¡VIENE HACIA AQUÍ!
¡ESCONDÁ-MONOS!
¡¿DÓNDE?!
쾅 쾅
POM POM
두리번
FUIP
두리번
FUIP
PRUUU
¡POR AHÍ!

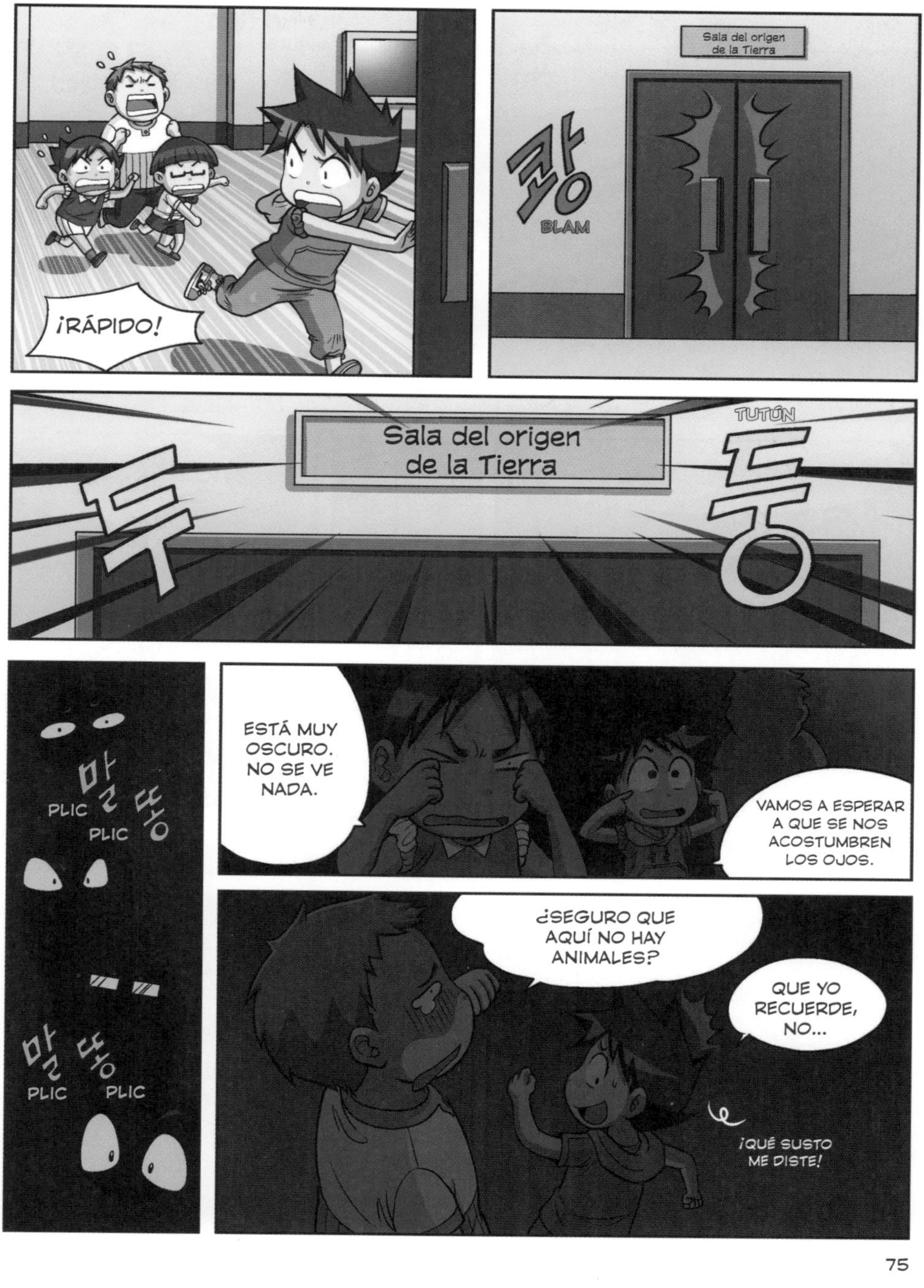
¡RÁPIDO!
Sala del origen de la Tierra
쾅
BLAM
Sala del origen de la Tierra
두 둥
TUTÚN
말똥
PLIC PLIC
ESTÁ MUY OSCURO. NO SE VE NADA.
VAMOS A ESPERAR A QUE SE NOS ACOSTUMBREN LOS OJOS.
말똥
PLIC PLIC
¿SEGURO QUE AQUÍ NO HAY ANIMALES?
QUE YO RECUERDE, NO...
¡QUÉ SUSTO ME DISTE!

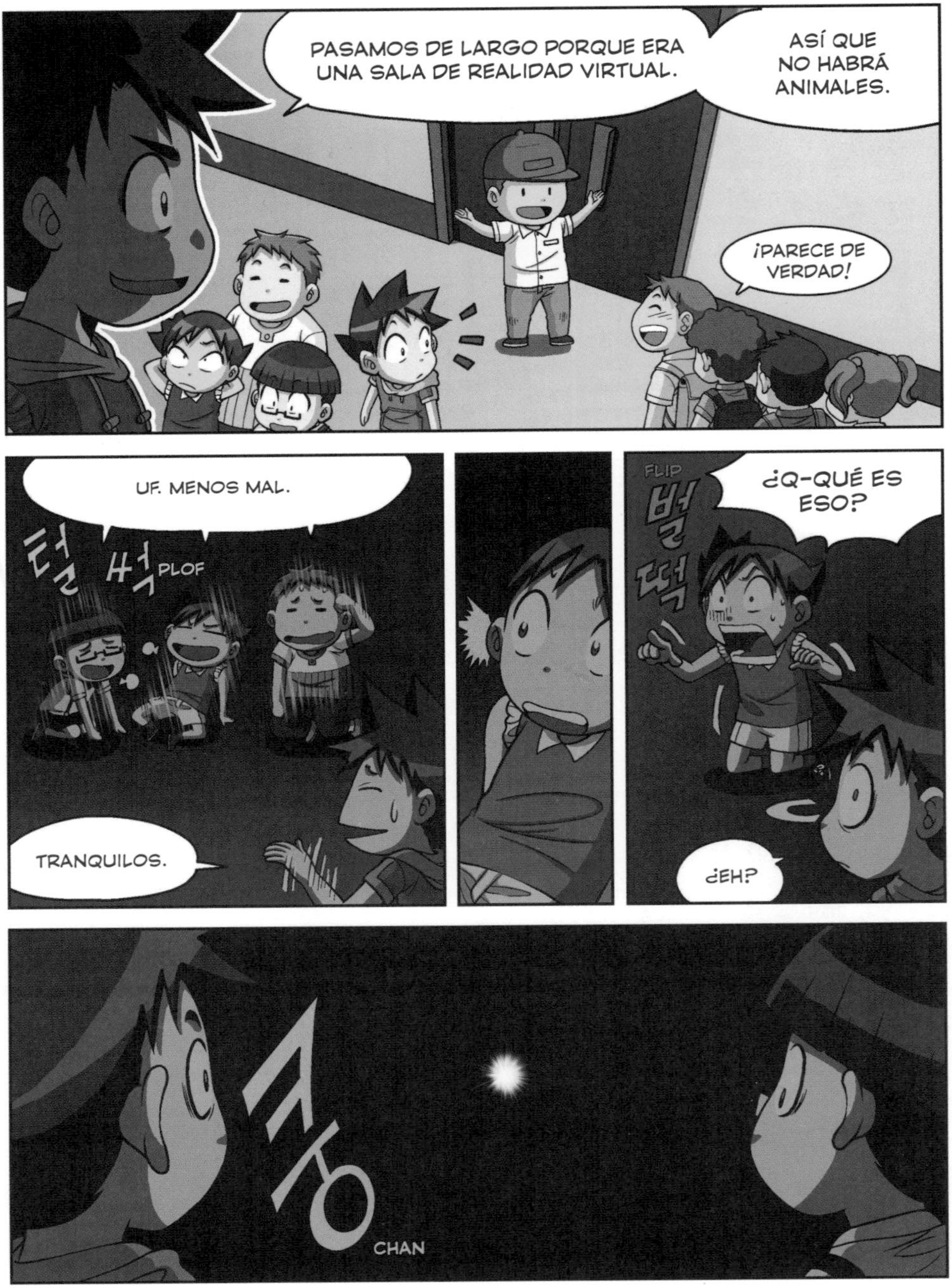
PASAMOS DE LARGO PORQUE ERA UNA SALA DE REALIDAD VIRTUAL.
ASÍ QUE NO HABRÁ ANIMALES.
¡PARECE DE VERDAD!
UF. MENOS MAL.
털썩 PLOF
TRANQUILOS.
FLIP 벌떡
¿Q-QUÉ ES ESO?
¿EH?
CHAN

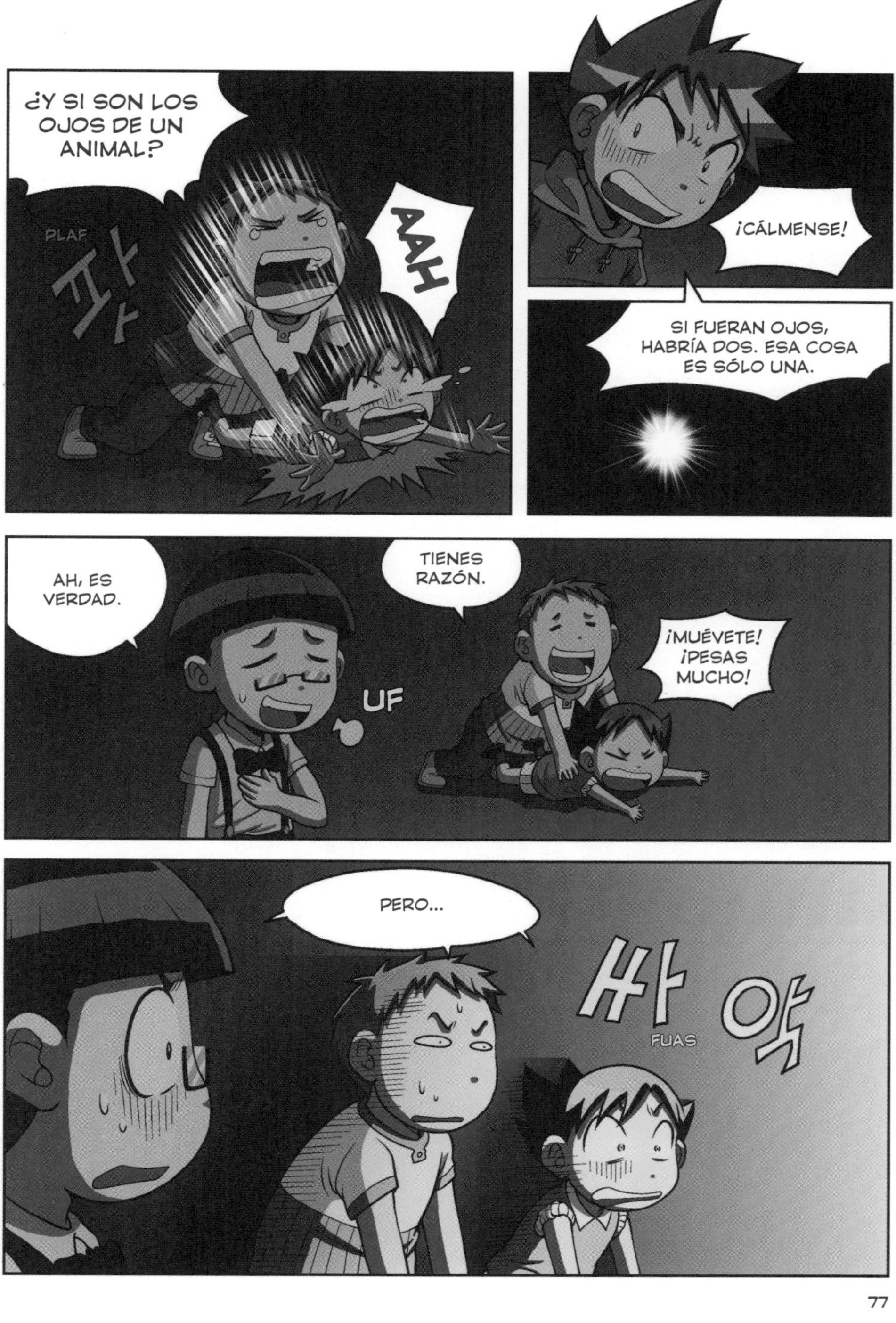
¿Y SI SON LOS OJOS DE UN ANIMAL?
PLAF
파팍
AAH
¡CÁLMENSE!
SI FUERAN OJOS, HABRÍA DOS. ESA COSA ES SÓLO UNA.
AH, ES VERDAD.
TIENES RAZÓN.
¡MUÉVETE! ¡PESAS MUCHO!
UF
PERO...
FUAS
바약

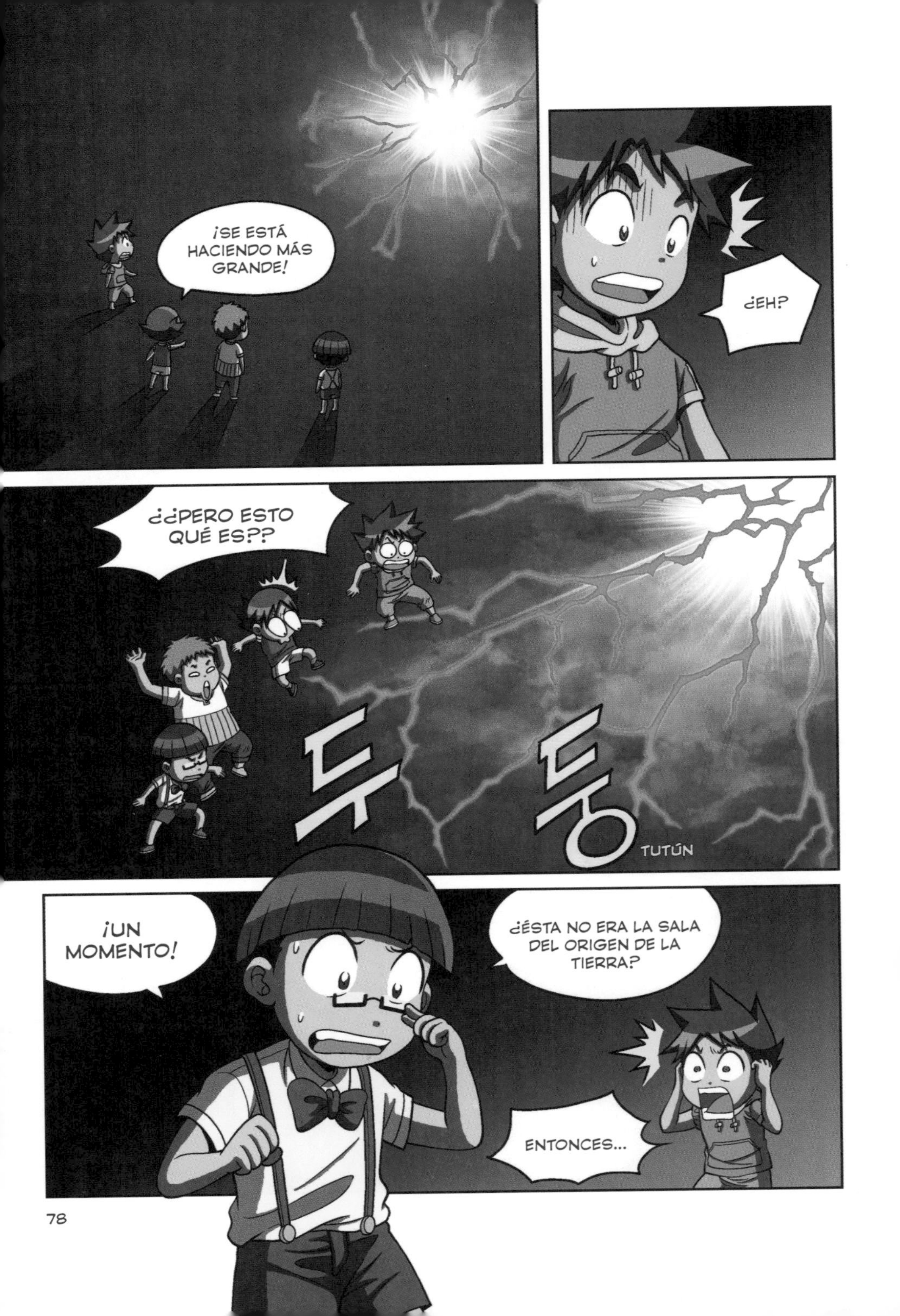
¡SE ESTÁ HACIENDO MÁS GRANDE!
¿EH?
¿¿PERO ESTO QUÉ ES??
TUTÚN
¡UN MOMENTO!
¿ÉSTA NO ERA LA SALA DEL ORIGEN DE LA TIERRA?
ENTONCES...

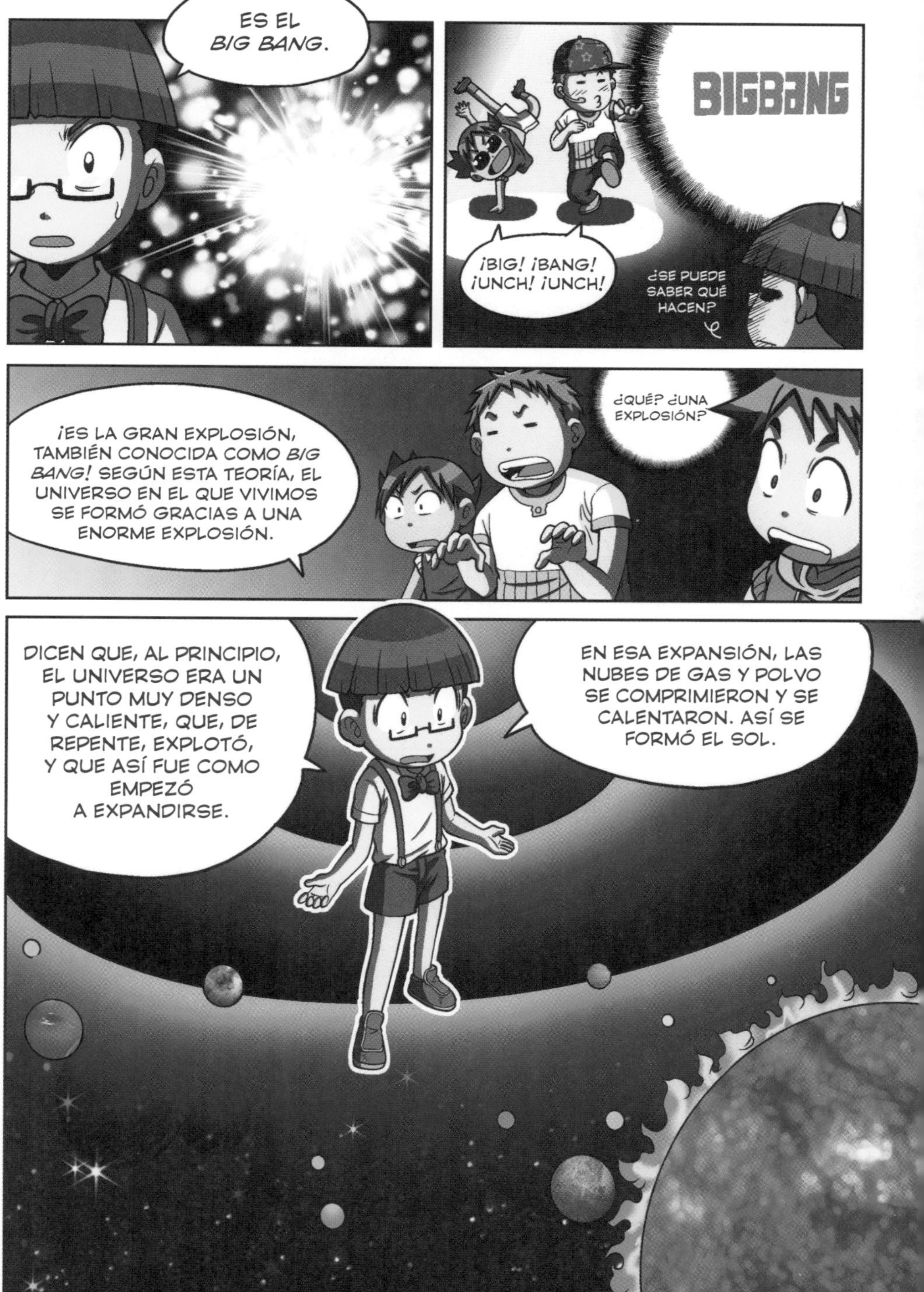
ES EL *BIG BANG*.
BIGBANG
¡BIG! ¡BANG! ¡UNCH! ¡UNCH!
¿SE PUEDE SABER QUÉ HACEN?
¿QUÉ? ¿UNA EXPLOSIÓN?
¡ES LA GRAN EXPLOSIÓN, TAMBIÉN CONOCIDA COMO *BIG BANG!* SEGÚN ESTA TEORÍA, EL UNIVERSO EN EL QUE VIVIMOS SE FORMÓ GRACIAS A UNA ENORME EXPLOSIÓN.
DICEN QUE, AL PRINCIPIO, EL UNIVERSO ERA UN PUNTO MUY DENSO Y CALIENTE, QUE, DE REPENTE, EXPLOTÓ, Y QUE ASÍ FUE COMO EMPEZÓ A EXPANDIRSE.
EN ESA EXPANSIÓN, LAS NUBES DE GAS Y POLVO SE COMPRIMIERON Y SE CALENTARON. ASÍ SE FORMÓ EL SOL.

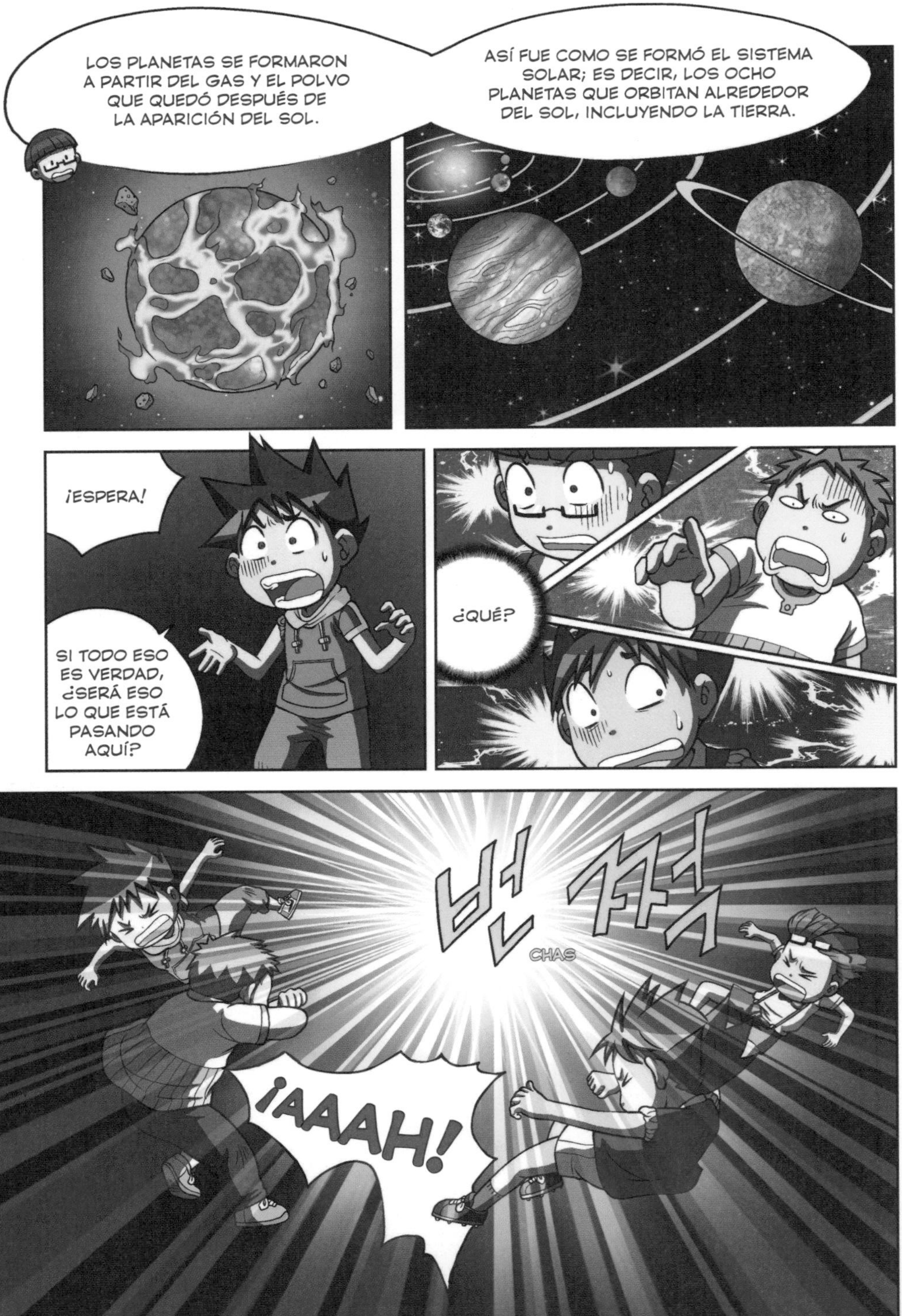
LOS PLANETAS SE FORMARON A PARTIR DEL GAS Y EL POLVO QUE QUEDÓ DESPUÉS DE LA APARICIÓN DEL SOL.
ASÍ FUE COMO SE FORMÓ EL SISTEMA SOLAR; ES DECIR, LOS OCHO PLANETAS QUE ORBITAN ALREDEDOR DEL SOL, INCLUYENDO LA TIERRA.
¡ESPERA!
SI TODO ESO ES VERDAD, ¿SERÁ ESO LO QUE ESTÁ PASANDO AQUÍ?
¿QUÉ?
CHAS
¡AAAH!

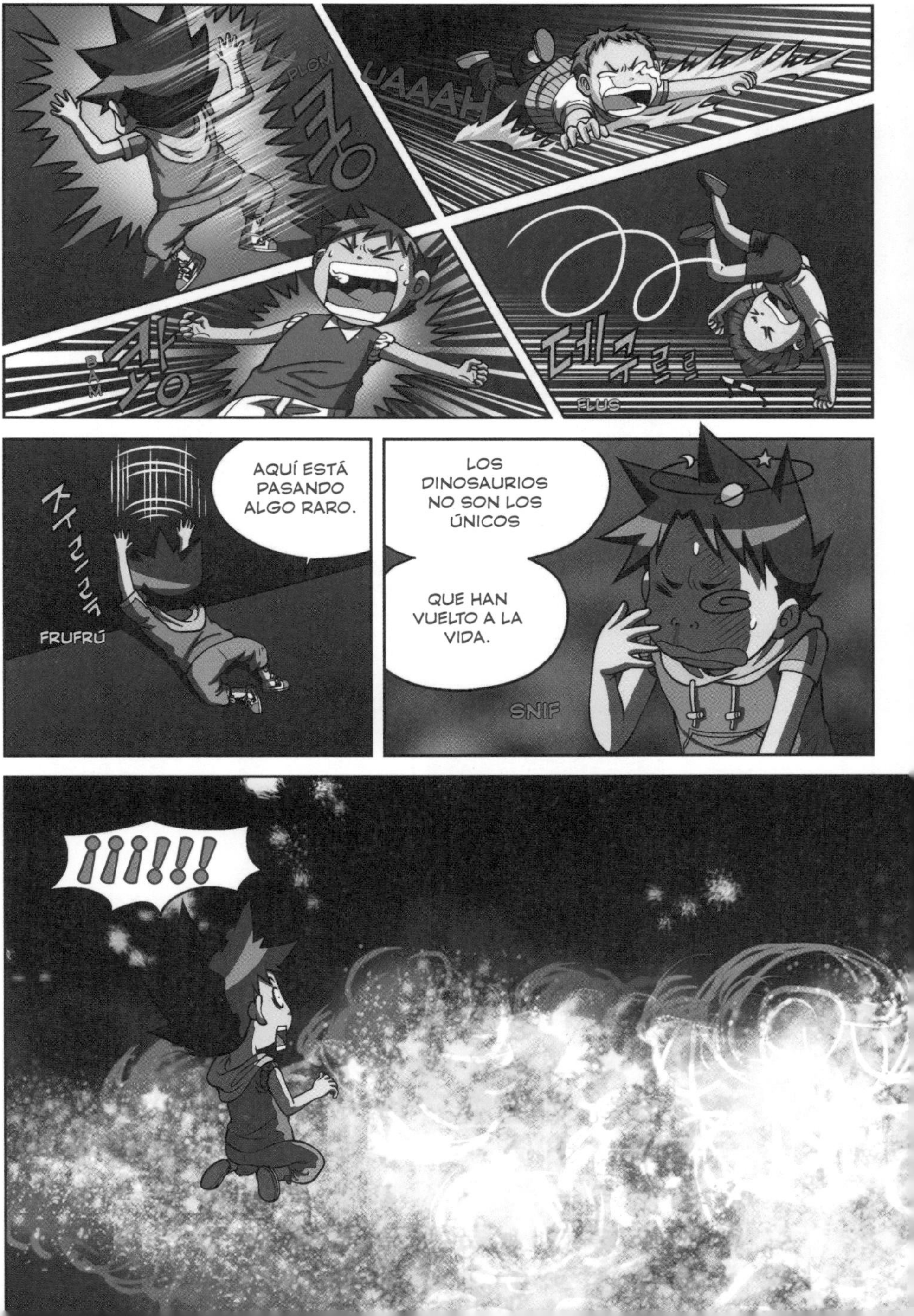
PLOM
UAAAAH
BAM
FLUS
FRUFRÚ
AQUÍ ESTÁ PASANDO ALGO RARO.
LOS DINOSAURIOS NO SON LOS ÚNICOS
QUE HAN VUELTO A LA VIDA.
SNIF
¡¡¡!!!

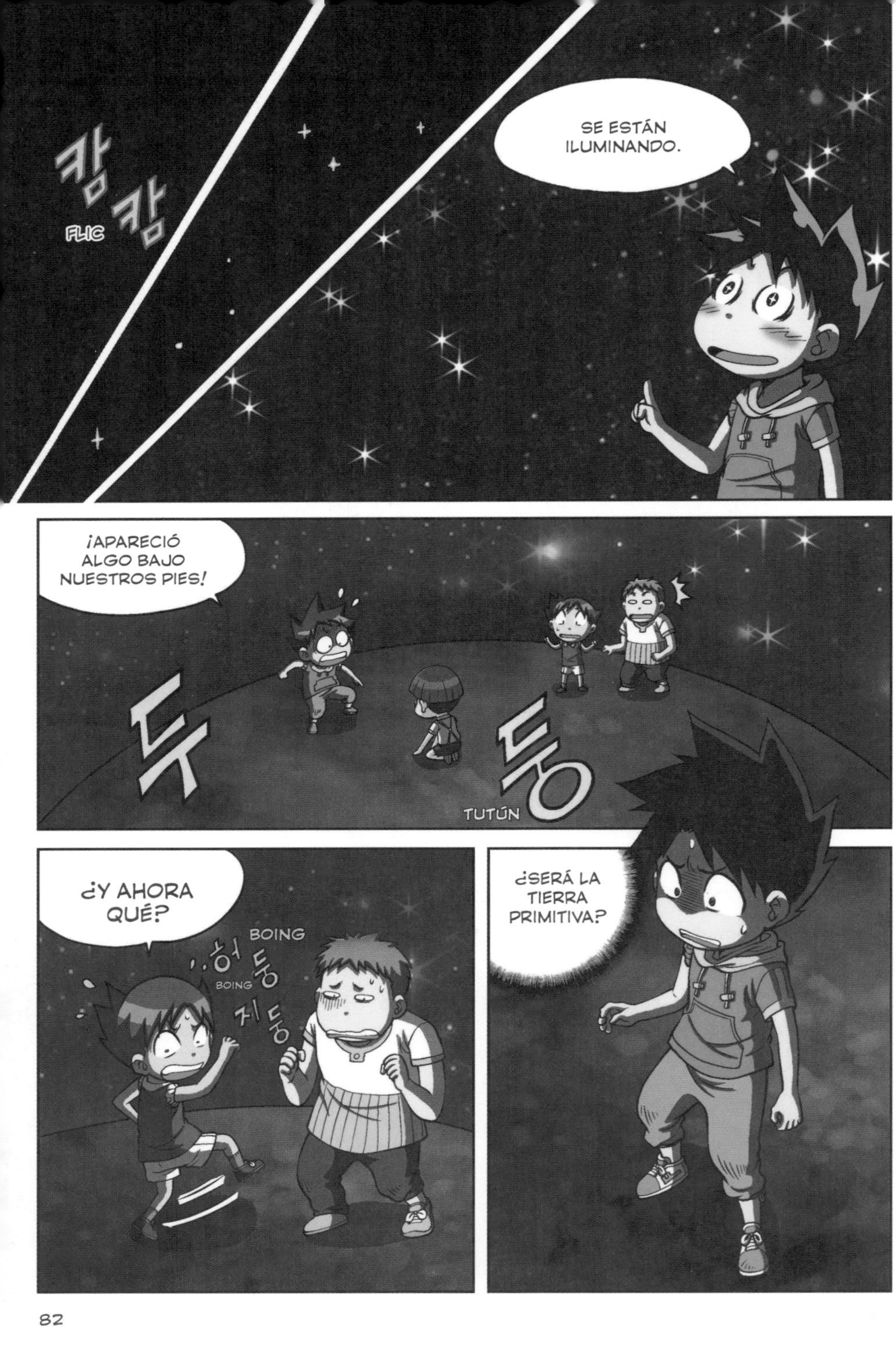

캄
캄
FLIC
SE ESTÁN ILUMINANDO.
¡APARECIÓ ALGO BAJO NUESTROS PIES!
두
둥
TUTÚN
¿Y AHORA QUÉ?
BOING
허둥
BOING
지둥
¿SERÁ LA TIERRA PRIMITIVA?

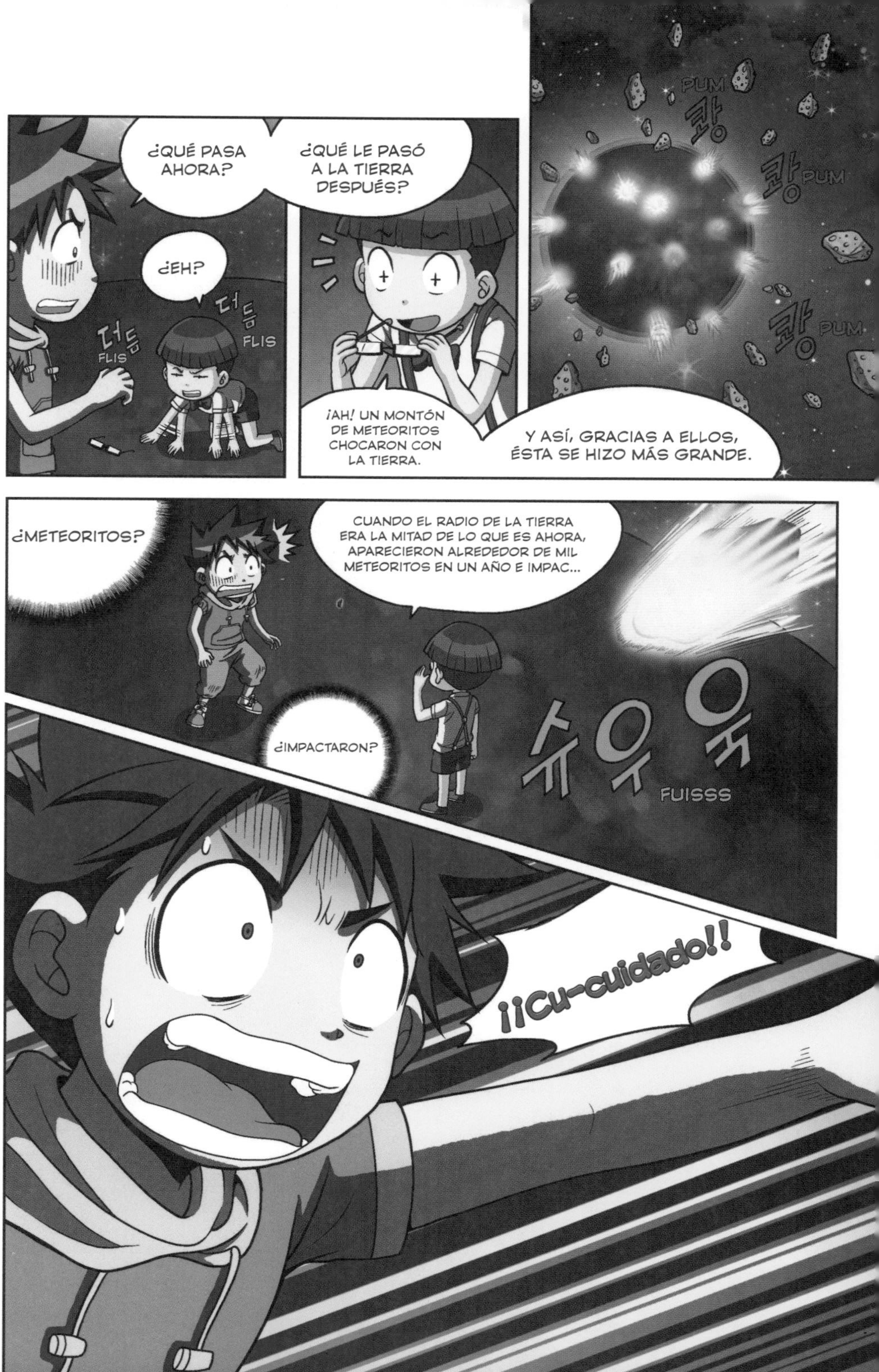
¿QUÉ PASA AHORA?
¿EH?
FLIS
FLIS
¿QUÉ LE PASÓ A LA TIERRA DESPUÉS?
¡AH! UN MONTÓN DE METEORITOS CHOCARON CON LA TIERRA.
쾅 PUM
쾅 PUM
쾅 PUM
Y ASÍ, GRACIAS A ELLOS, ÉSTA SE HIZO MÁS GRANDE.
¿METEORITOS?
CUANDO EL RADIO DE LA TIERRA ERA LA MITAD DE LO QUE ES AHORA, APARECIERON ALREDEDOR DE MIL METEORITOS EN UN AÑO E IMPAC...
¿IMPACTARON?
FUISSS
¡¡Cu-cuidado!!

# El origen del universo

## ¿Cómo surgió el universo?

Hay muchas teorías sobre el origen del universo, pero la que cuenta con más apoyos en la comunidad científica en la actualidad es la del *big bang*. Según ésta, hace alrededor de 15 000 millones de años, el universo primitivo era un único punto que explotó a altísimas temperaturas y densidad. Esta «gran explosión» marcó el inicio del espacio-tiempo y de la energía.

Muchos científicos afirman que el universo sigue en expansión. El argumento principal en el que descansa esta hipótesis es que las galaxias continúan moviéndose poco a poco y que cuanto más lejos están, más rápido se alejan de la galaxia en la que vivimos.

©Wikipedia

El descubrimiento de antiguas galaxias gracias al telescopio espacial de Hubble fue clave para esclarecer el origen del universo.

### Si el universo se expande, ¿podrían separarse la Tierra y el Sol?

En 1929, el astrónomo estadounidense Edwin Hubble descubrió que cuanto más lejos se encuentra una galaxia de otra, más rápidamente se aleja la primera con respecto a la segunda. Esto es conocido como la Ley de Hubble. De este modo, es lógico preguntarse si es posible que la Tierra y el Sol se separen. Ambos astros se atraen mutuamente por la ley de gravitación universal, así que, incluso si el universo se expande, siempre se conservará la distancia que los separa. Para que se comprenda mejor: si haces flotar dos barquitos de papel en un río cuyo caudal va haciéndose cada vez más grande, la distancia entre ambos será mayor, pero si los unes con un hilo, conservarán la distancia que los separa. Con la Tierra y el Sol ocurre algo similar.

## El nacimiento del sistema solar

El sistema solar está formado por el Sol, que es una estrella que brilla por sí sola, los ocho planetas que orbitan a su alrededor, más numerosos asteroides y cometas, entre otras cosas.

Hay varias teorías sobre el origen del sistema solar, que incluyen la hipótesis nebular, la planetesimal y la de la marea. La hipótesis nebular fue propuesta por el filósofo alemán Kant y el matemático francés Laplace, quienes teorizaron que el conjunto de gases llamados «nebulosas» giran y colapsan entre sí, acelerando su movimiento, hasta que se dividen en distintos elementos y finalmente forman un planeta. La hipótesis planetesimal fue formulada por los geólogos estadounidenses Chamberlin y Moulton, quienes afirmaron que una estrella con una cierta cantidad de masa pasó cerca del Sol primitivo, lo cual generó que parte de la materia de esa estrella se desprendiera debido a la fuerza de atracción gravitatoria. Por último, la hipótesis de la marea fue ideada por el geofísico Jeffreys y el astrónomo Jeans, científicos británicos ambos, con el objetivo de suplir las carencias de la teoría planetesimal.

Los ocho planetas que orbitan alrededor del Sol están divididos entre terrestres y gigantes. Los primeros son de tamaño más reducido, se encuentran más cerca del Sol y están formados por rocas más duras. A este tipo pertenecen Mercurio, Venus, la Tierra y Marte. Mucho más grandes y alejados del Sol: Júpiter, Saturno, Urano y Neptuno pertenecen a la categoría de planetas gigantes, y están conformados por gases ligeros, como el hidrógeno y el helio.

©NASA

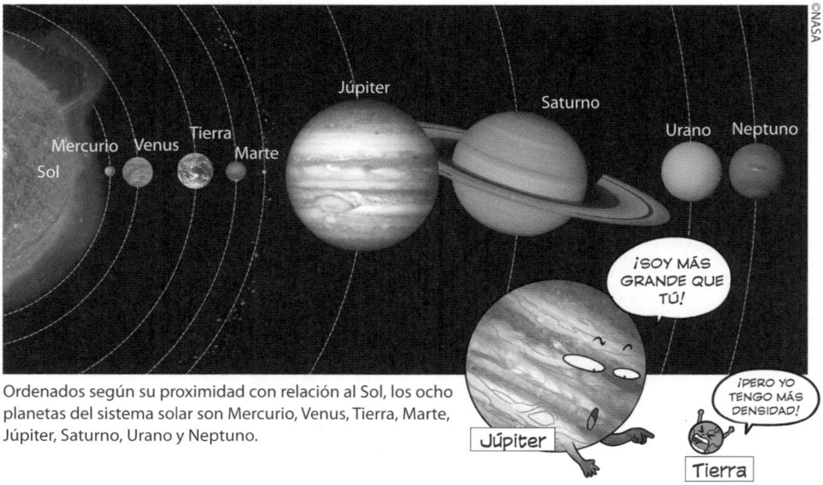
Sol
Mercurio
Venus
Tierra
Marte
Júpiter
Saturno
Urano
Neptuno
¡SOY MÁS GRANDE QUE TÚ!
¡PERO YO TENGO MÁS DENSIDAD!
Júpiter
Tierra

Ordenados según su proximidad con relación al Sol, los ocho planetas del sistema solar son Mercurio, Venus, Tierra, Marte, Júpiter, Saturno, Urano y Neptuno.

# Capítulo 5

## Lluvia de meteoritos

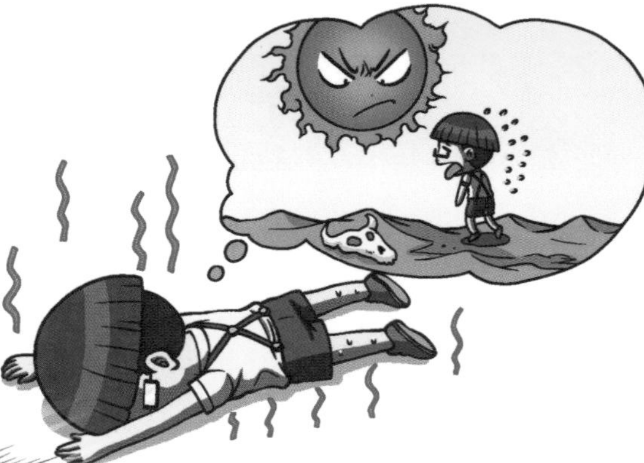

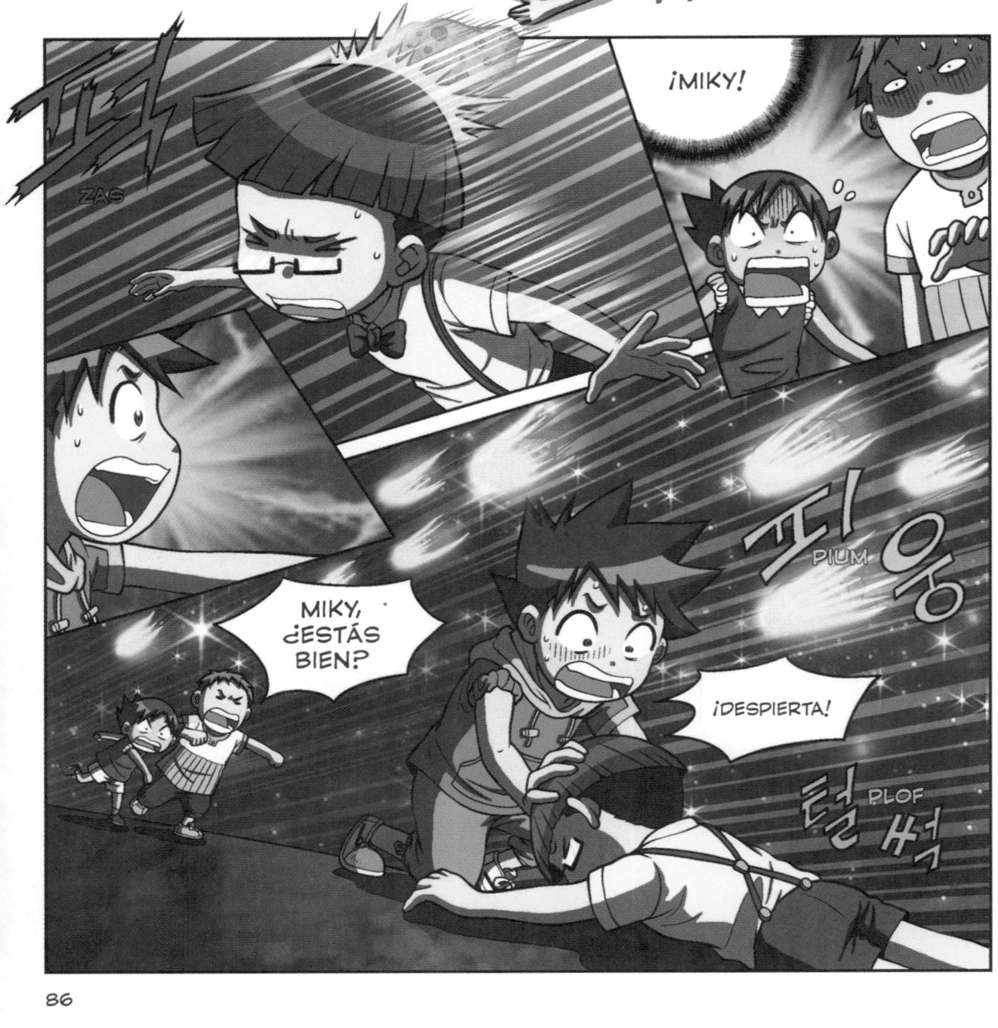

ZAS
¡MIKY!
PIUM
MIKY, ¿ESTÁS BIEN?
¡DESPIERTA!
PLOF

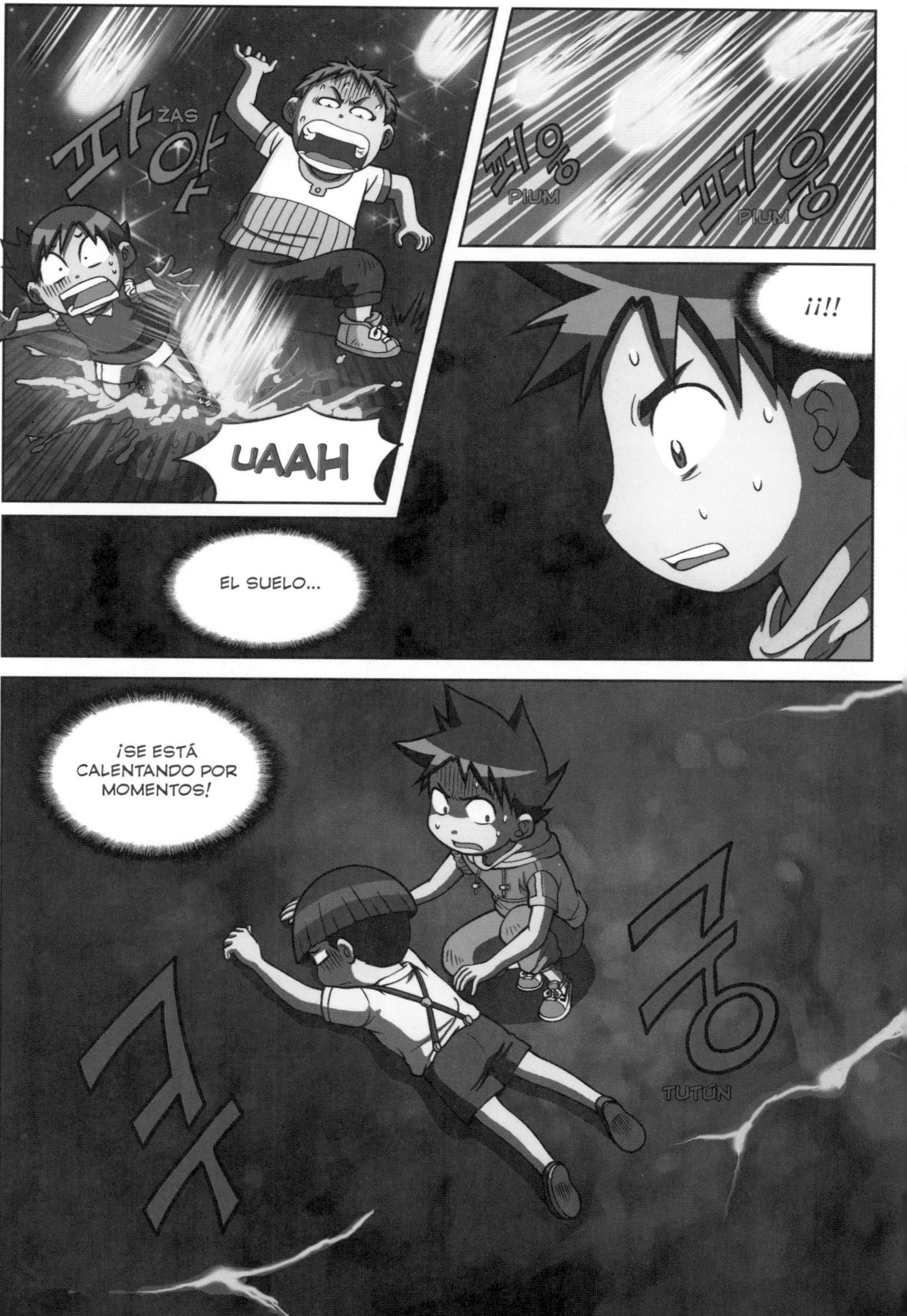
ZAS
UAAH
피융
PIUM
피융
PIUM
¡¡!!
EL SUELO...
¡SE ESTÁ CALENTANDO POR MOMENTOS!
TUTÚN

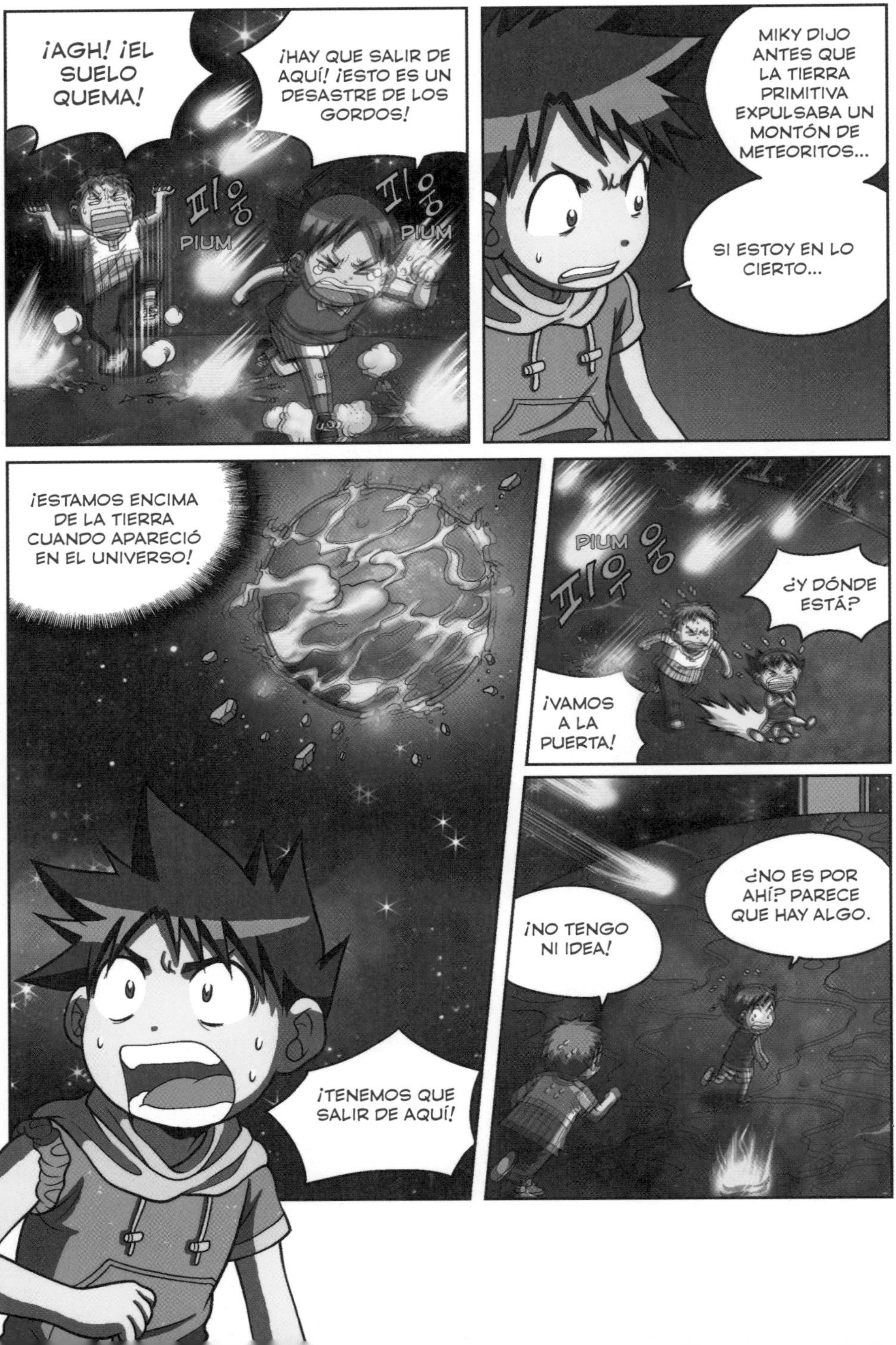
¡AGH! ¡EL SUELO QUEMA!
¡HAY QUE SALIR DE AQUÍ! ¡ESTO ES UN DESASTRE DE LOS GORDOS!
PIUM
PIUM
MIKY DIJO ANTES QUE LA TIERRA PRIMITIVA EXPULSABA UN MONTÓN DE METEORITOS...
SI ESTOY EN LO CIERTO...
¡ESTAMOS ENCIMA DE LA TIERRA CUANDO APARECIÓ EN EL UNIVERSO!
¡TENEMOS QUE SALIR DE AQUÍ!
PIUM
¿Y DÓNDE ESTÁ?
¡VAMOS A LA PUERTA!
¡NO TENGO NI IDEA!
¿NO ES POR AHÍ? PARECE QUE HAY ALGO.

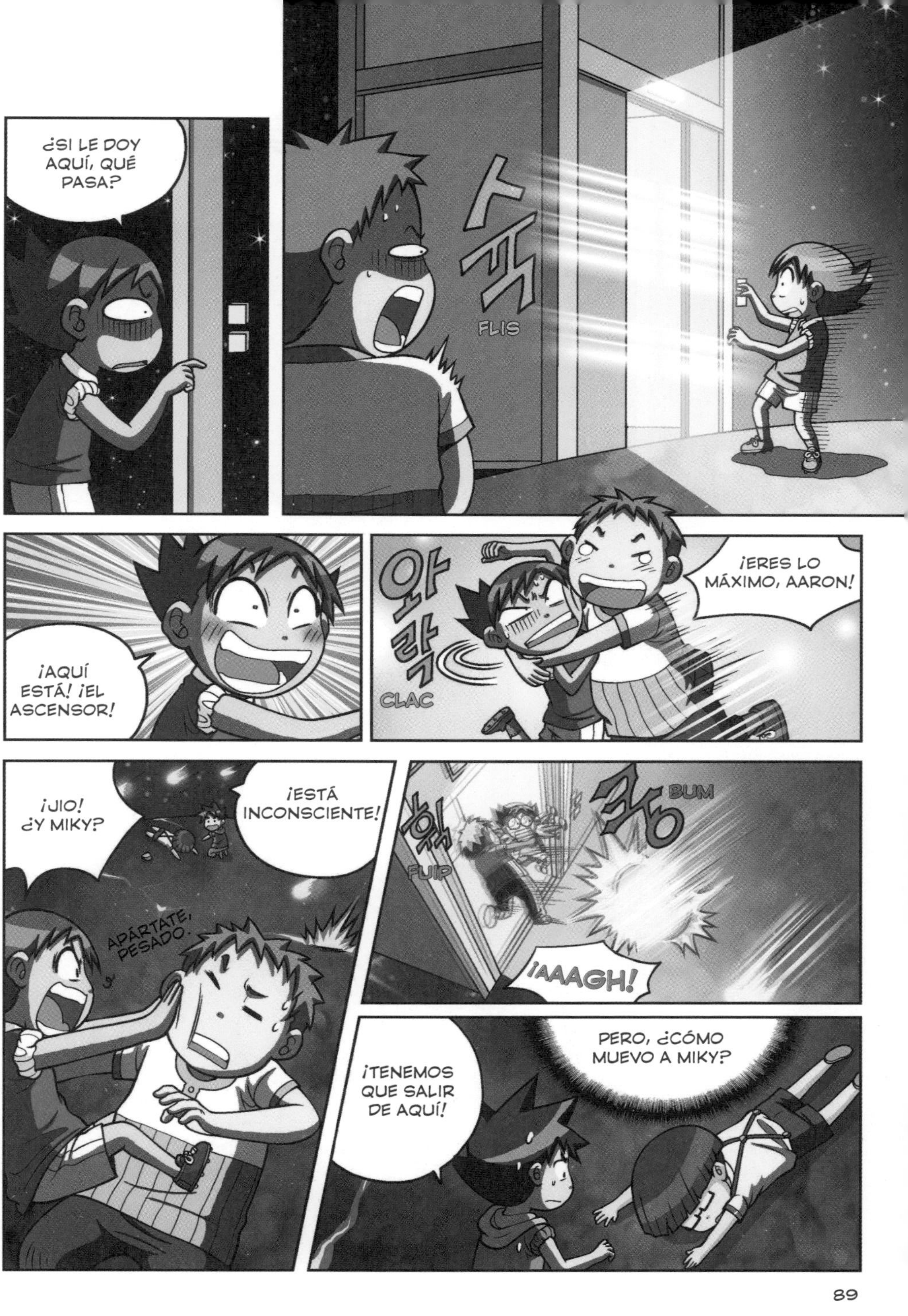

¿SI LE DOY AQUÍ, QUÉ PASA?
FLIS
¡AQUÍ ESTÁ! ¡EL ASCENSOR!
와락
CLAC
¡ERES LO MÁXIMO, AARON!
¡JIO! ¿Y MIKY?
¡ESTÁ INCONSCIENTE!
APÁRTATE, PESADO.
FUIP
BUM
¡AAAGH!
¡TENEMOS QUE SALIR DE AQUÍ!
PERO, ¿CÓMO MUEVO A MIKY?

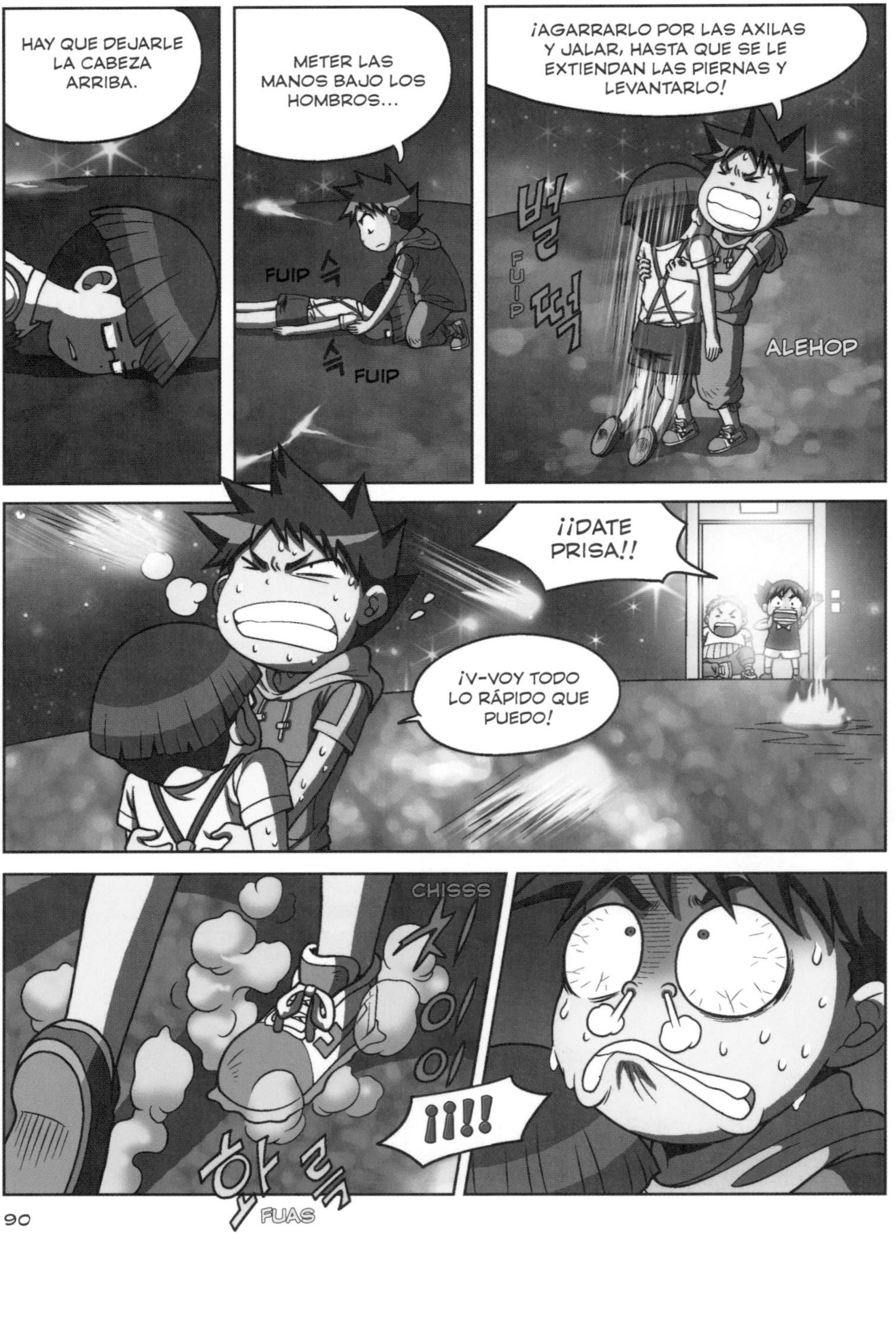
HAY QUE DEJARLE LA CABEZA ARRIBA.
METER LAS MANOS BAJO LOS HOMBROS...
FUIP 슥
슥 FUIP
¡AGARRARLO POR LAS AXILAS Y JALAR, HASTA QUE SE LE EXTIENDAN LAS PIERNAS Y LEVANTARLO!
벌떡
FUIP
ALEHOP
¡¡DATE PRISA!!
¡V-VOY TODO LO RÁPIDO QUE PUEDO!
CHISSS
¡¡!!
FUAS

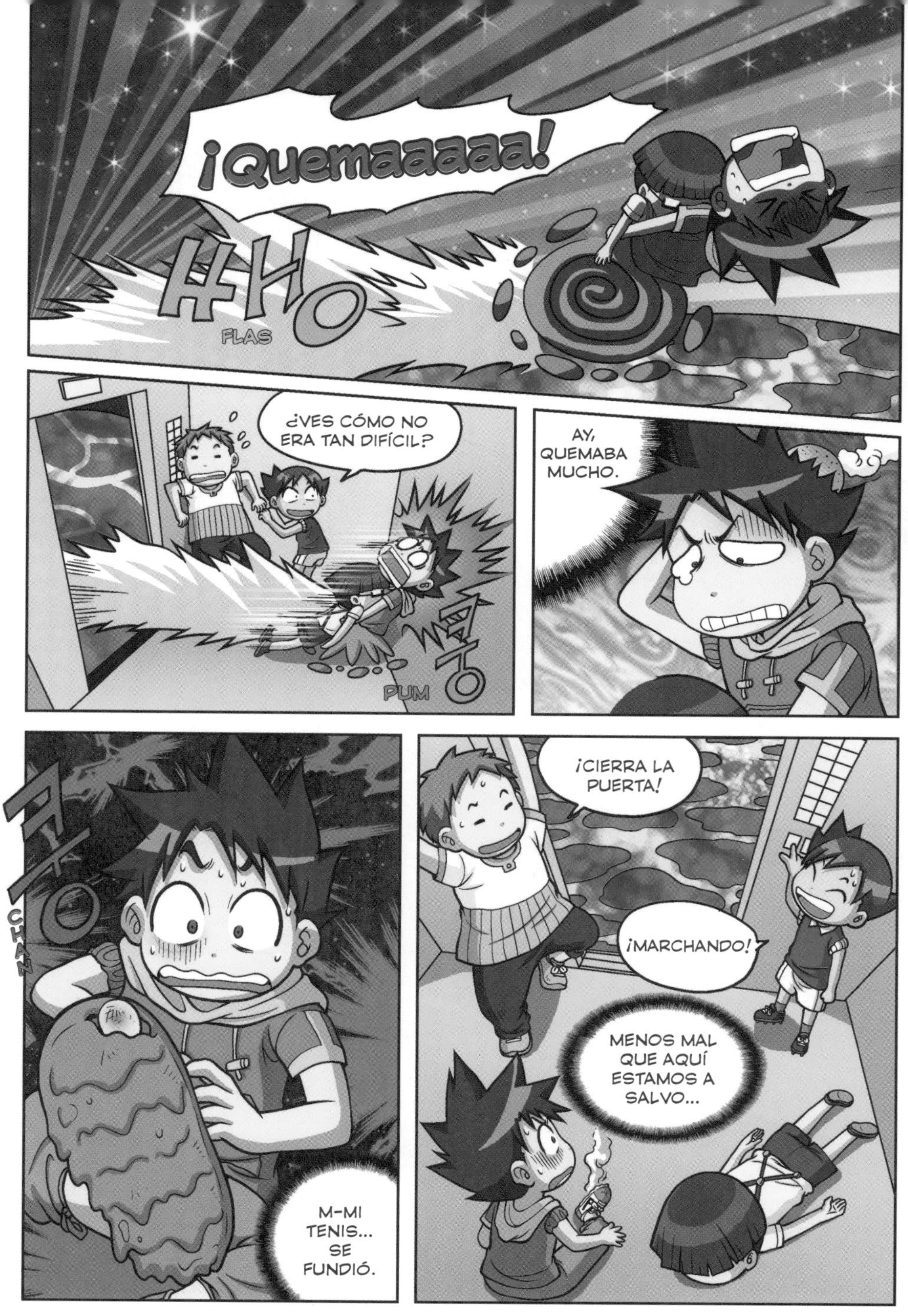
¡Quemaaaaaa!
FLAS
¿VES CÓMO NO ERA TAN DIFÍCIL?
PUM
AY, QUEMABA MUCHO.
CHAN
M-MI TENIS... SE FUNDIÓ.
¡CIERRA LA PUERTA!
¡MARCHANDO!
MENOS MAL QUE AQUÍ ESTAMOS A SALVO...

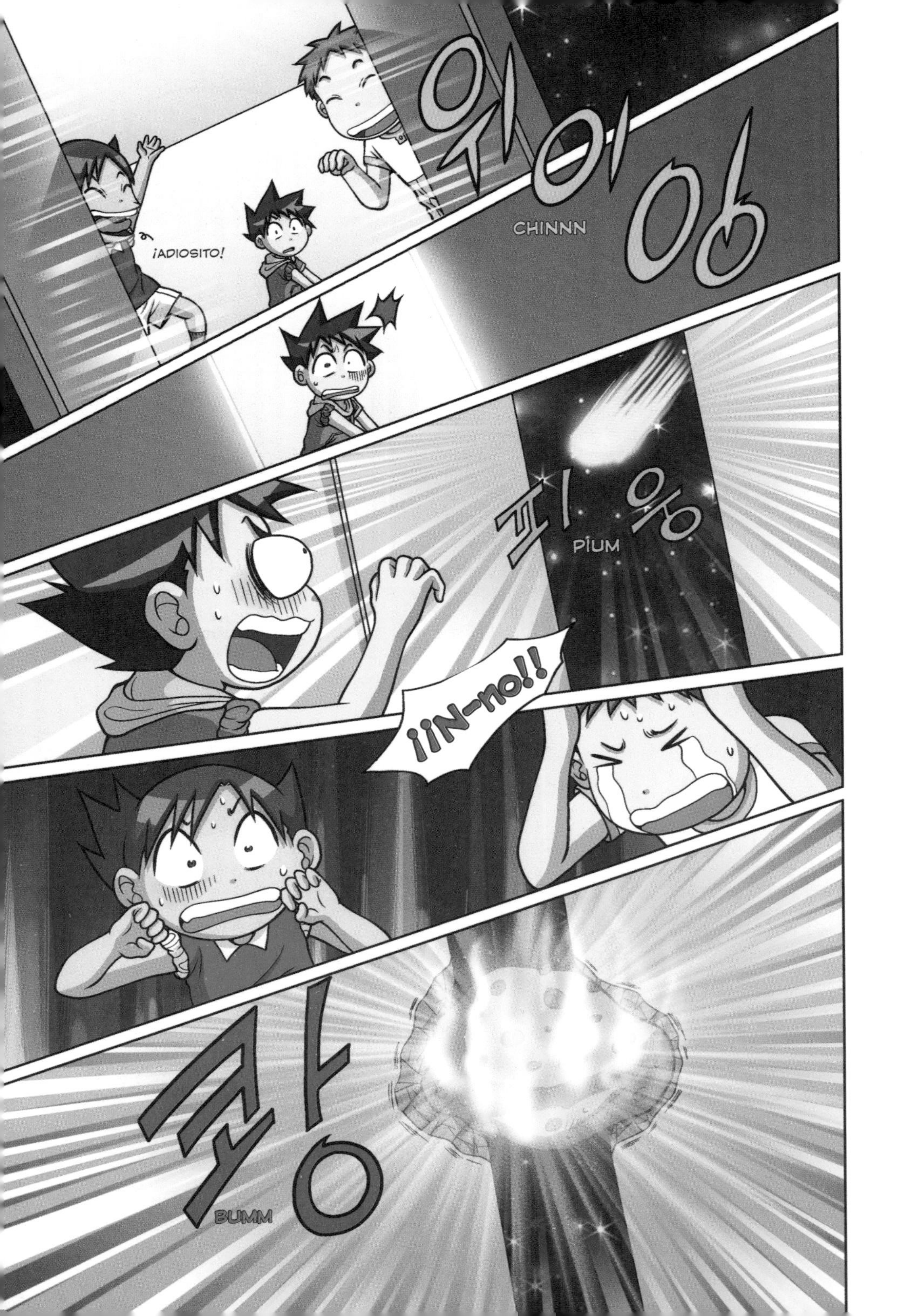
¡ADIOSITO!
CHINNN
PIUM
¡¡N-no!!
BUMM

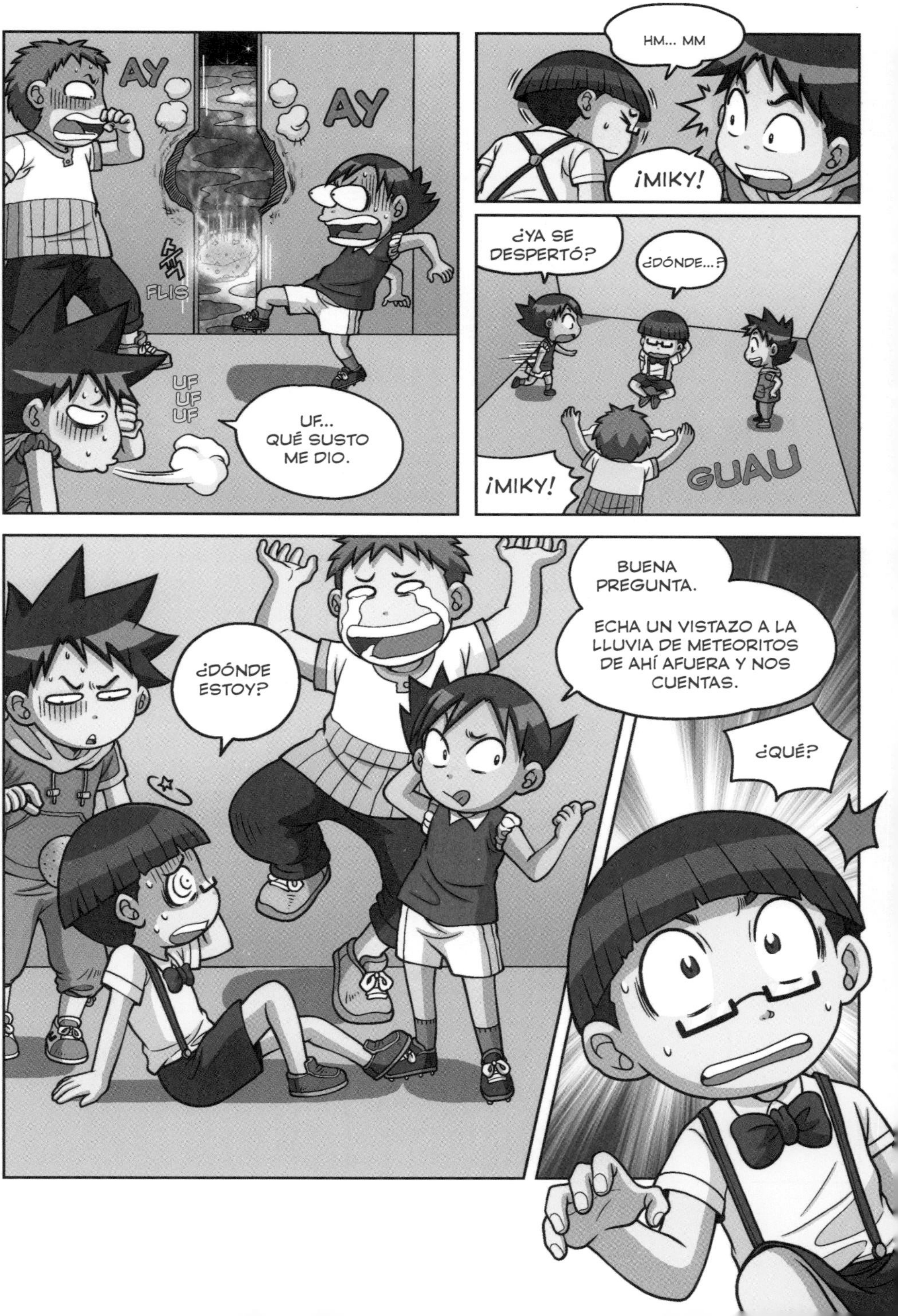
AY
AY
FLIS
UF
UF
UF
UF...
QUÉ SUSTO
ME DIO.
HM... MM
¡MIKY!
¿YA SE
DESPERTÓ?
¿DÓNDE...?
¡MIKY!
GUAU
¿DÓNDE
ESTOY?
BUENA
PREGUNTA.
ECHA UN VISTAZO A LA
LLUVIA DE METEORITOS
DE AHÍ AFUERA Y NOS
CUENTAS.
¿QUÉ?

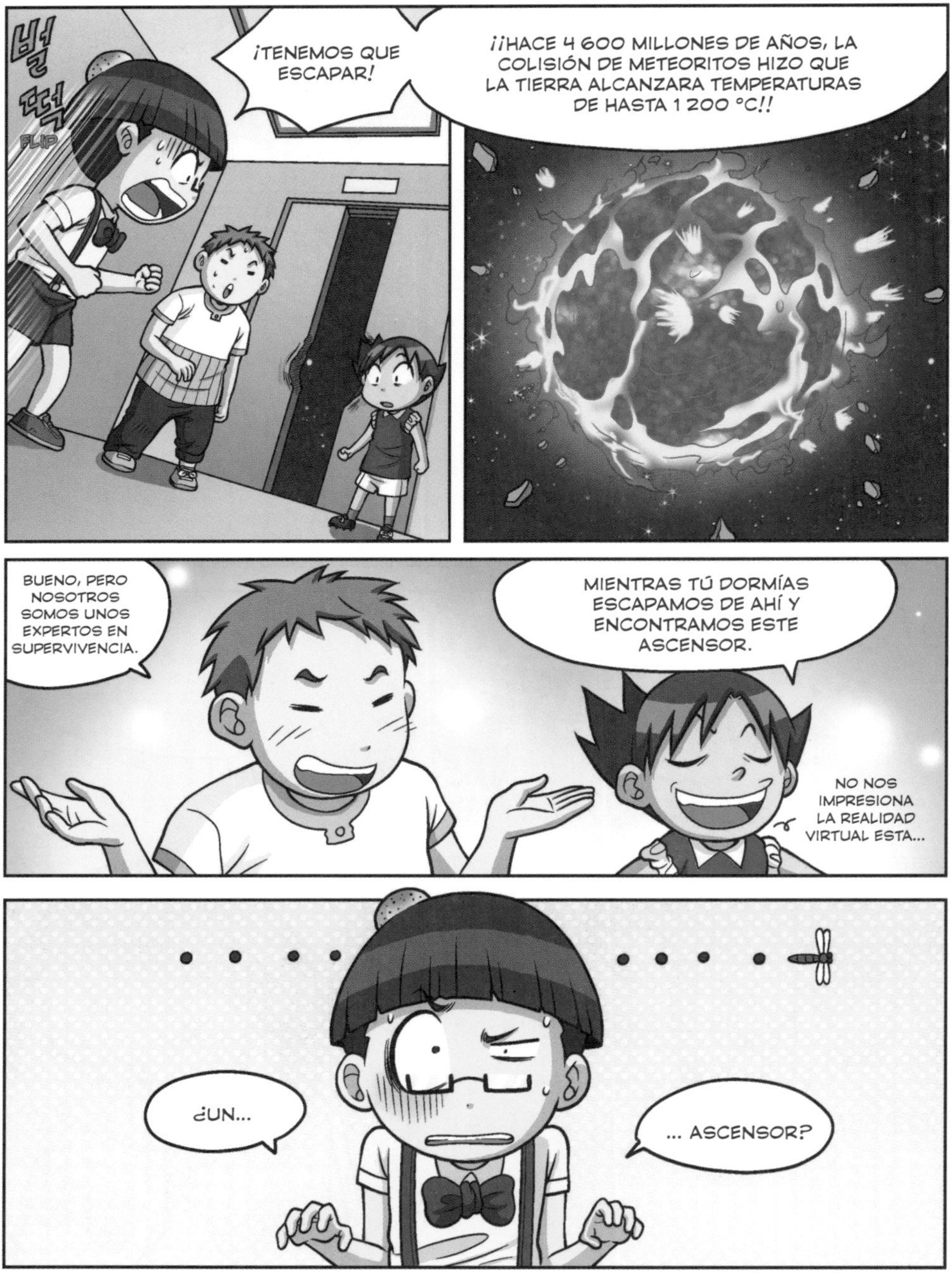
FLIP
¡TENEMOS QUE ESCAPAR!
¡¡HACE 4 600 MILLONES DE AÑOS, LA COLISIÓN DE METEORITOS HIZO QUE LA TIERRA ALCANZARA TEMPERATURAS DE HASTA 1 200 °C!!
BUENO, PERO NOSOTROS SOMOS UNOS EXPERTOS EN SUPERVIVENCIA.
MIENTRAS TÚ DORMÍAS ESCAPAMOS DE AHÍ Y ENCONTRAMOS ESTE ASCENSOR.
NO NOS IMPRESIONA LA REALIDAD VIRTUAL ESTA...
¿UN...
... ASCENSOR?

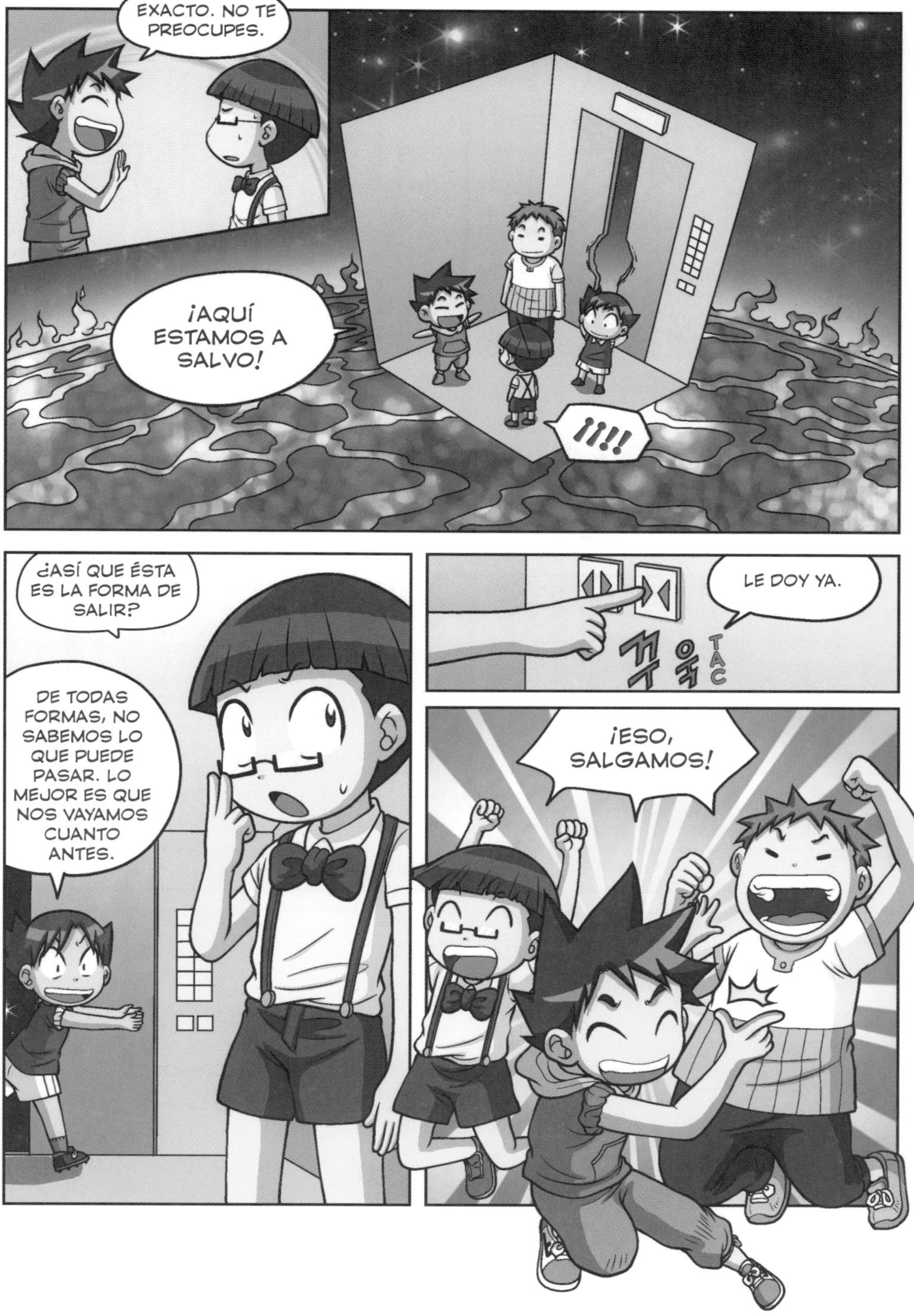
EXACTO. NO TE PREOCUPES.
¡AQUÍ ESTAMOS A SALVO!
¡¡!!
¿ASÍ QUE ÉSTA ES LA FORMA DE SALIR?
DE TODAS FORMAS, NO SABEMOS LO QUE PUEDE PASAR. LO MEJOR ES QUE NOS VAYAMOS CUANTO ANTES.
LE DOY YA.
TAC
¡ESO, SALGAMOS!

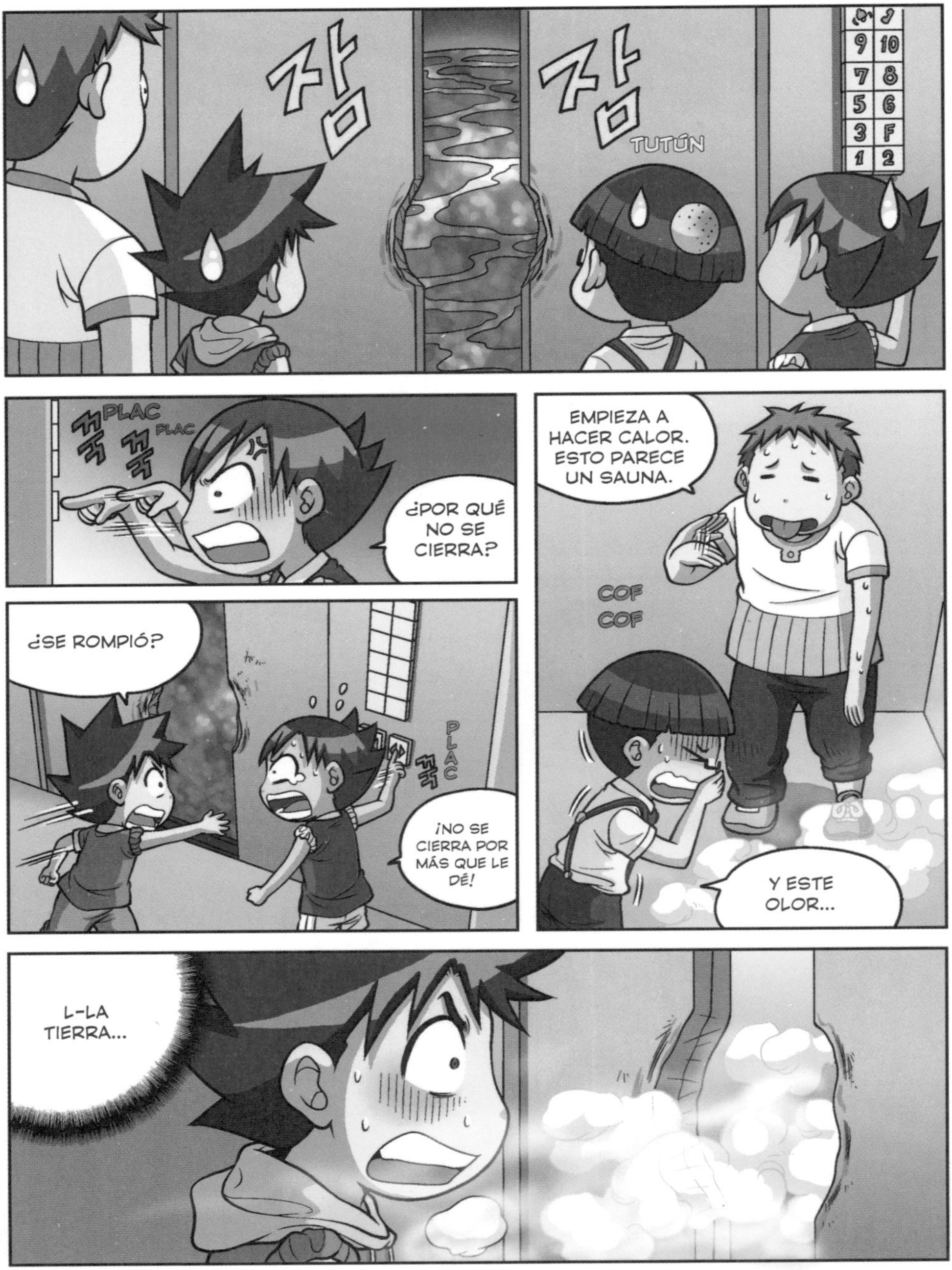

잡
잡
TUTÚN
9 10
7 8
5 6
3 F
1 2
PLAC
PLAC
¿POR QUÉ NO SE CIERRA?
EMPIEZA A HACER CALOR. ESTO PARECE UN SAUNA.
COF
COF
¿SE ROMPIÓ?
PLAC
¡NO SE CIERRA POR MÁS QUE LE DÉ!
Y ESTE OLOR...
L-LA TIERRA...

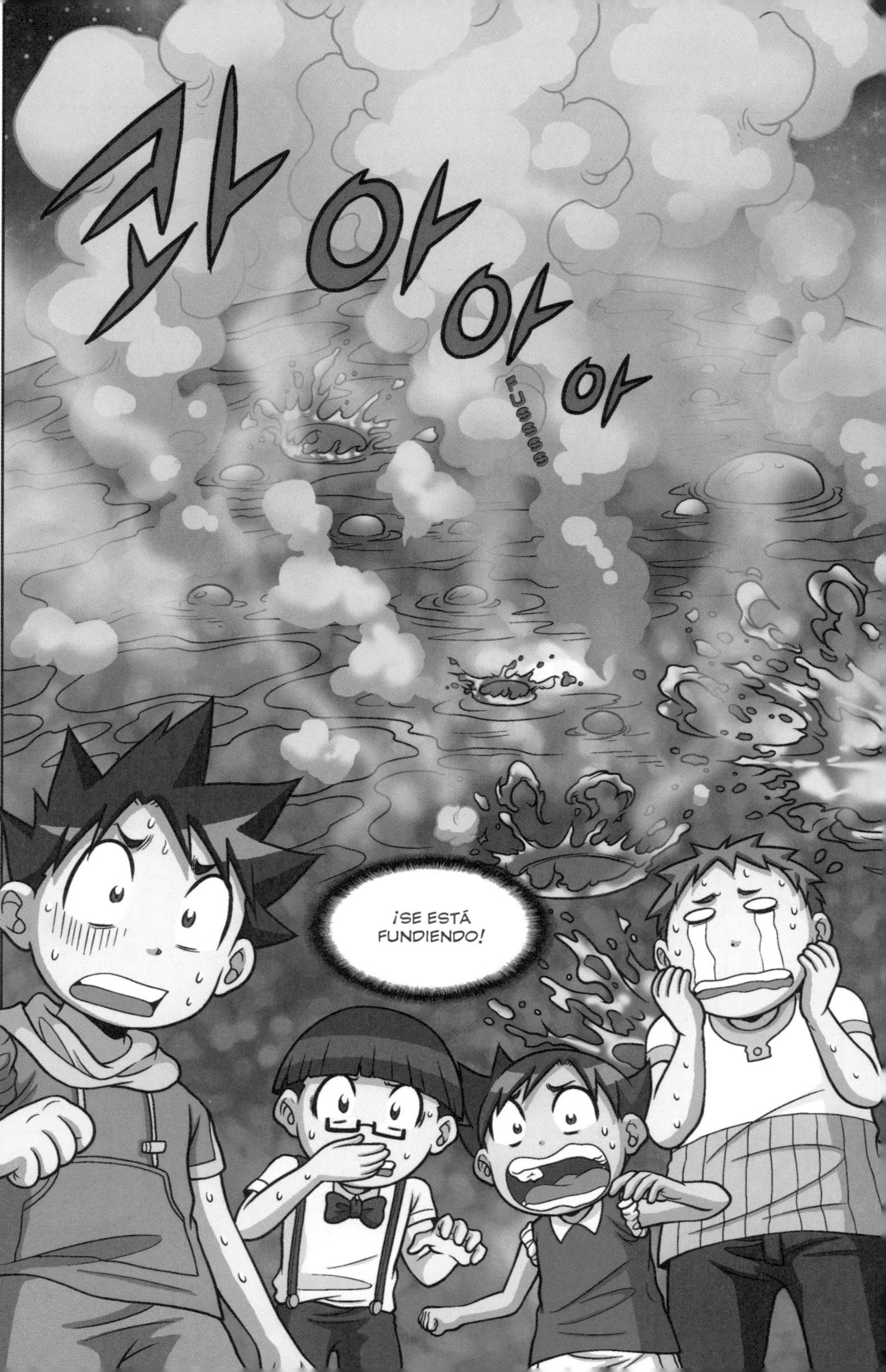

캇아아아
FUSSSS
¡SE ESTÁ FUNDIENDO!

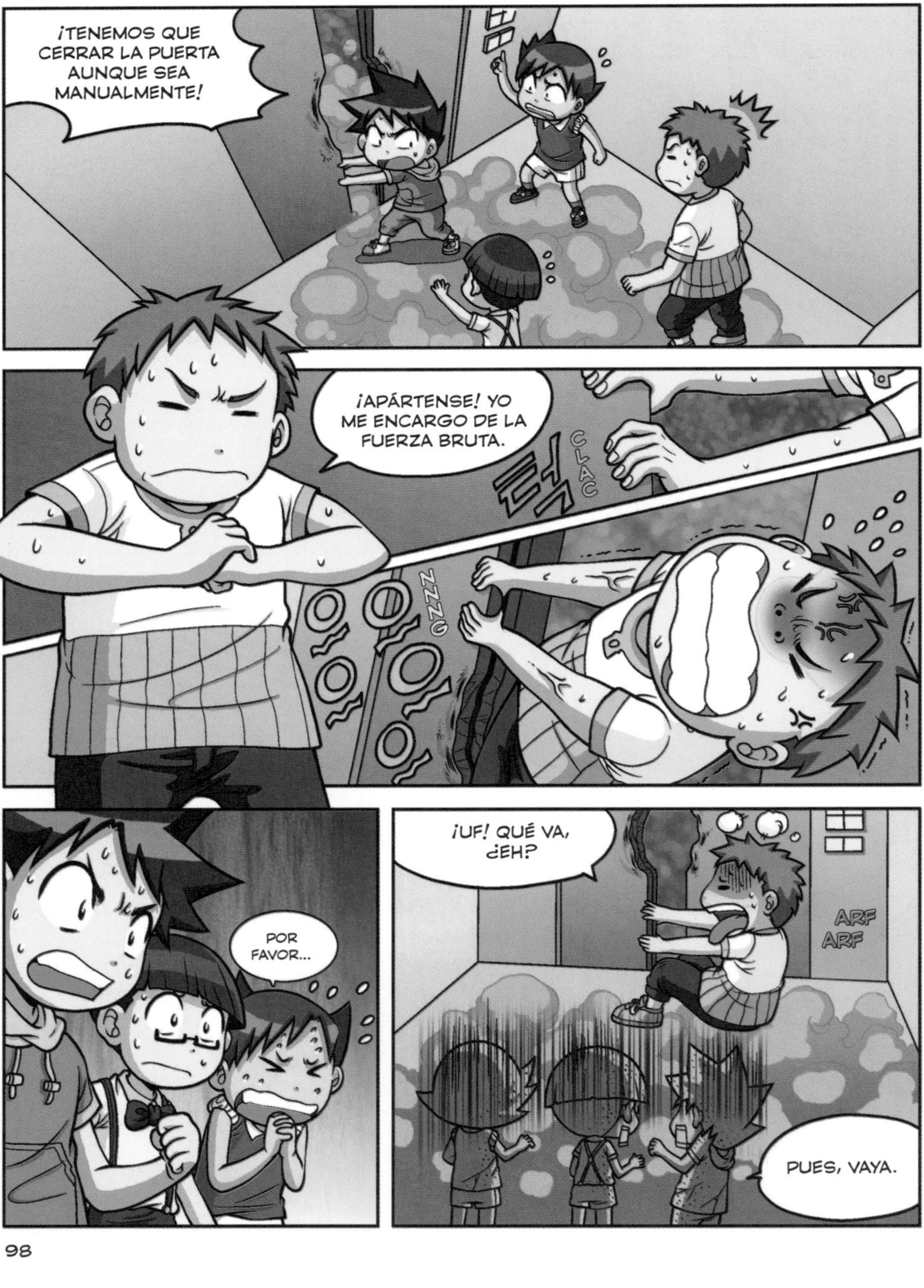
¡TENEMOS QUE CERRAR LA PUERTA AUNQUE SEA MANUALMENTE!
¡APÁRTENSE! YO ME ENCARGO DE LA FUERZA BRUTA.
CLAC
NNNG
POR FAVOR...
¡UF! QUÉ VA, ¿EH?
ARF ARF
PUES, VAYA.

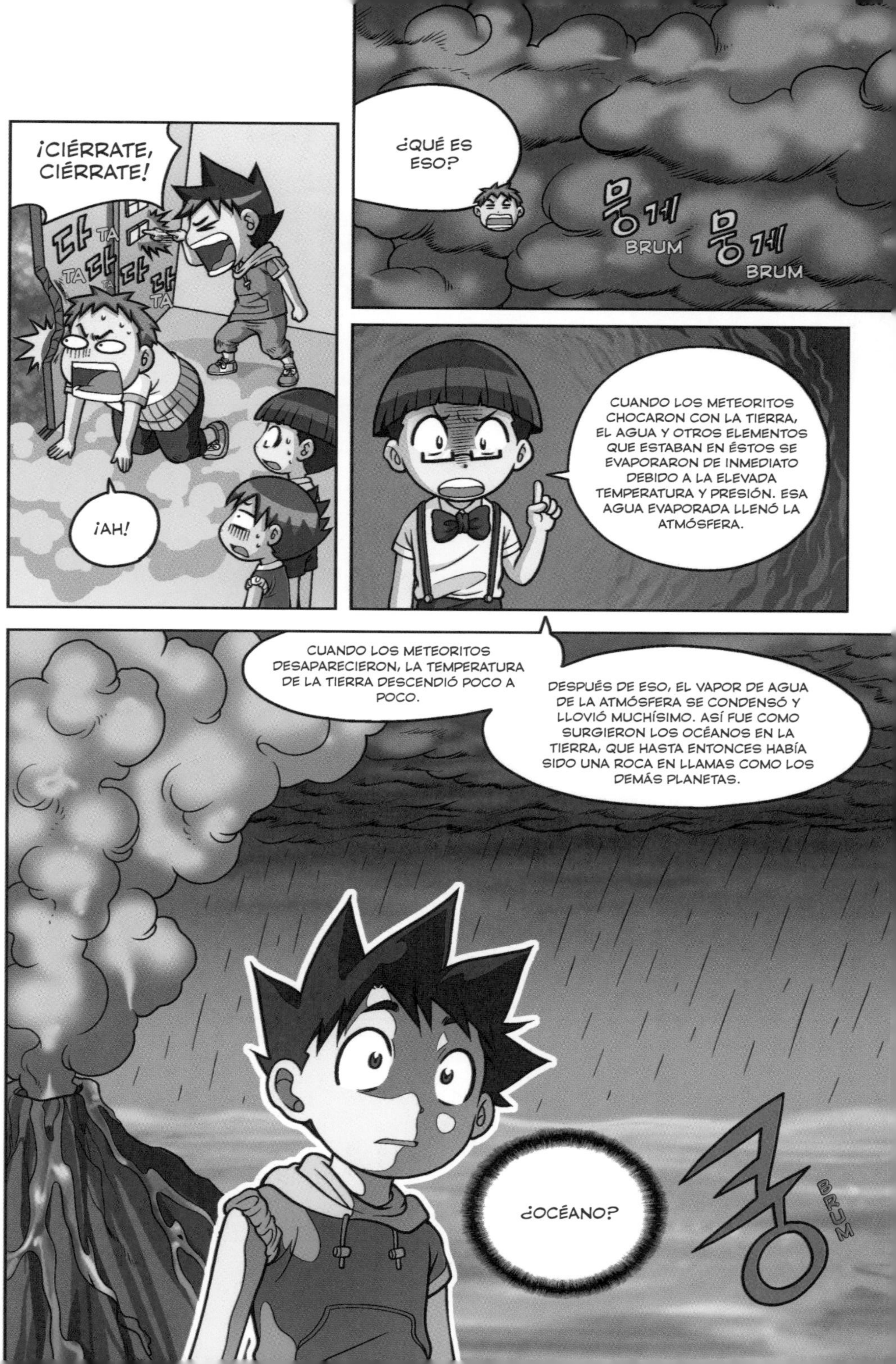

¡CIÉRRATE, CIÉRRATE!
TA
TA
TA
TA
¡AH!
¿QUÉ ES ESO?
뭉게
BRUM
뭉게
BRUM
CUANDO LOS METEORITOS CHOCARON CON LA TIERRA, EL AGUA Y OTROS ELEMENTOS QUE ESTABAN EN ÉSTOS SE EVAPORARON DE INMEDIATO DEBIDO A LA ELEVADA TEMPERATURA Y PRESIÓN. ESA AGUA EVAPORADA LLENÓ LA ATMÓSFERA.
CUANDO LOS METEORITOS DESAPARECIERON, LA TEMPERATURA DE LA TIERRA DESCENDIÓ POCO A POCO.
DESPUÉS DE ESO, EL VAPOR DE AGUA DE LA ATMÓSFERA SE CONDENSÓ Y LLOVIÓ MUCHÍSIMO. ASÍ FUE COMO SURGIERON LOS OCÉANOS EN LA TIERRA, QUE HASTA ENTONCES HABÍA SIDO UNA ROCA EN LLAMAS COMO LOS DEMÁS PLANETAS.
¿OCÉANO?
BRUM

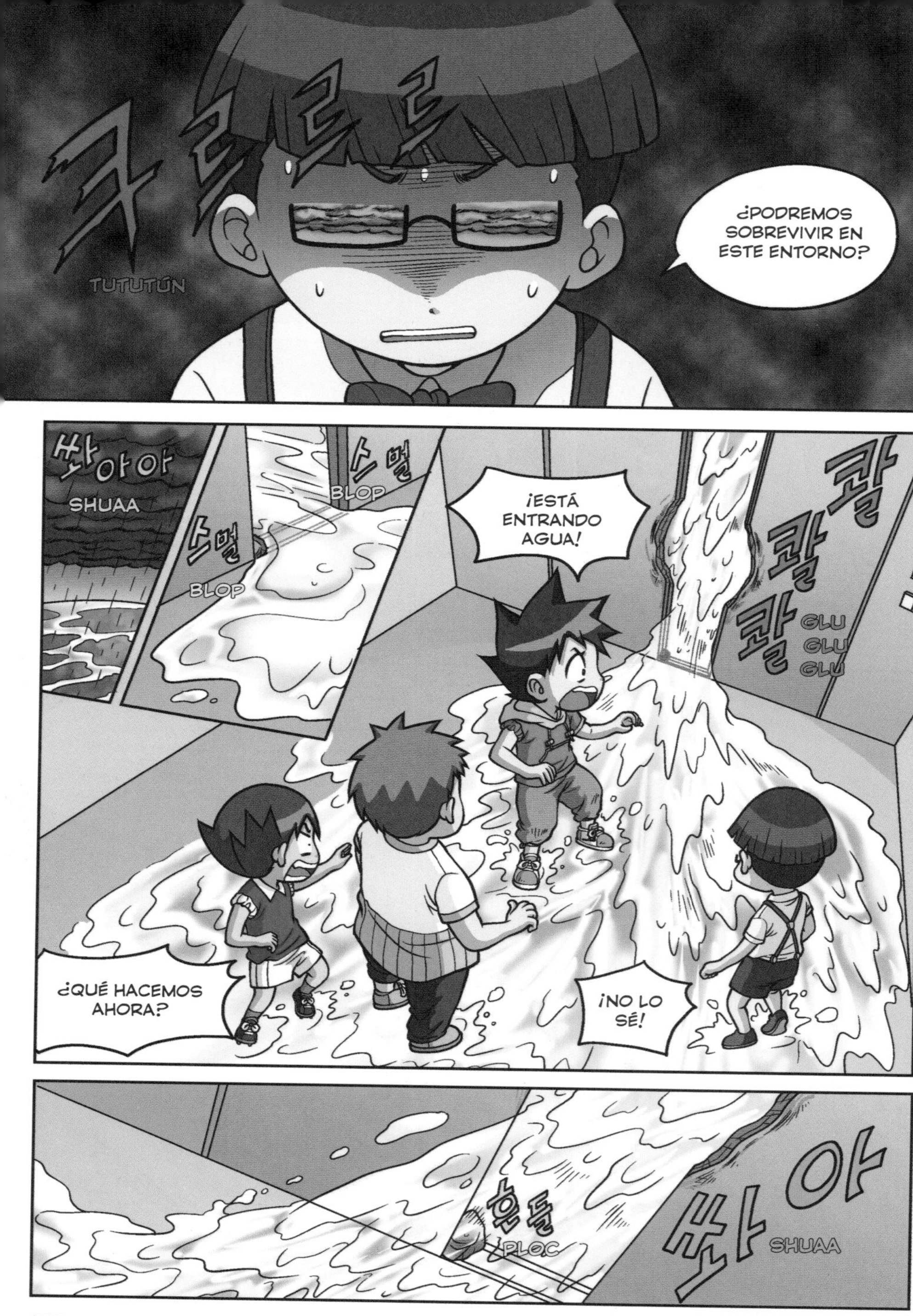
TUTUTÚN
¿PODREMOS SOBREVIVIR EN ESTE ENTORNO?
쏴아아
SHUAA
BLOP
BLOP
¡ESTÁ ENTRANDO AGUA!
콸콸콸
GLU GLU GLU
¿QUÉ HACEMOS AHORA?
¡NO LO SÉ!
PLOC
쏴아
SHUAA

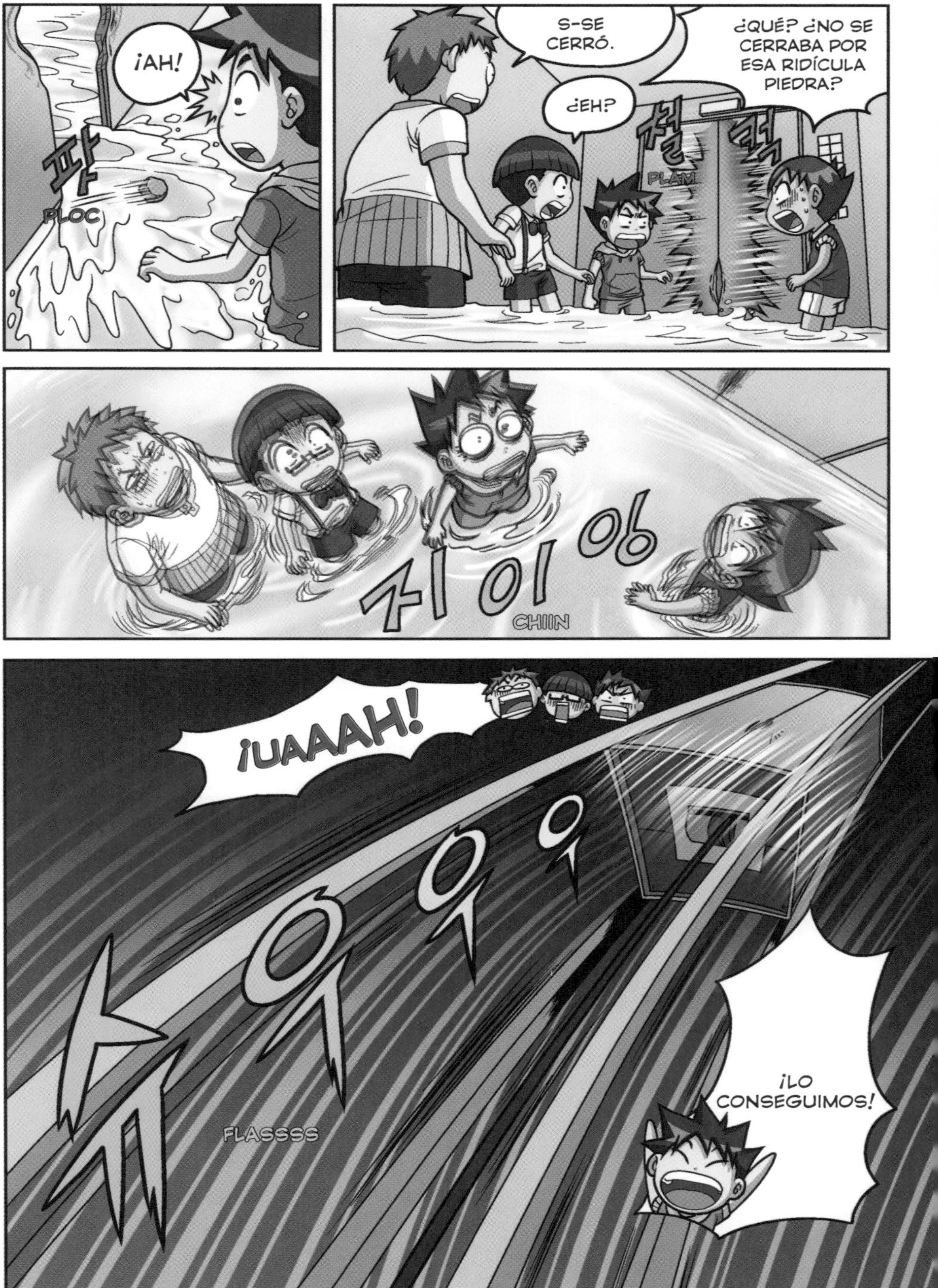
¡AH!
팍
PLOC
S-SE CERRÓ.
¿QUÉ? ¿NO SE CERRABA POR ESA RIDÍCULA PIEDRA?
¿EH?
철
PLAM
컥
지이잉
CHIIN
¡UAAAH!
쿠우우우
FLASSSS
¡LO CONSEGUIMOS!

# Historia de la Tierra

## La formación de la Tierra

manto
corteza
núcleo externo
núcleo interno

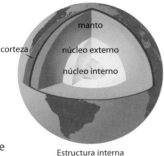

Estructura interna de la Tierra

El planeta en el que vivimos está compuesto por tres capas: corteza, manto y núcleo, rodeadas a su vez por la atmósfera. ¿Cómo llegó la Tierra a ser como es hoy en día?
Alrededor de la Tierra primitiva, que surgió hace 4600 millones de años, había muchos protoplanetas o planetesimales. Según la fuerza gravitatoria de la Tierra se hizo más grande, atrajo hacia sí misma más y más protoplanetas. De esa forma, creció en tamaño a medida que éstos chocaban con ella. Estos impactos generaron, a su vez, un aumento de la temperatura en nuestro planeta. Los metales pesados, como el hierro y el níquel, se acumularon en el interior de la Tierra y formaron su núcleo, y los minerales silicatos, el manto. Por último, la temperatura del planeta descendió. El consecuente enfriamiento de su superficie dio lugar a la formación de la corteza terrestre.

El agua, el dióxido de carbono, el metano y otros elementos provenientes de esos otros planetesimales dieron paso a la formación de la atmósfera. Con el transcurso del tiempo, cuando la energía se fue disipando tras las colisiones, la temperatura bajó todavía más. Ello hizo que el vapor de agua se condensara en la atmósfera, provocando intensísimas lluvias, las cuales terminaron por formar los océanos.

### La formación de la Tierra y sus océanos

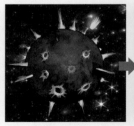

La Tierra aumentó en tamaño como consecuencia de las colisiones de planetesimales o protoplanetas contra ella.

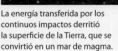

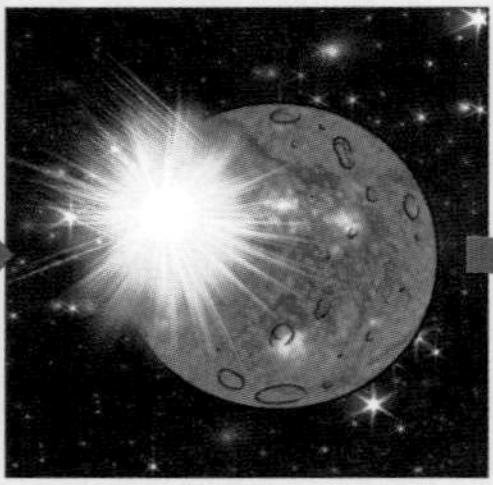

La energía transferida por los continuos impactos derritió la superficie de la Tierra, que se convirtió en un mar de magma.

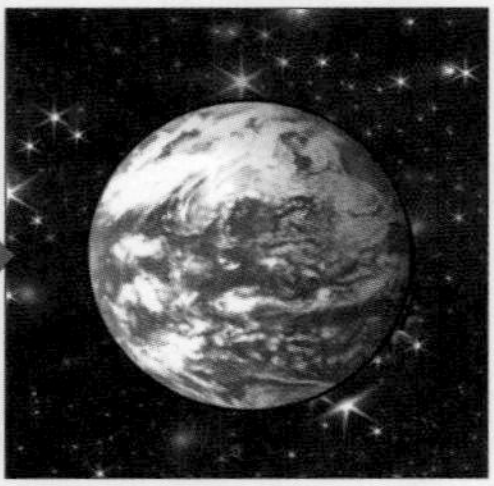

Cuando las colisiones cesaron, la temperatura del planeta descendió. La condensación del vapor de agua que esto trajo consigo provocó lluvias intensas, y con ellas se formaron los océanos.

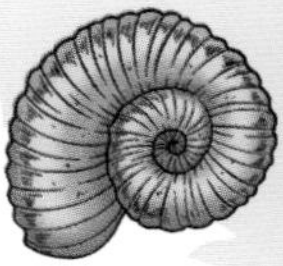

## La vida empezó en los océanos

Vista desde el espacio, la Tierra es un precioso planeta azul. Debe su color al agua que cubre las tres cuartas partes de su superficie. La Tierra es el único planeta del sistema solar que tiene tantísima cantidad de agua. Marte, que ocupa la cuarta posición con respecto al Sol, tiene temperaturas muy bajas y una atmósfera muy delgada, comparada con la de la Tierra, y Venus, en segunda posición, tiene una temperatura media de alrededor de 480°C en su superficie, lo cual hace imposible la existencia de agua en estado líquido. Como se sabe, el agua es la condición básica para la existencia de vida. Por eso, los primeros seres vivos de nuestro planeta aparecieron en el agua justamente, hace 3 500 millones de años. Estas primitivas formas de vida eran bacterias. Gracias a la fotosíntesis que realizan algunas, las cianobacterias, hubo oxígeno suficiente y surgieron más seres vivos. Cada una de estas criaturas evolucionó con el paso del tiempo y en correspondencia con los cambios que iban teniendo lugar en el medioambiente.

## Las eras de la evolución de la vida

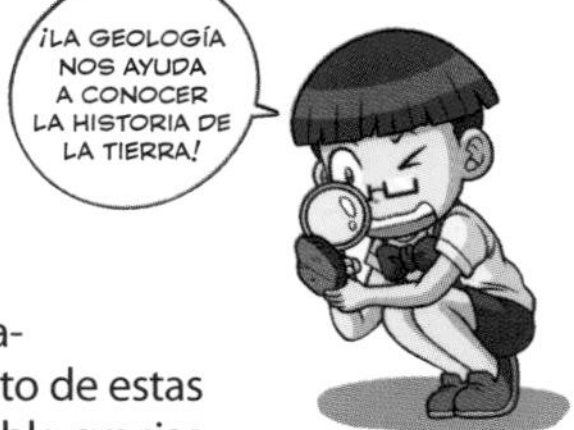
¡LA GEOLOGÍA NOS AYUDA A CONOCER LA HISTORIA DE LA TIERRA!

Unos 3 000 millones de años tras el surgimiento de la Tierra, las variedades de seres vivos aumentaron drásticamente. Este fenómeno es conocido como la «explosión cámbrica». A la del Precámbrico le siguen otras tres eras de la evolución de la vida: la Paleozoica, la Mesozoica y la Cenozoica. El establecimiento de estas eras geológicas ha sido posible gracias al estudio de fósiles en los distintos estratos y a la datación de la existencia de éstos por medio del empleo de la técnica de isótopos radiactivos. El resultado de tales investigaciones ha permitido a los científicos reconstruir el proceso mediante el cual surgieron los anfibios, los reptiles, las aves y, por último, los mamíferos, así como los sucesivos procesos de extinción y de evolución de los mismos.

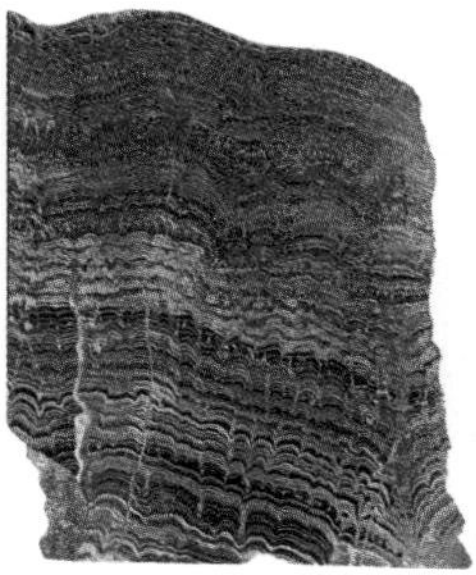


Estromatolito. Es un tipo de roca gracias a la cual tenemos evidencias de la existencia de seres vivos que realizaban la fotosíntesis, como las cianobacterias, una de las primeras formas de vida que hubo en la Tierra.

| Era | Precámbrica | Paleozoica | Mesozoica | Cenozoica |
|---|---|---|---|---|
| **Periodo** | Desde hace 4600 millones de años hasta hace 570 millones de años. | Desde hace 570 millones de años hasta hace 225 millones de años. | Desde hace 225 millones de años hasta hace 65 millones de años. | Desde hace 65 millones de años hasta la actualidad. |
| **Seres vivos** | Formas de vida primitivas, organismos unicelulares y pluricelulares. | Gimnospermas (plantas con semillas), así como peces, anfibios y reptiles. | Reptiles, incluyendo dinosaurios. | Angiospermas (plantas con flores), mamíferos y primeros humanos. |

# Capítulo 6

## Cara a cara con el Anomalocaris

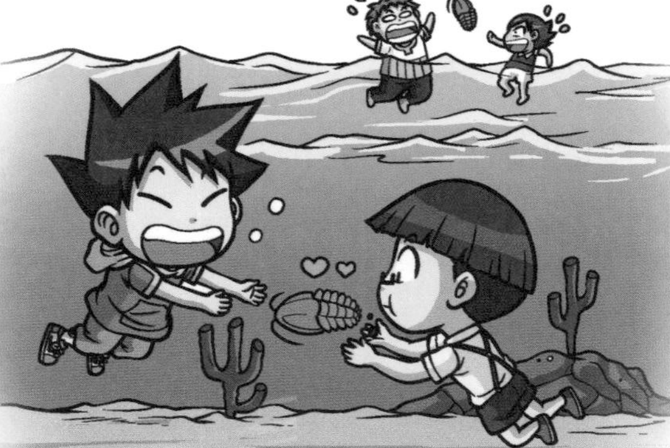

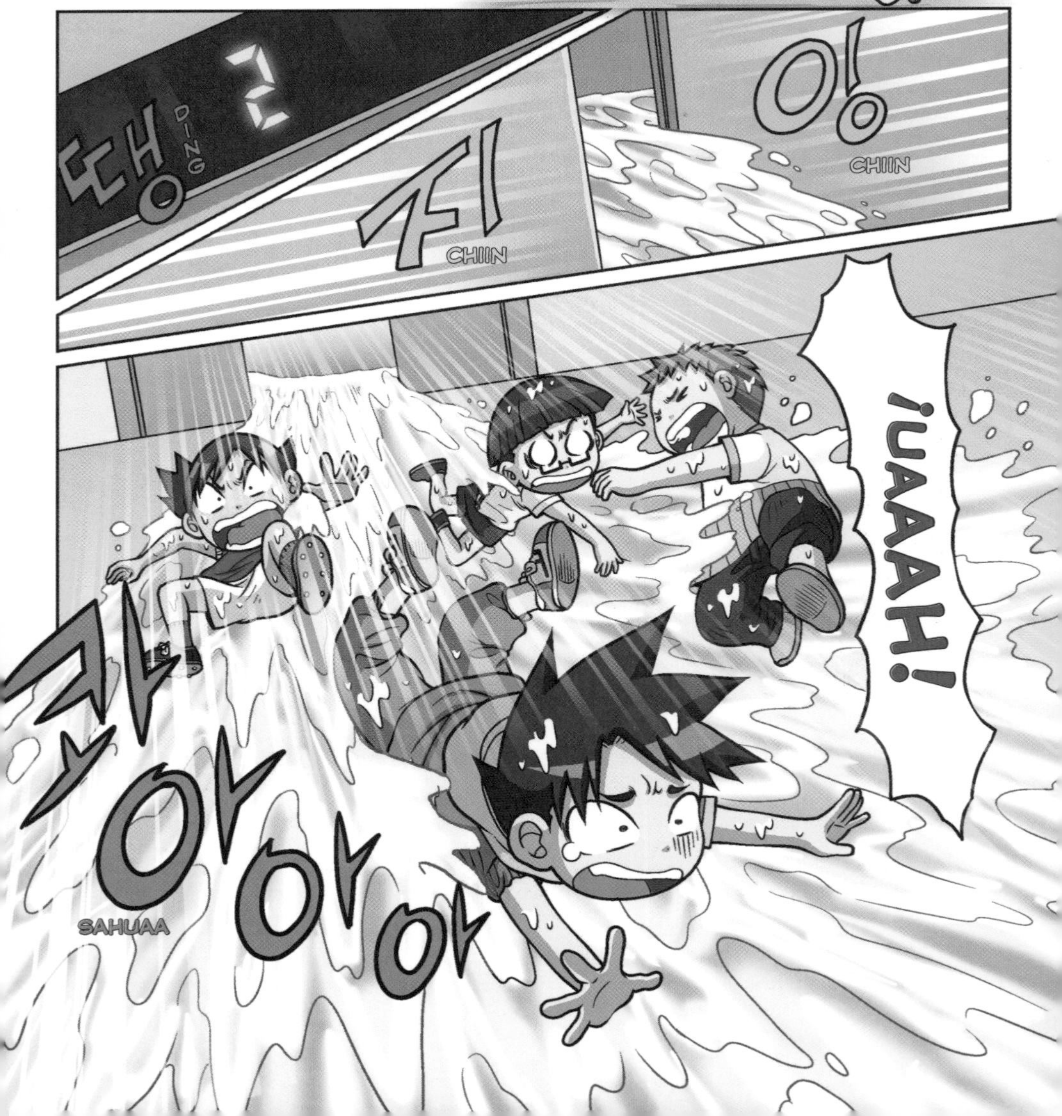

DING
CHIIN
CHIIN
¡UAAAH!
SAHUAA

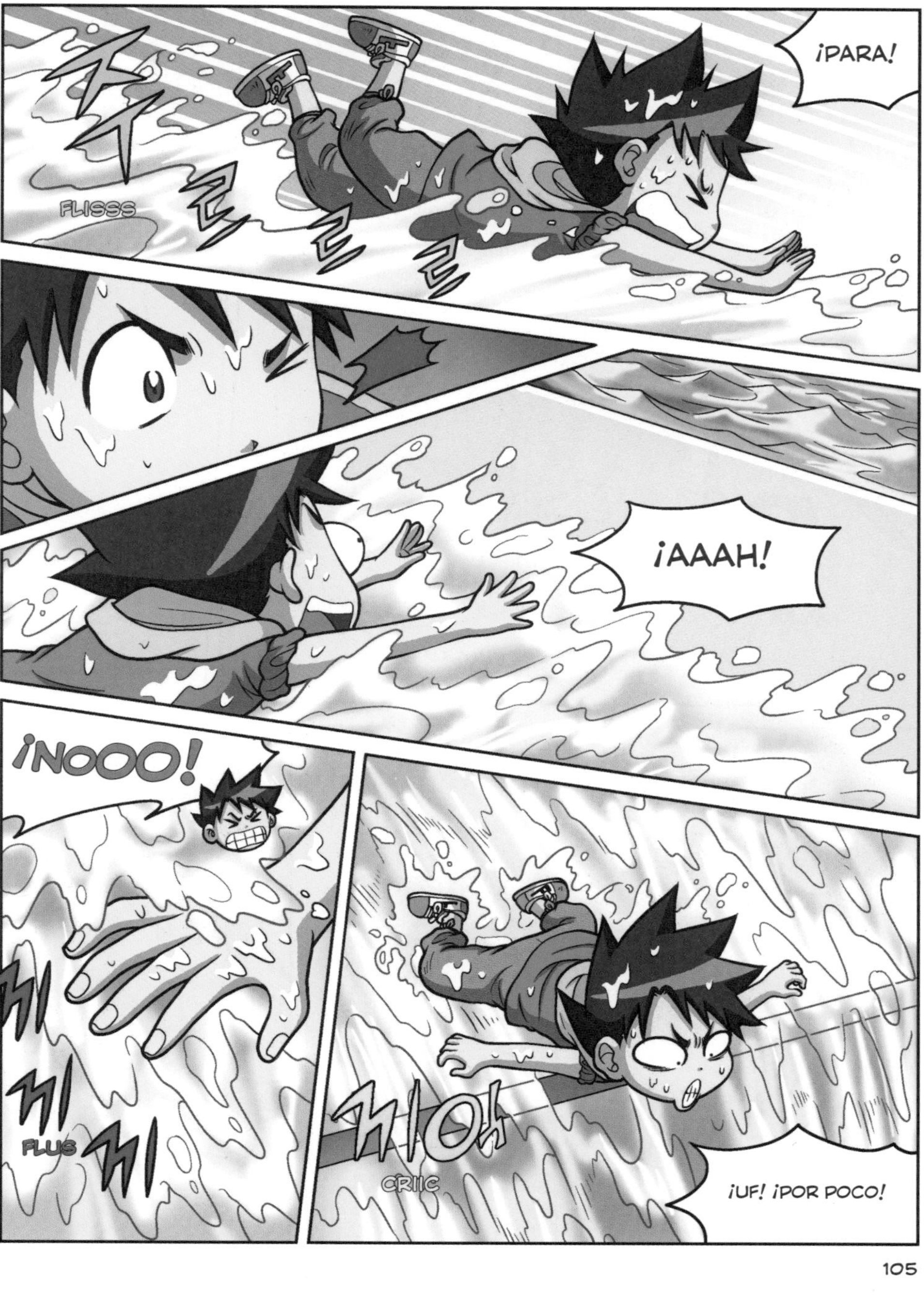

¡PARA!
FLISSS
¡AAAH!
¡NOOO!
FLUS
CRIIC
¡UF! ¡POR POCO!

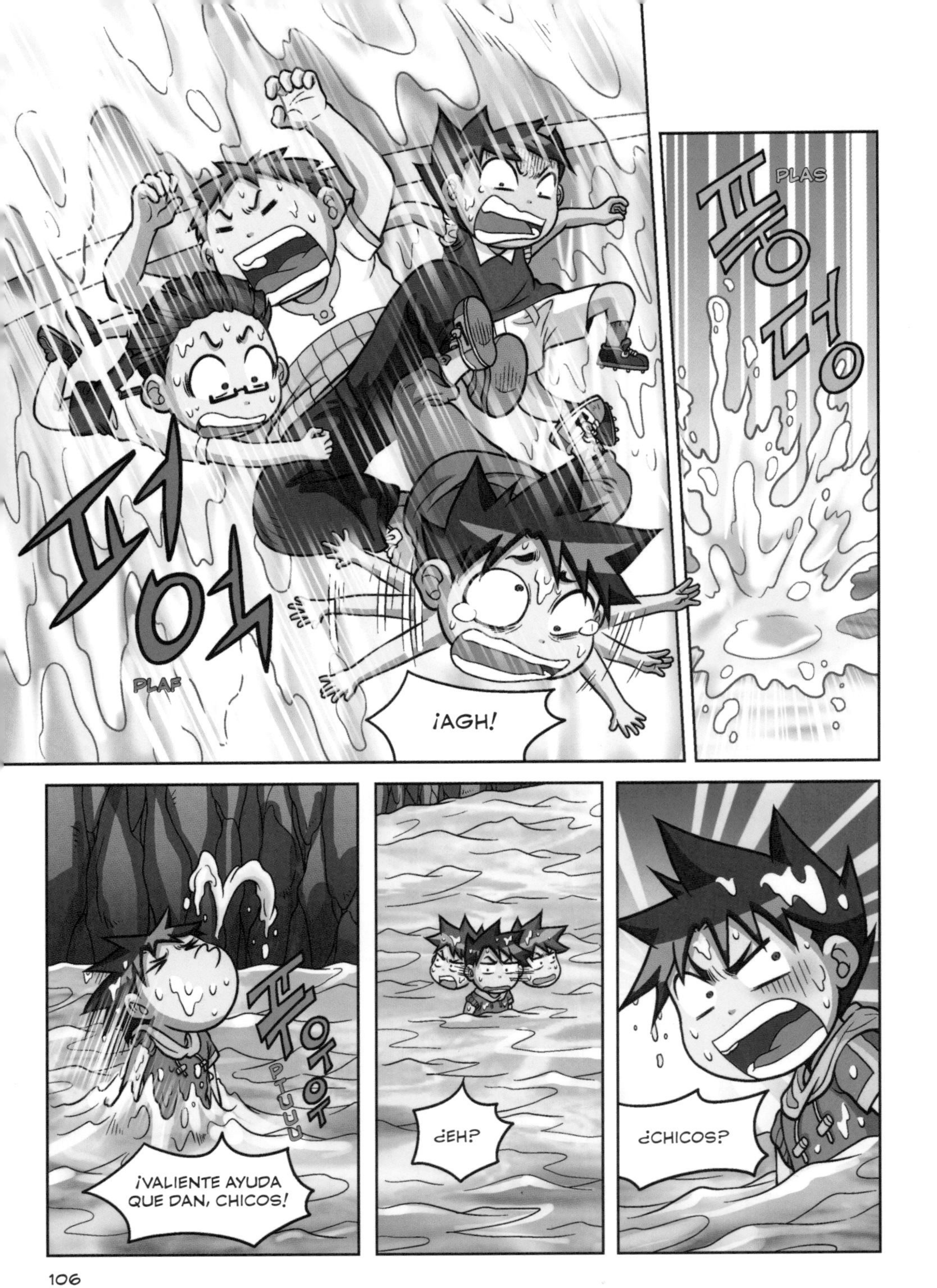
PLAF
¡AGH!
PLAS
PTUUU
¡VALIENTE AYUDA QUE DAN, CHICOS!
¿EH?
¿CHICOS?

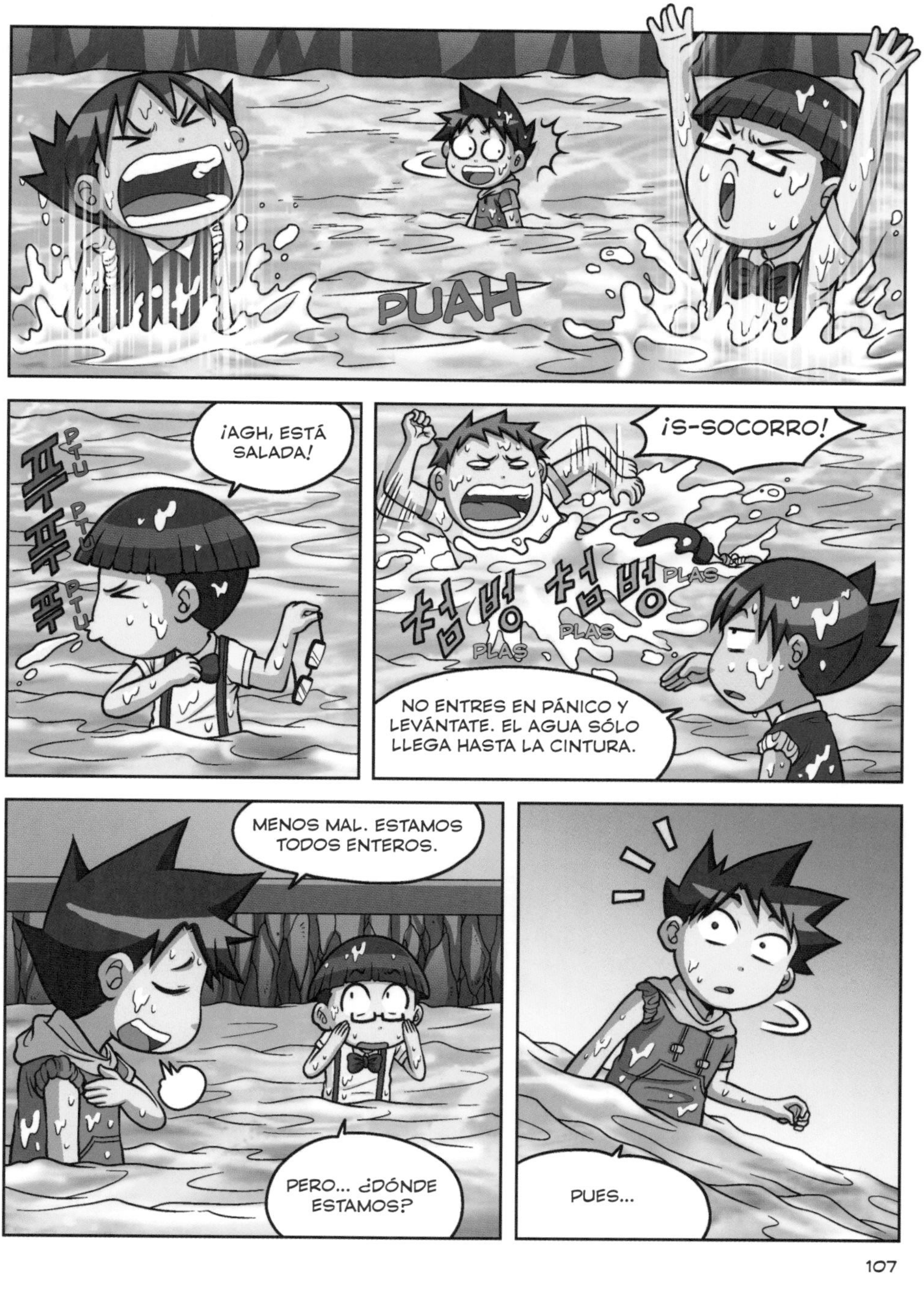
PUAH
¡AGH, ESTÁ SALADA!
PTU PTU PTU
¡S-SOCORRO!
첨벙 첨벙
PLAS PLAS PLAS
NO ENTRES EN PÁNICO Y LEVÁNTATE. EL AGUA SÓLO LLEGA HASTA LA CINTURA.
MENOS MAL. ESTAMOS TODOS ENTEROS.
PERO... ¿DÓNDE ESTAMOS?
PUES...

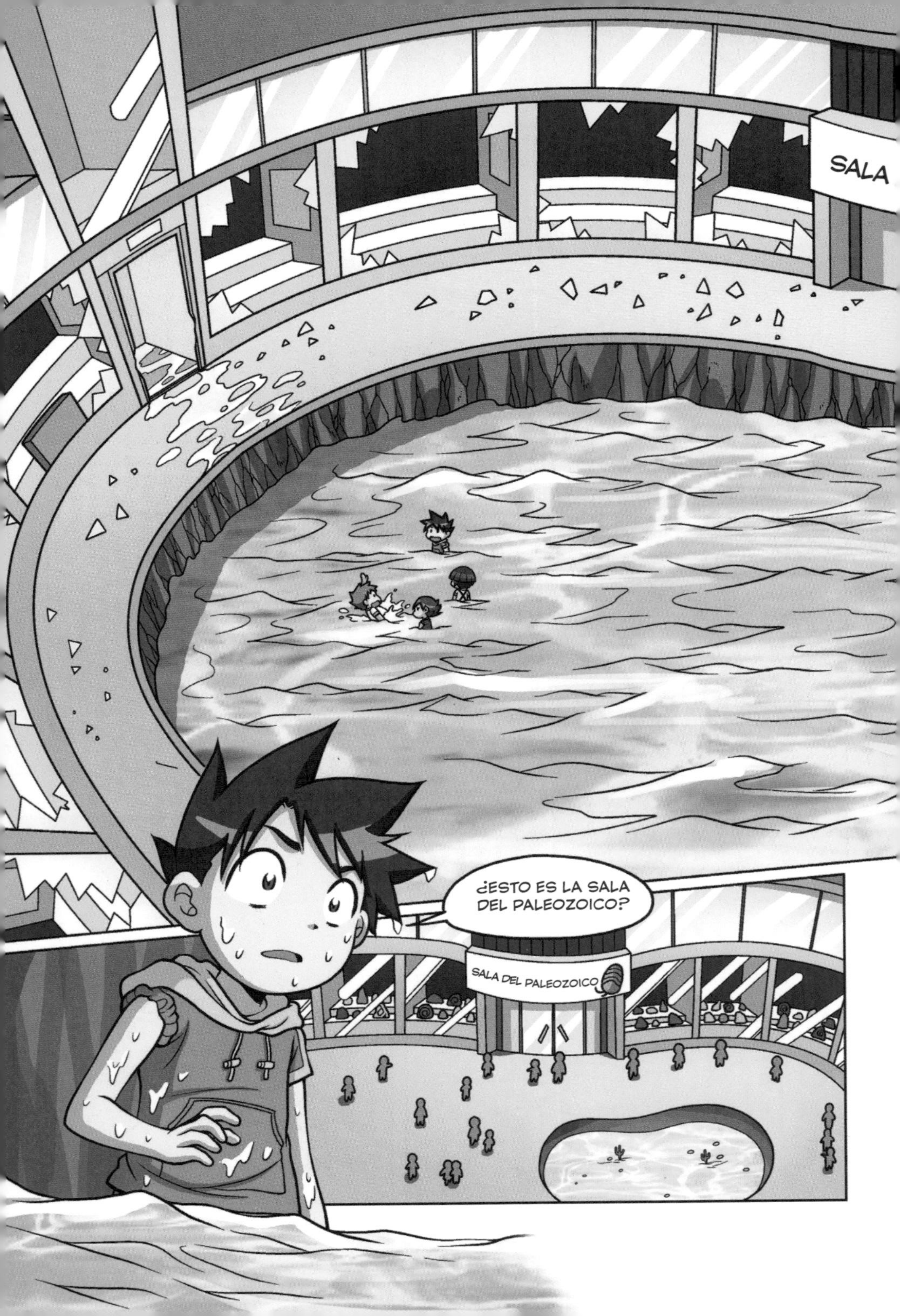
SALA
¿ESTO ES LA SALA DEL PALEOZOICO?
SALA DEL PALEOZOICO

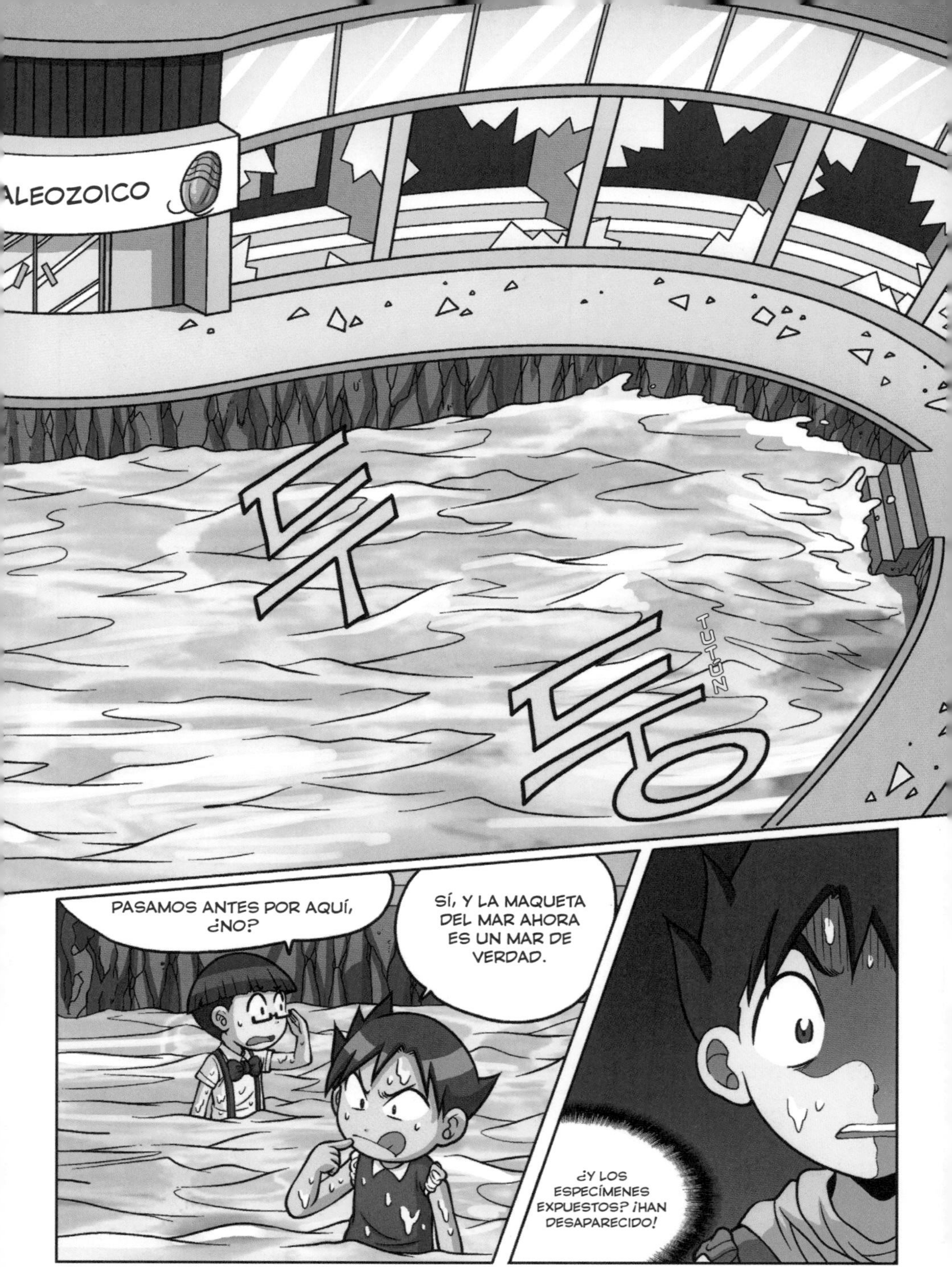
ALEOZOICO
TUTÚN
PASAMOS ANTES POR AQUÍ, ¿NO?
SÍ, Y LA MAQUETA DEL MAR AHORA ES UN MAR DE VERDAD.
¿Y LOS ESPECÍMENES EXPUESTOS? ¡HAN DESAPARECIDO!

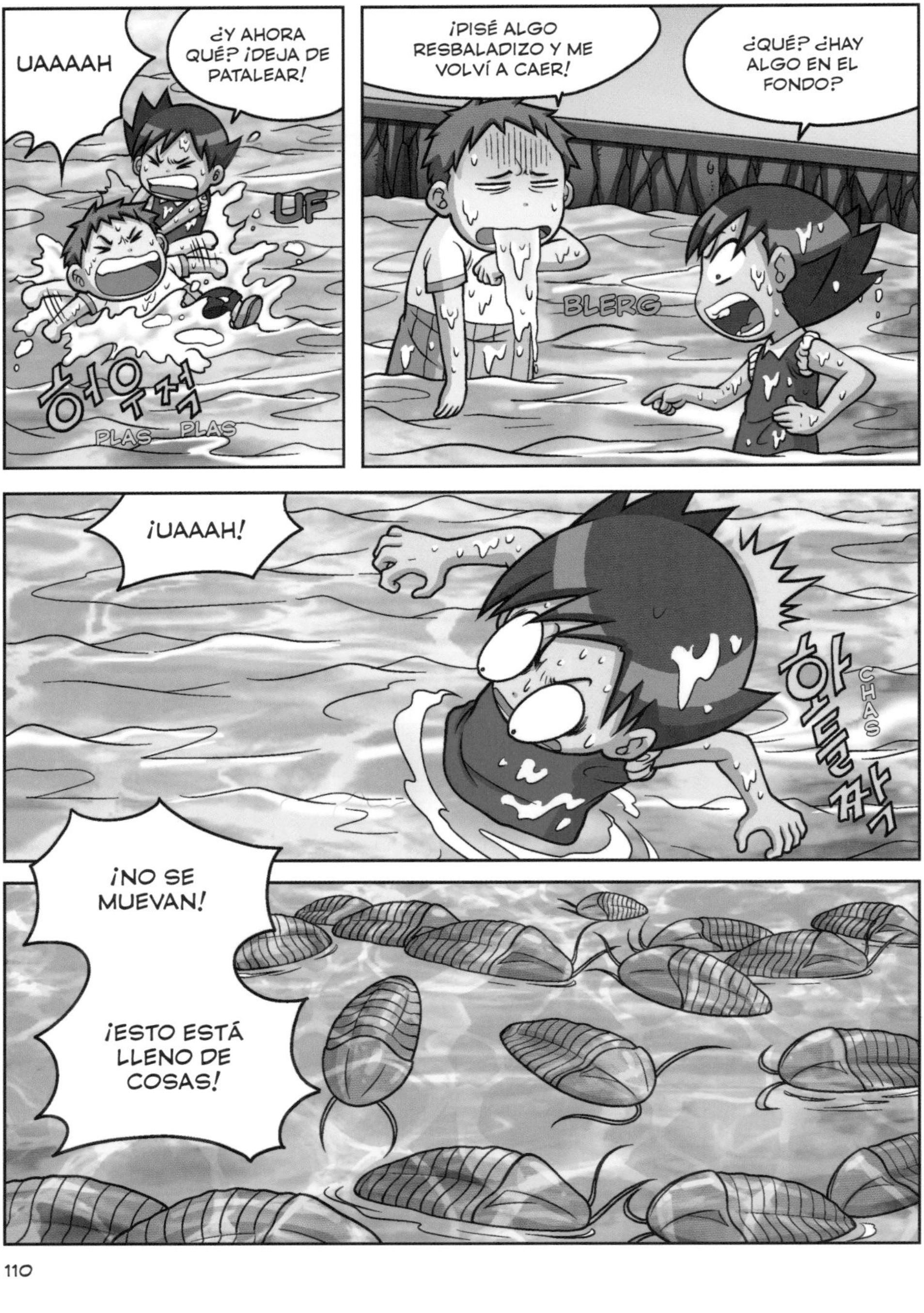
UAAAAH
¿Y AHORA QUÉ? ¡DEJA DE PATALEAR!
UF
허우적
PLAS PLAS
¡PISÉ ALGO RESBALADIZO Y ME VOLVÍ A CAER!
¿QUÉ? ¿HAY ALGO EN EL FONDO?
BLERG
¡UAAAH!
화들짝
CHAS
¡NO SE MUEVAN!
¡ESTO ESTÁ LLENO DE COSAS!

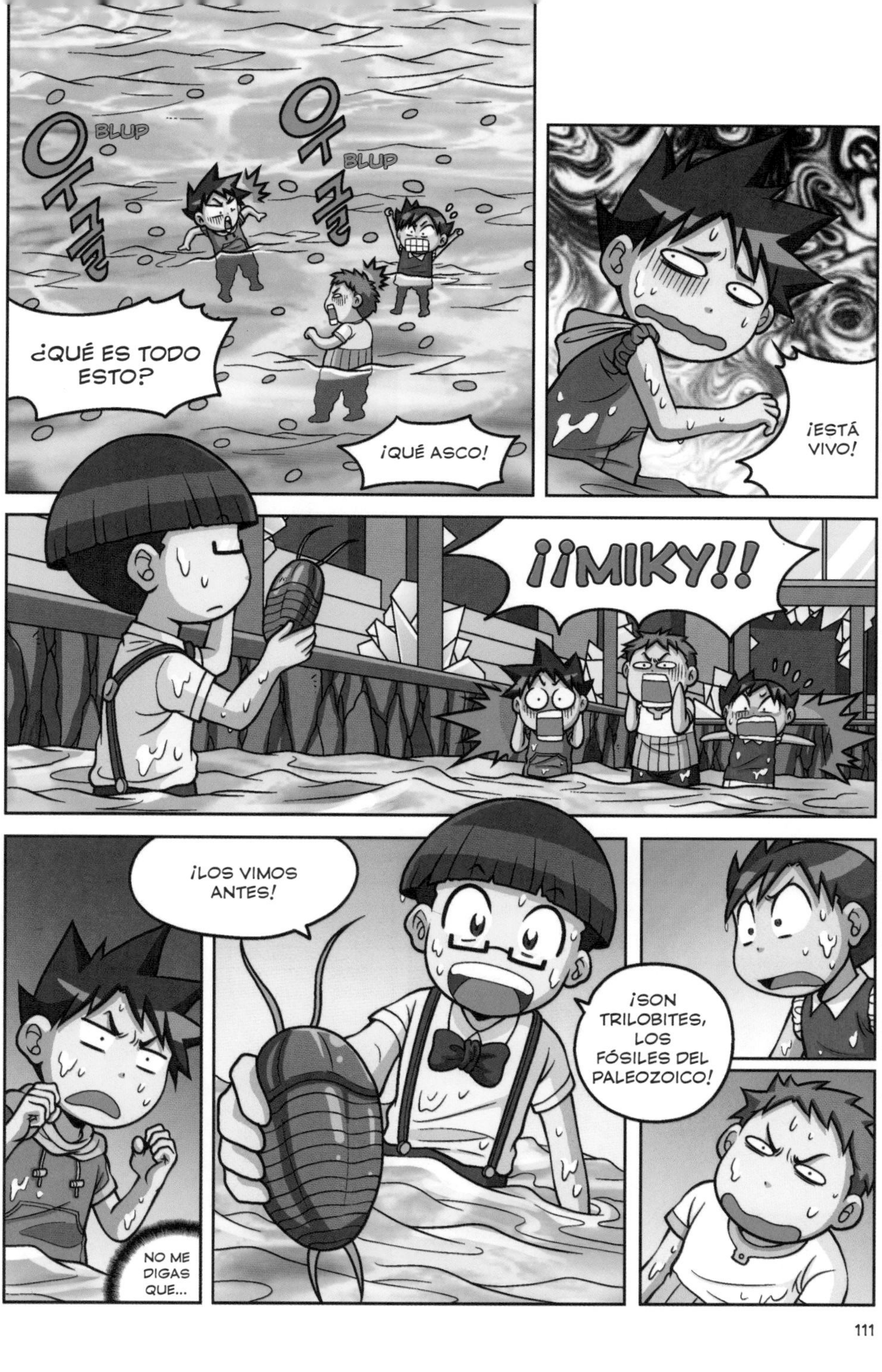
BLUP
BLUP
¿QUÉ ES TODO ESTO?
¡QUÉ ASCO!
¡ESTÁ VIVO!
¡¡MIKY!!
¡LOS VIMOS ANTES!
¡SON TRILOBITES, LOS FÓSILES DEL PALEOZOICO!
NO ME DIGAS QUE...

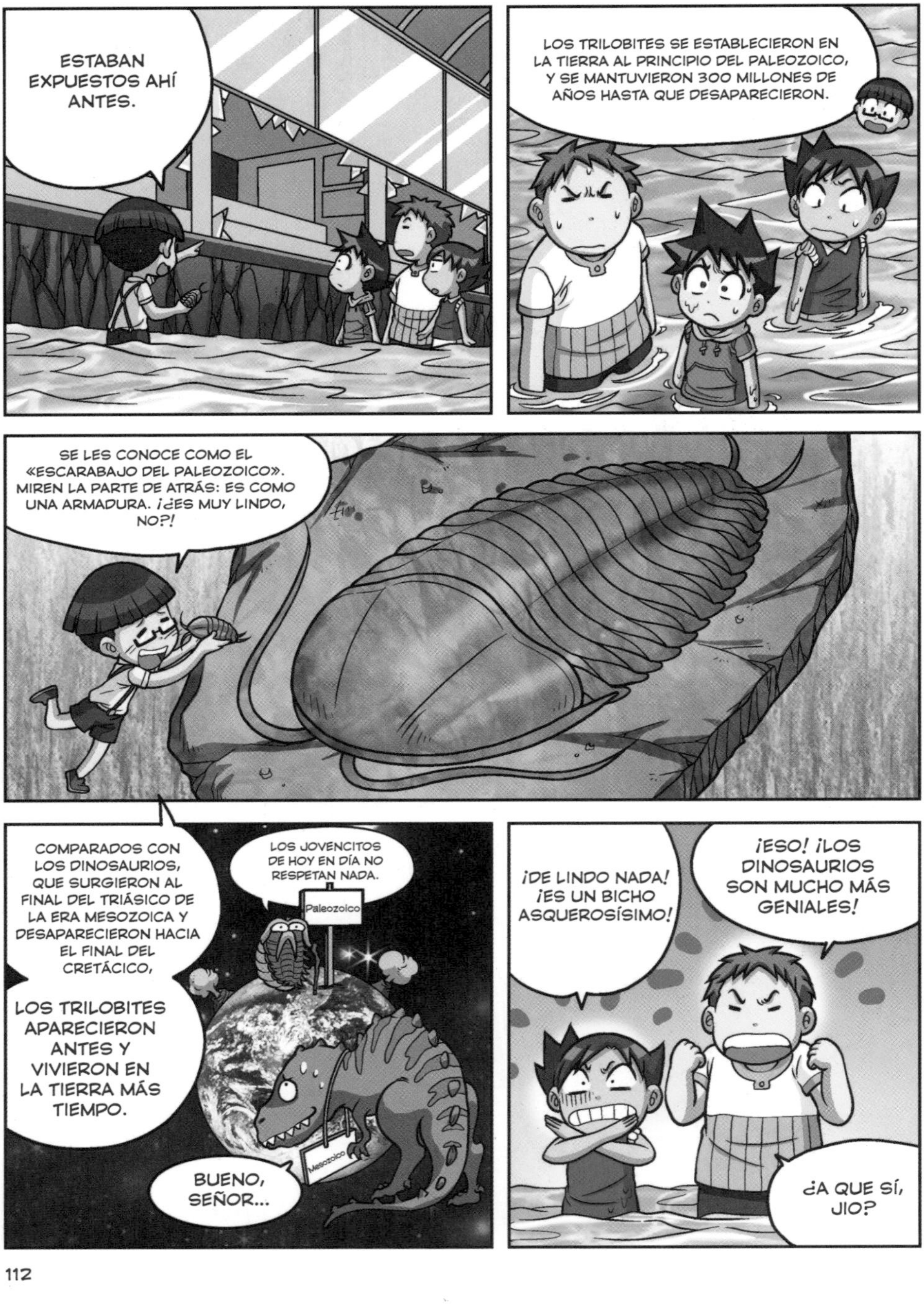
ESTABAN EXPUESTOS AHÍ ANTES.
LOS TRILOBITES SE ESTABLECIERON EN LA TIERRA AL PRINCIPIO DEL PALEOZOICO, Y SE MANTUVIERON 300 MILLONES DE AÑOS HASTA QUE DESAPARECIERON.
SE LES CONOCE COMO EL «ESCARABAJO DEL PALEOZOICO». MIREN LA PARTE DE ATRÁS: ES COMO UNA ARMADURA. ¡¿ES MUY LINDO, NO?!
COMPARADOS CON LOS DINOSAURIOS, QUE SURGIERON AL FINAL DEL TRIÁSICO DE LA ERA MESOZOICA Y DESAPARECIERON HACIA EL FINAL DEL CRETÁCICO,
LOS JOVENCITOS DE HOY EN DÍA NO RESPETAN NADA.
Paleozoico
LOS TRILOBITES APARECIERON ANTES Y VIVIERON EN LA TIERRA MÁS TIEMPO.
Mesozoico
BUENO, SEÑOR...
¡ESO! ¡LOS DINOSAURIOS SON MUCHO MÁS GENIALES!
¡DE LINDO NADA! ¡ES UN BICHO ASQUEROSÍSIMO!
¿A QUE SÍ, JIO?

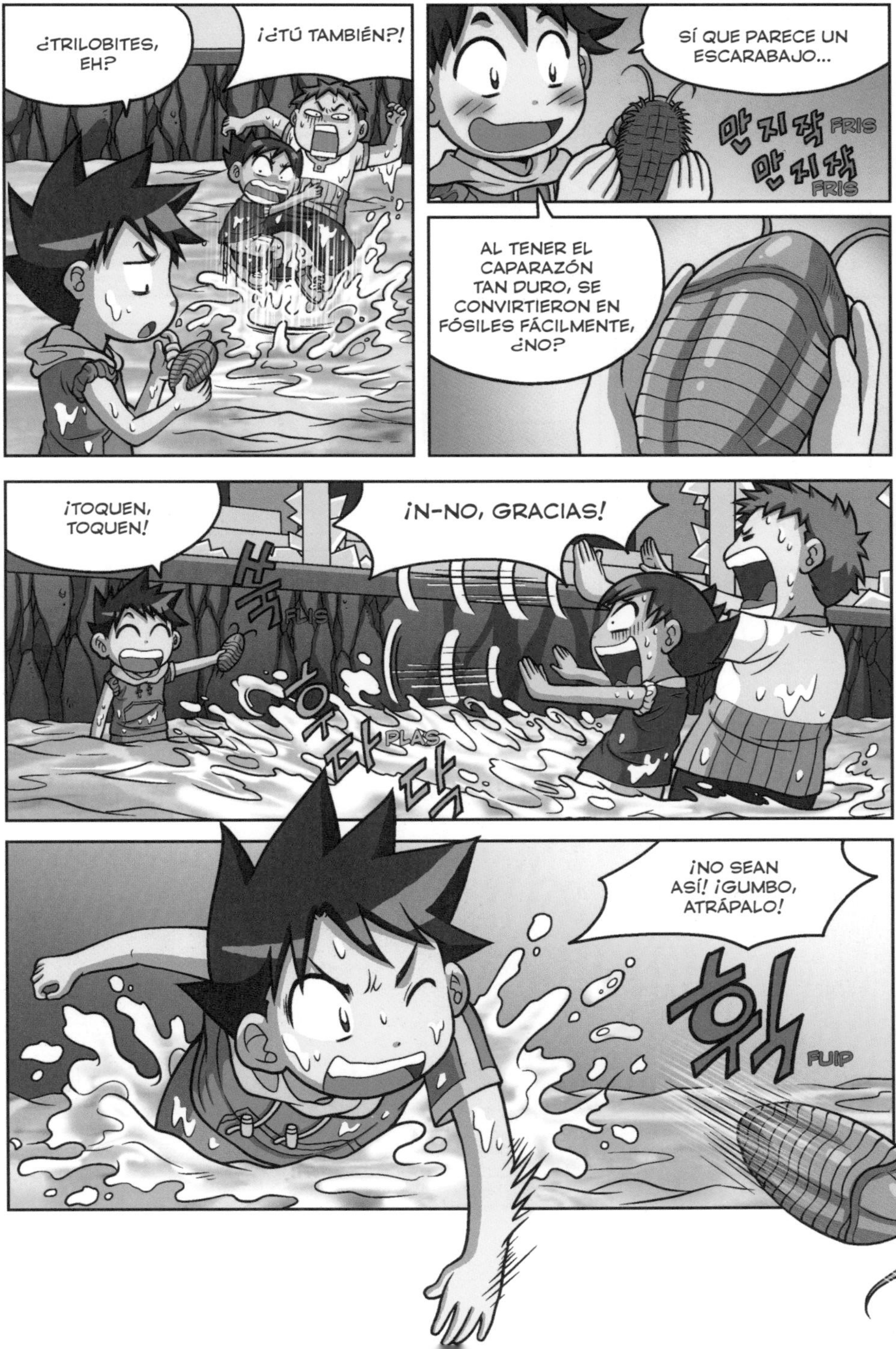
¿TRILOBITES, EH?
¡¿TÚ TAMBIÉN?!
SÍ QUE PARECE UN ESCARABAJO...
만지작 FRIS
만지작 FRIS
AL TENER EL CAPARAZÓN TAN DURO, SE CONVIRTIERON EN FÓSILES FÁCILMENTE, ¿NO?
¡TOQUEN, TOQUEN!
¡N-NO, GRACIAS!
FLIS
PLAS
¡NO SEAN ASÍ! ¡GUMBO, ATRÁPALO!
휘익
FUIP

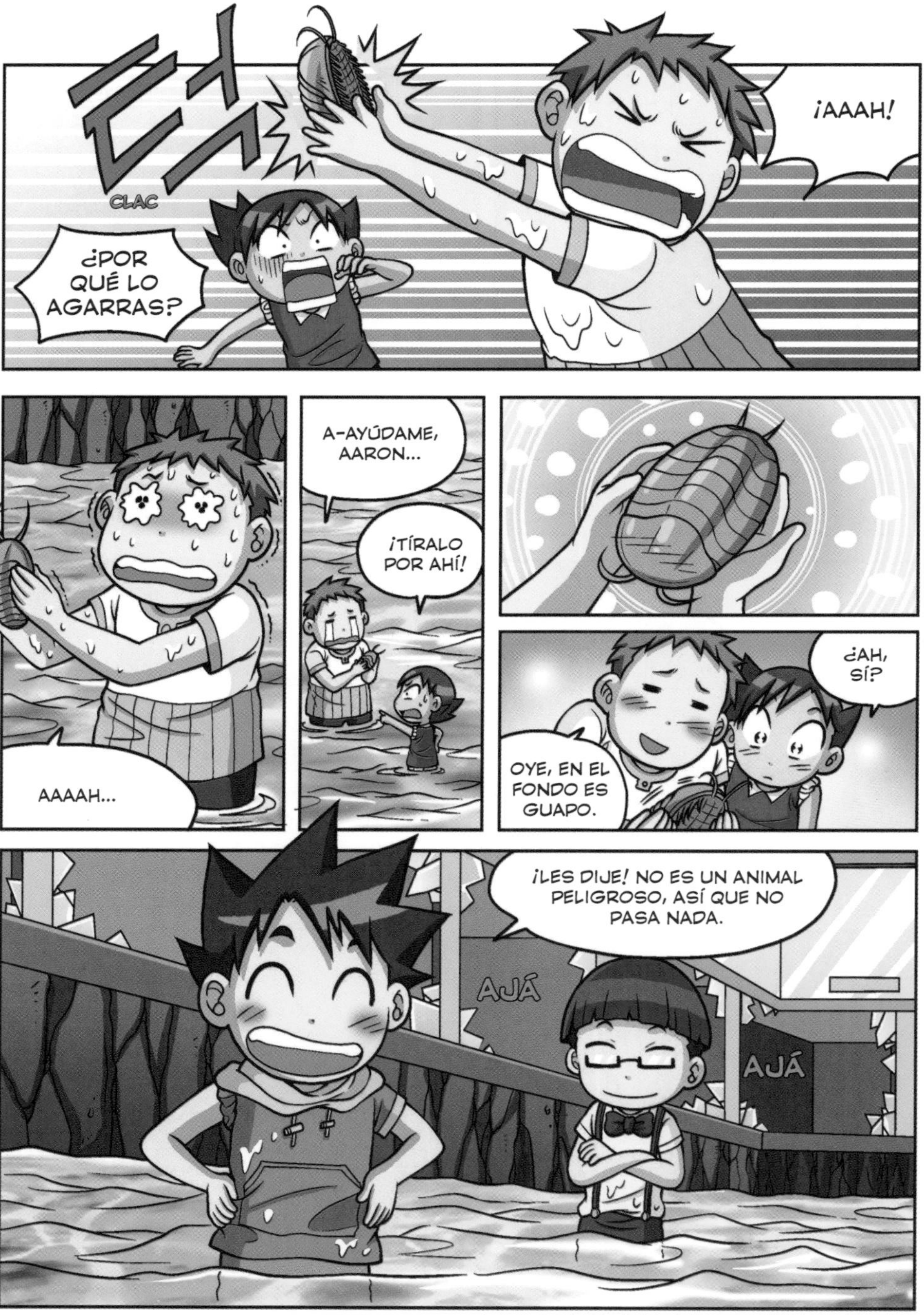
CLAC
¡AAAH!
¿POR QUÉ LO AGARRAS?
AAAAH...
A-AYÚDAME, AARON...
¡TÍRALO POR AHÍ!
OYE, EN EL FONDO ES GUAPO.
¿AH, SÍ?
¡LES DIJE! NO ES UN ANIMAL PELIGROSO, ASÍ QUE NO PASA NADA.
AJÁ
AJÁ

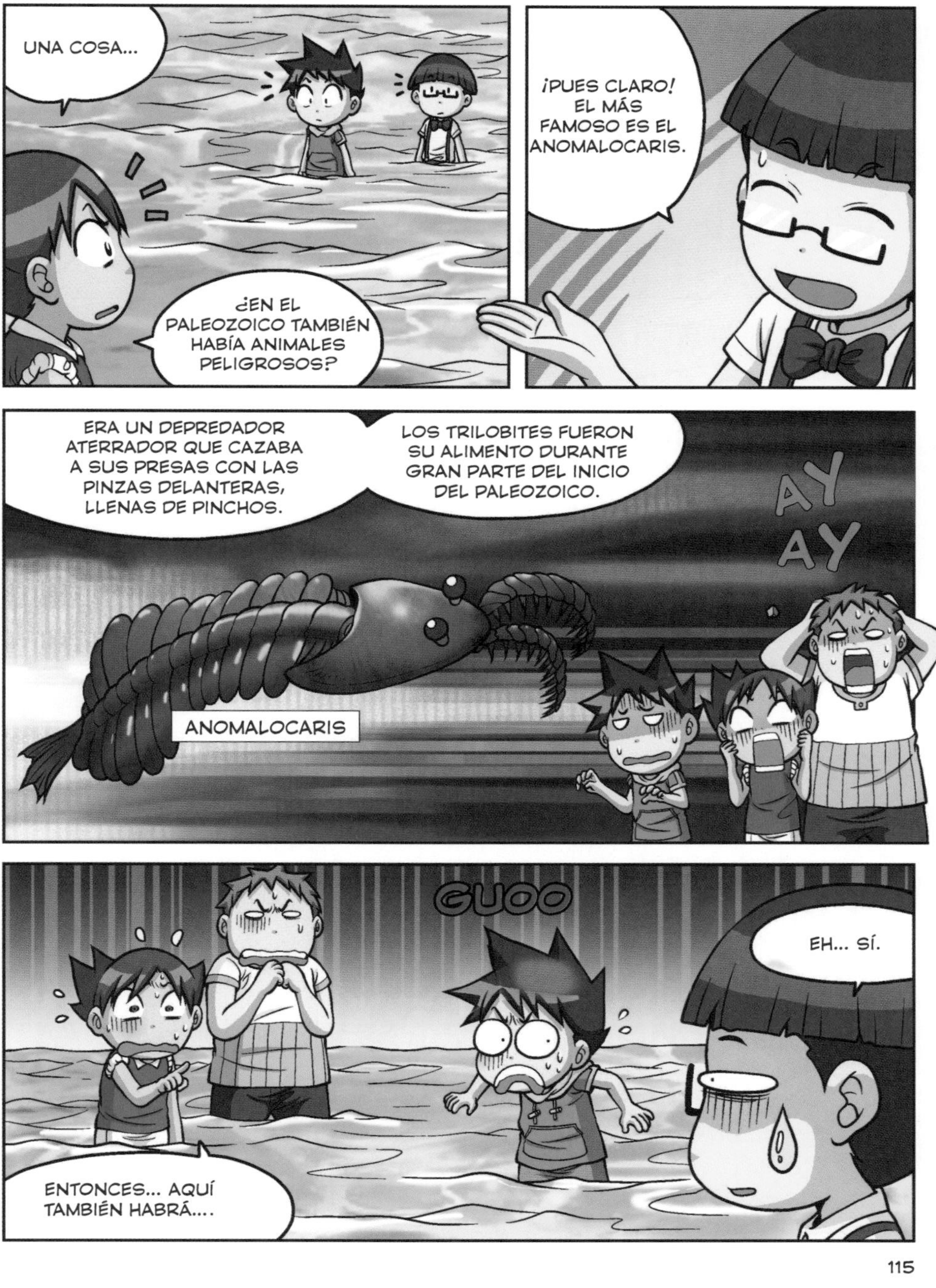
UNA COSA...
¿EN EL PALEOZOICO TAMBIÉN HABÍA ANIMALES PELIGROSOS?
¡PUES CLARO! EL MÁS FAMOSO ES EL ANOMALOCARIS.
ERA UN DEPREDADOR ATERRADOR QUE CAZABA A SUS PRESAS CON LAS PINZAS DELANTERAS, LLENAS DE PINCHOS.
LOS TRILOBITES FUERON SU ALIMENTO DURANTE GRAN PARTE DEL INICIO DEL PALEOZOICO.
AY AY
ANOMALOCARIS
GUOO
EH... SÍ.
ENTONCES... AQUÍ TAMBIÉN HABRÁ....

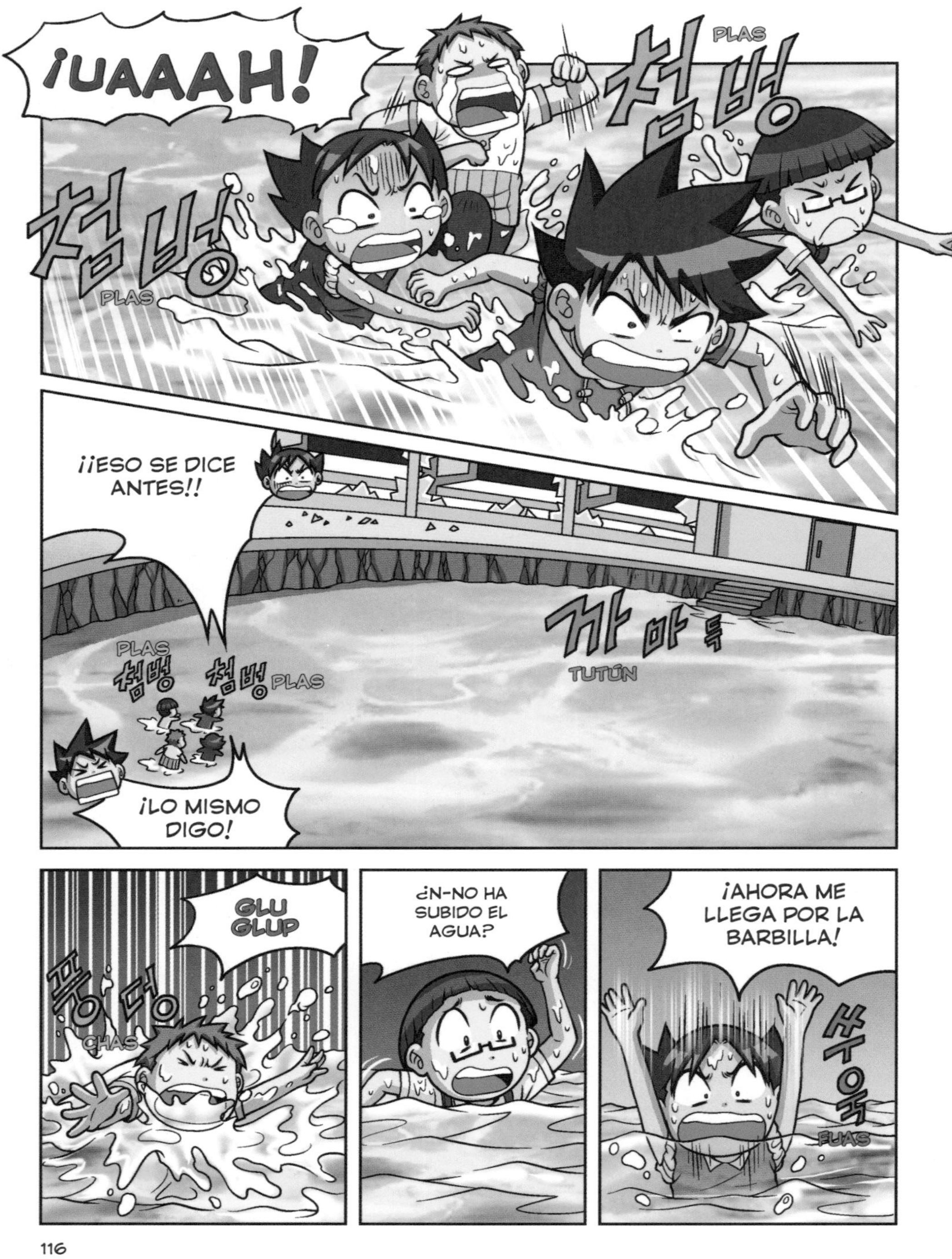
¡UAAAH!
첨벙
PLAS
첨벙
PLAS
¡¡ESO SE DICE ANTES!!
PLAS
첨벙
첨벙
PLAS
TUTÚN
¡LO MISMO DIGO!
GLU GLUP
풍덩
CHAS
¿N-NO HA SUBIDO EL AGUA?
¡AHORA ME LLEGA POR LA BARBILLA!
FUAS

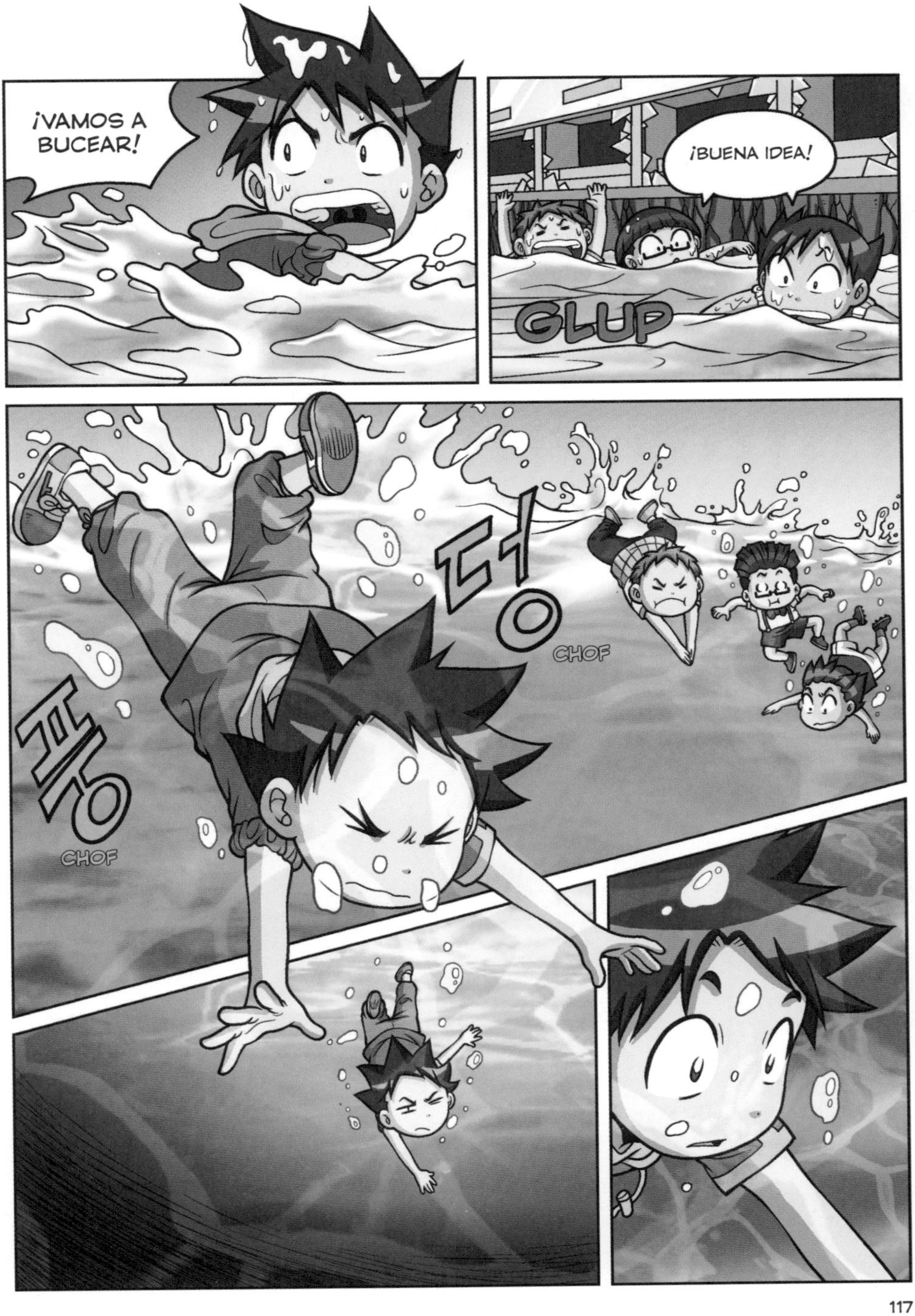
¡VAMOS A BUCEAR!
¡BUENA IDEA!
GLUP
CHOF
CHOF

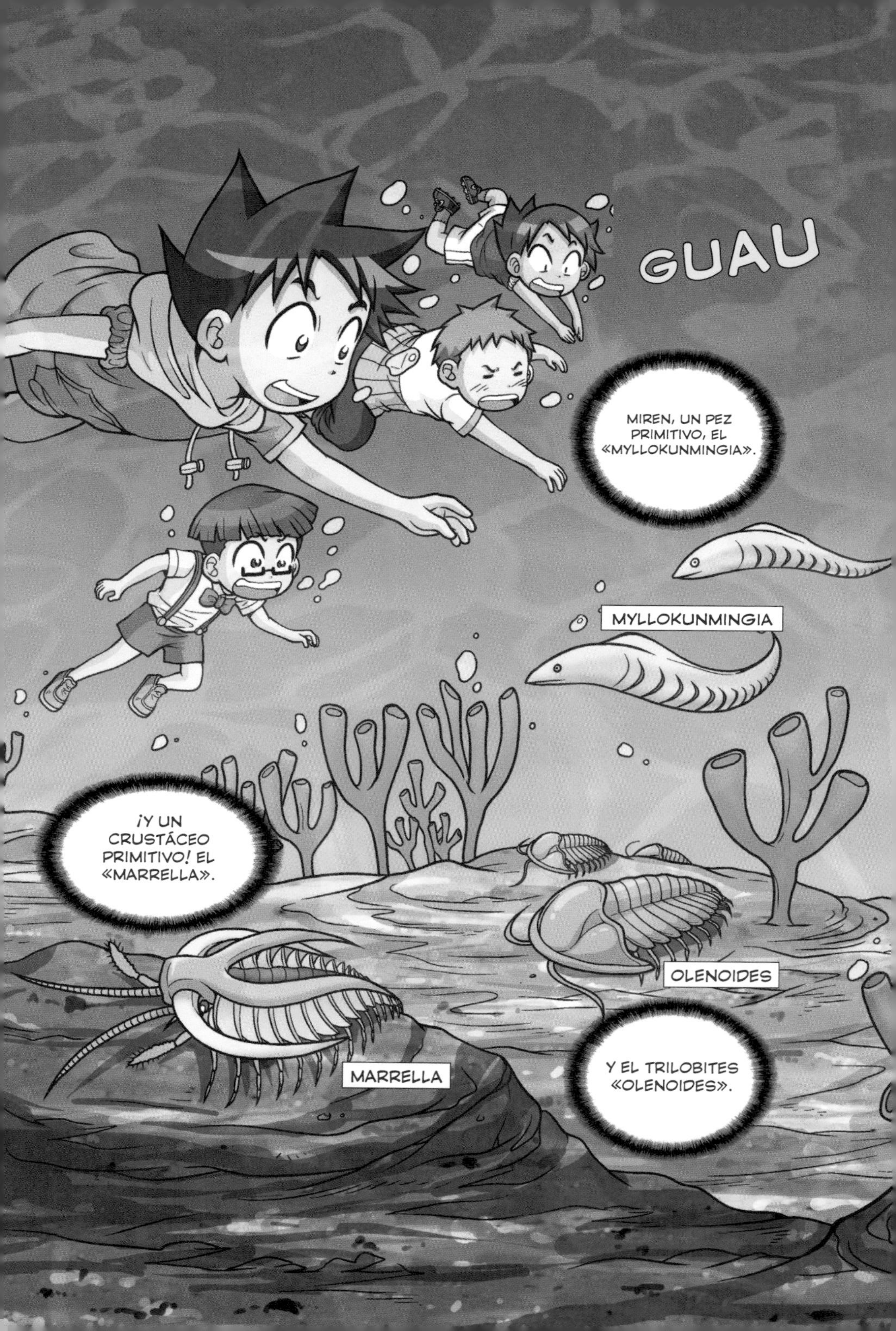
GUAU
MIREN, UN PEZ PRIMITIVO, EL «MYLLOKUNMINGIA».
MYLLOKUNMINGIA
¡Y UN CRUSTÁCEO PRIMITIVO! EL «MARRELLA».
OLENOIDES
MARRELLA
Y EL TRILOBITES «OLENOIDES».

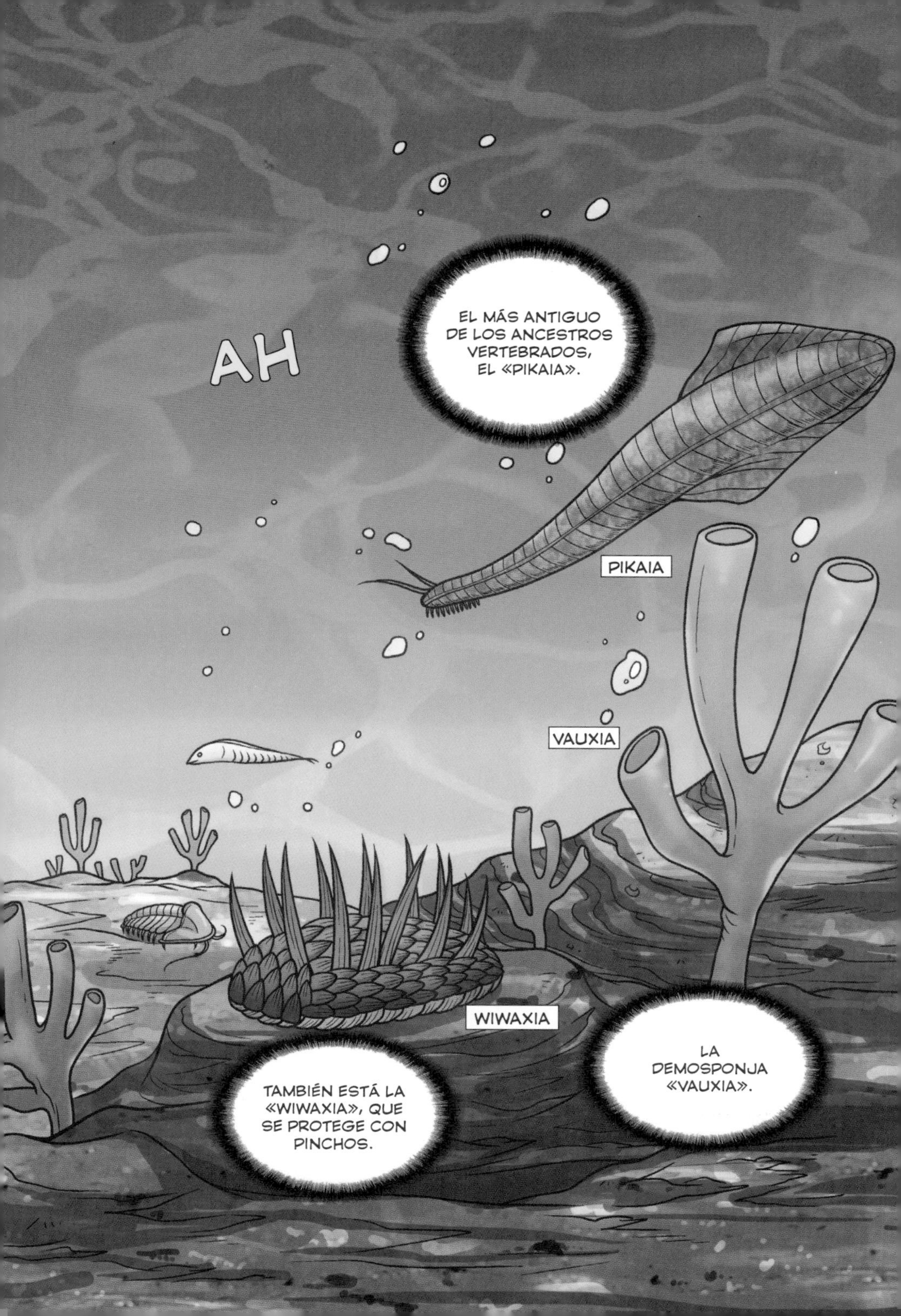
AH
EL MÁS ANTIGUO DE LOS ANCESTROS VERTEBRADOS, EL «PIKAIA».
PIKAIA
VAUXIA
WIWAXIA
TAMBIÉN ESTÁ LA «WIWAXIA», QUE SE PROTEGE CON PINCHOS.
LA DEMOSPONJA «VAUXIA».

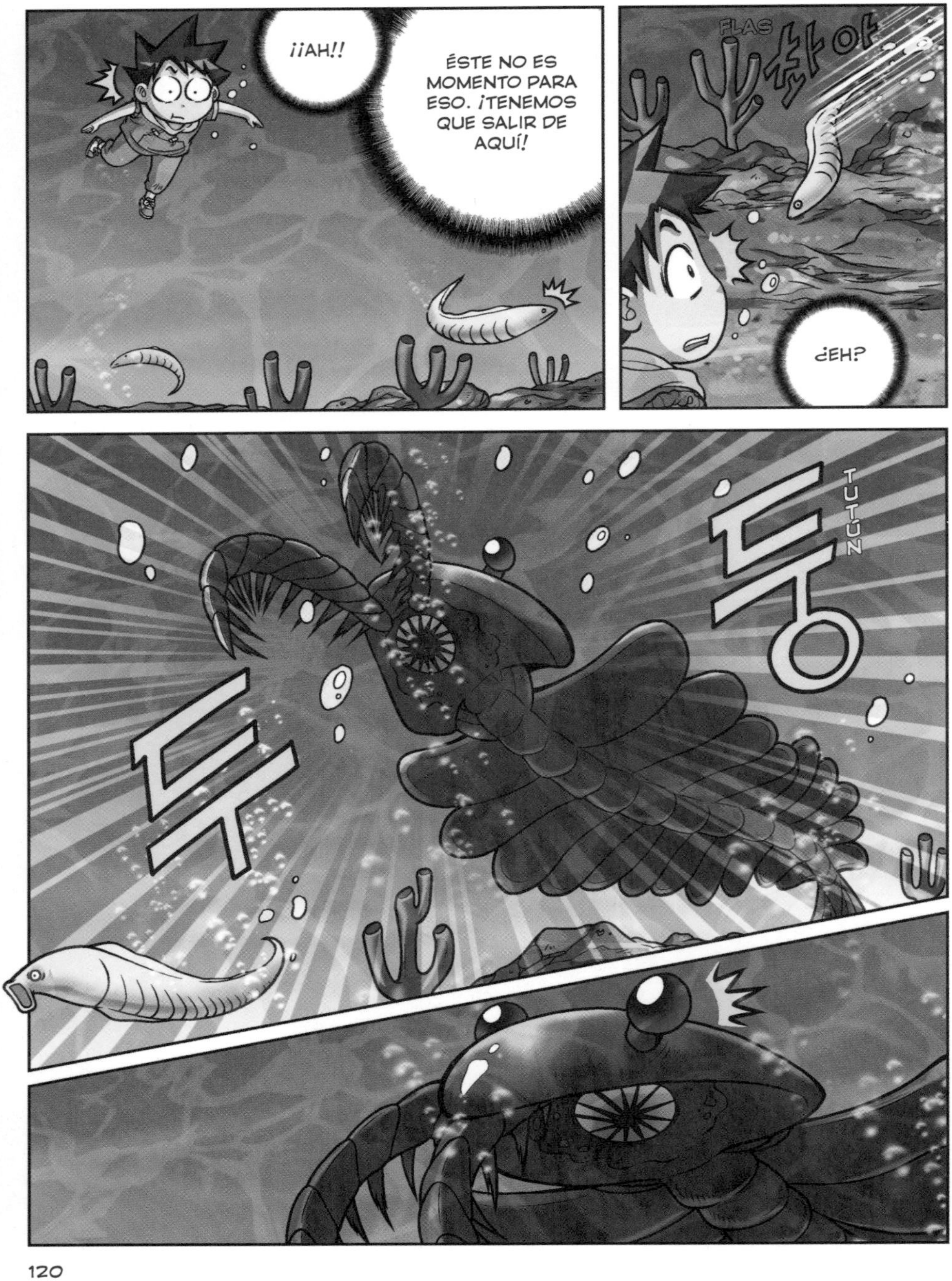
¡¡AH!!
ÉSTE NO ES MOMENTO PARA ESO. ¡TENEMOS QUE SALIR DE AQUÍ!
FLAS
¿EH?
TUTÚN

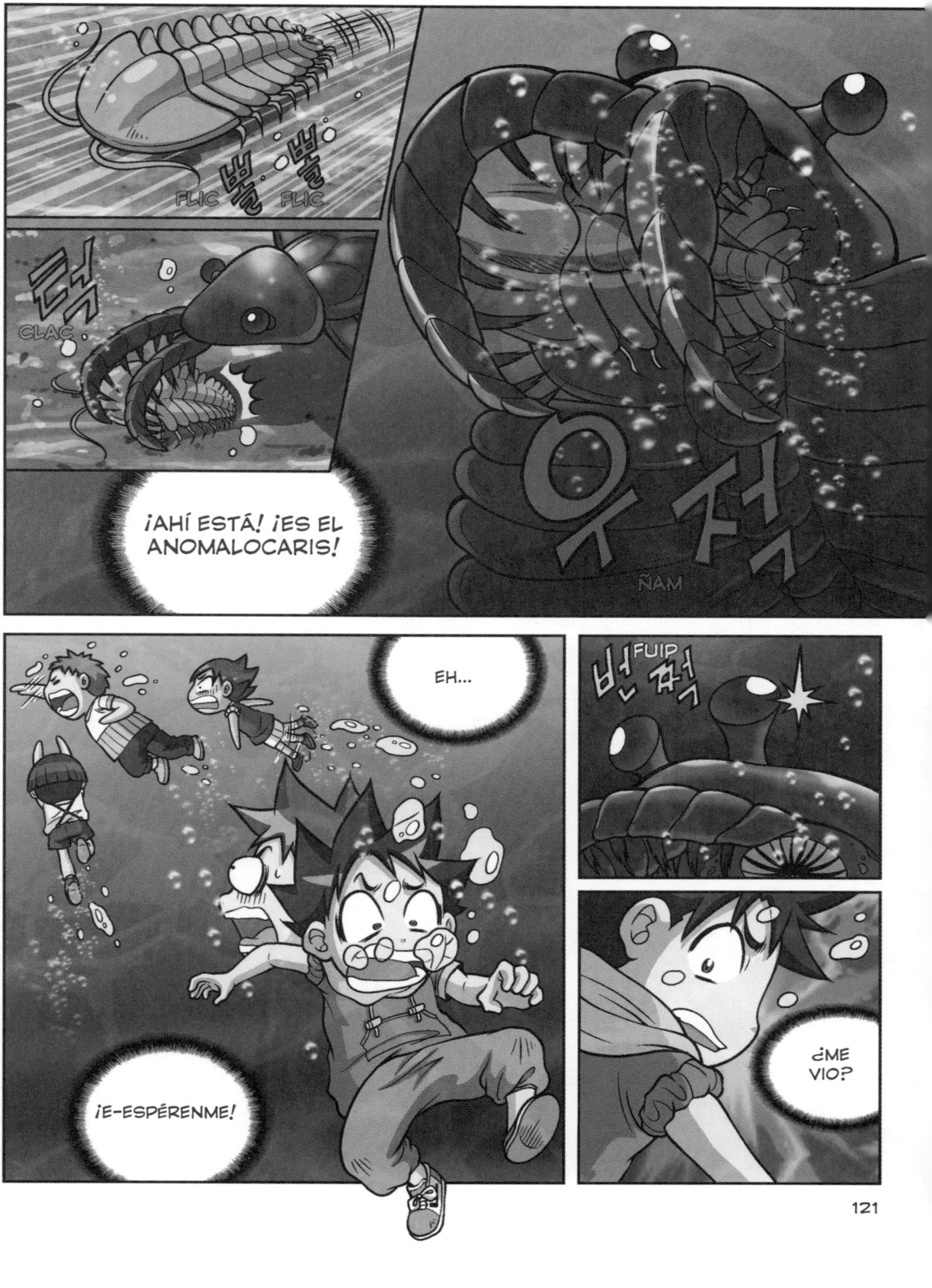
뽀글 뽀글
FLIC FLIC
턱
CLAC
¡AHÍ ESTÁ! ¡ES EL ANOMALOCARIS!
우적
ÑAM
EH...
¡E-ESPÉRENME!
번쩍
FUIP
¿ME VIO?

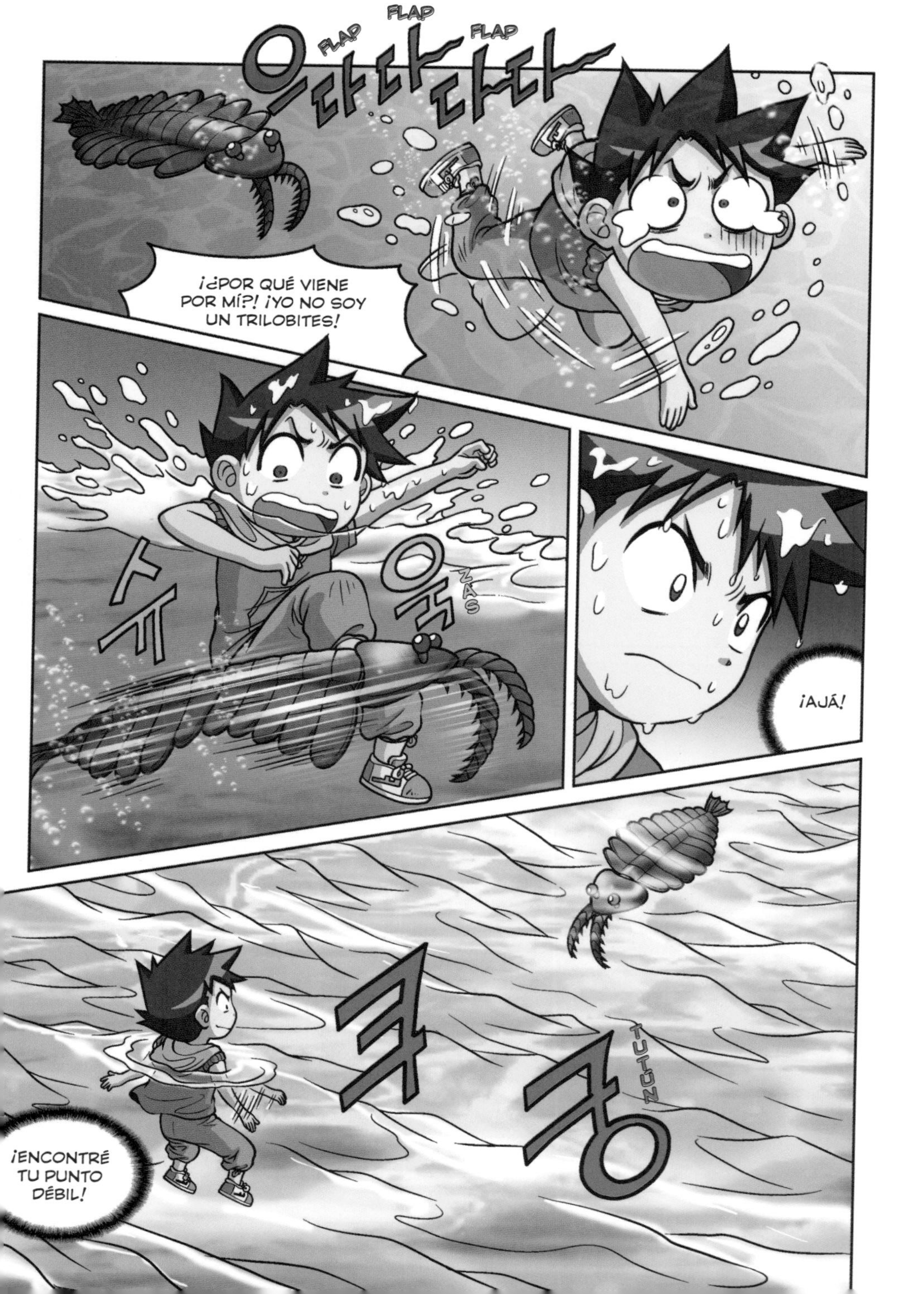
FLAP
FLAP
FLAP
FLAP
¡¿POR QUÉ VIENE POR MÍ?! ¡YO NO SOY UN TRILOBITES!
ZÁS
¡AJÁ!
TUTÚN
¡ENCONTRÉ TU PUNTO DÉBIL!

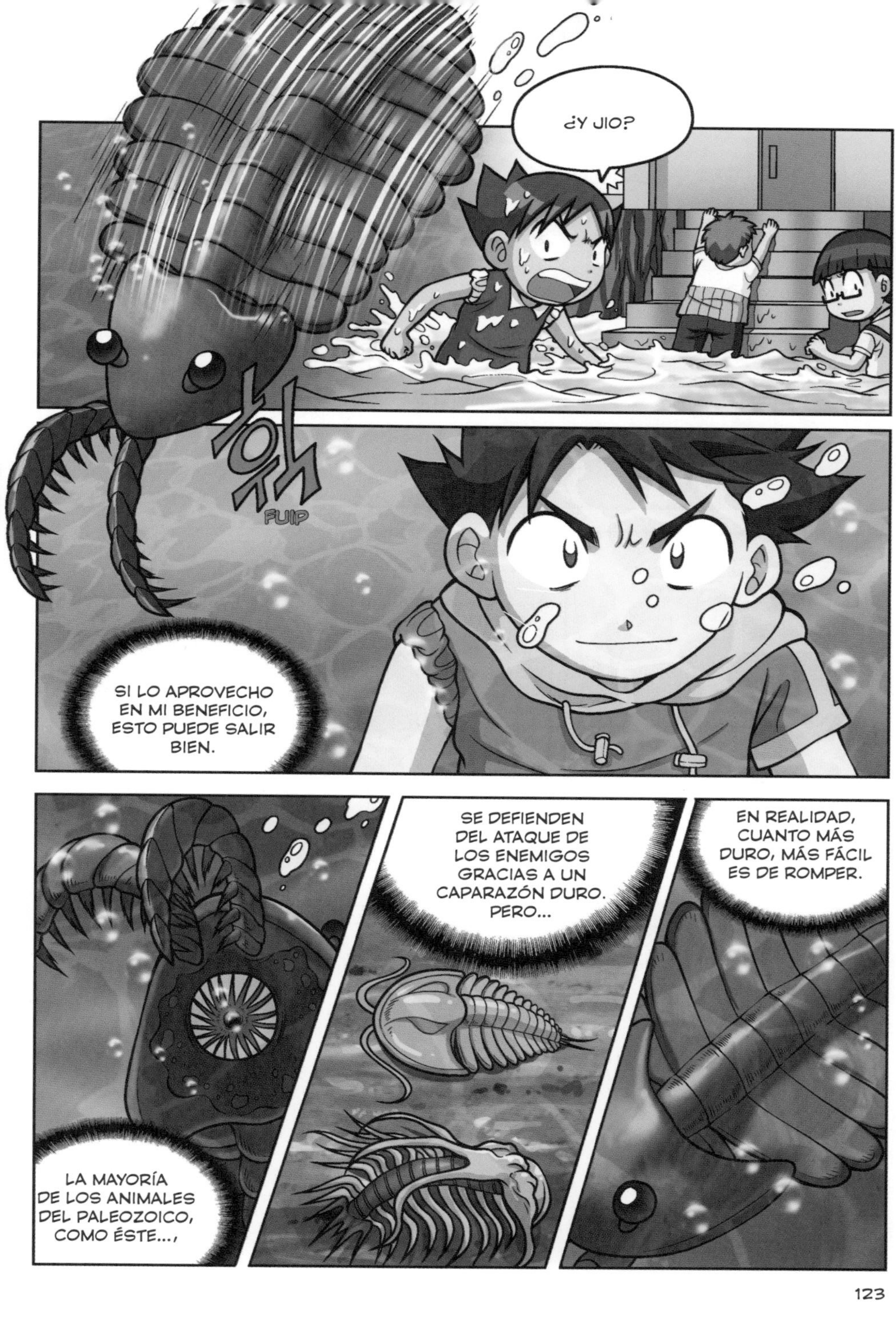

¿Y JIO?
FUIP
SI LO APROVECHO EN MI BENEFICIO, ESTO PUEDE SALIR BIEN.
LA MAYORÍA DE LOS ANIMALES DEL PALEOZOICO, COMO ÉSTE...,
SE DEFIENDEN DEL ATAQUE DE LOS ENEMIGOS GRACIAS A UN CAPARAZÓN DURO. PERO...
EN REALIDAD, CUANTO MÁS DURO, MÁS FÁCIL ES DE ROMPER.

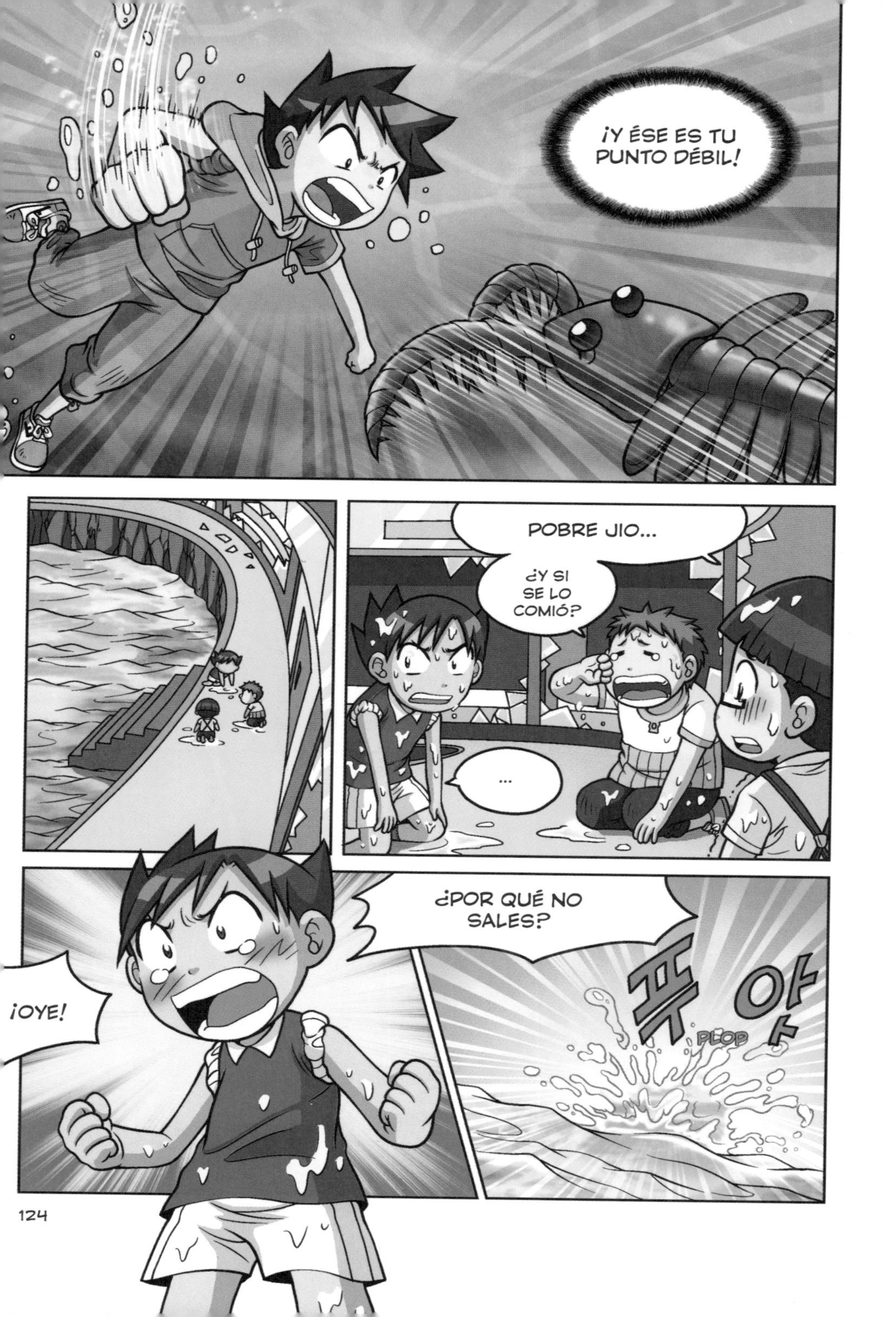
¡Y ÉSE ES TU PUNTO DÉBIL!
POBRE JIO...
¿Y SI SE LO COMIÓ?
...
¡OYE!
¿POR QUÉ NO SALES?
PLOP

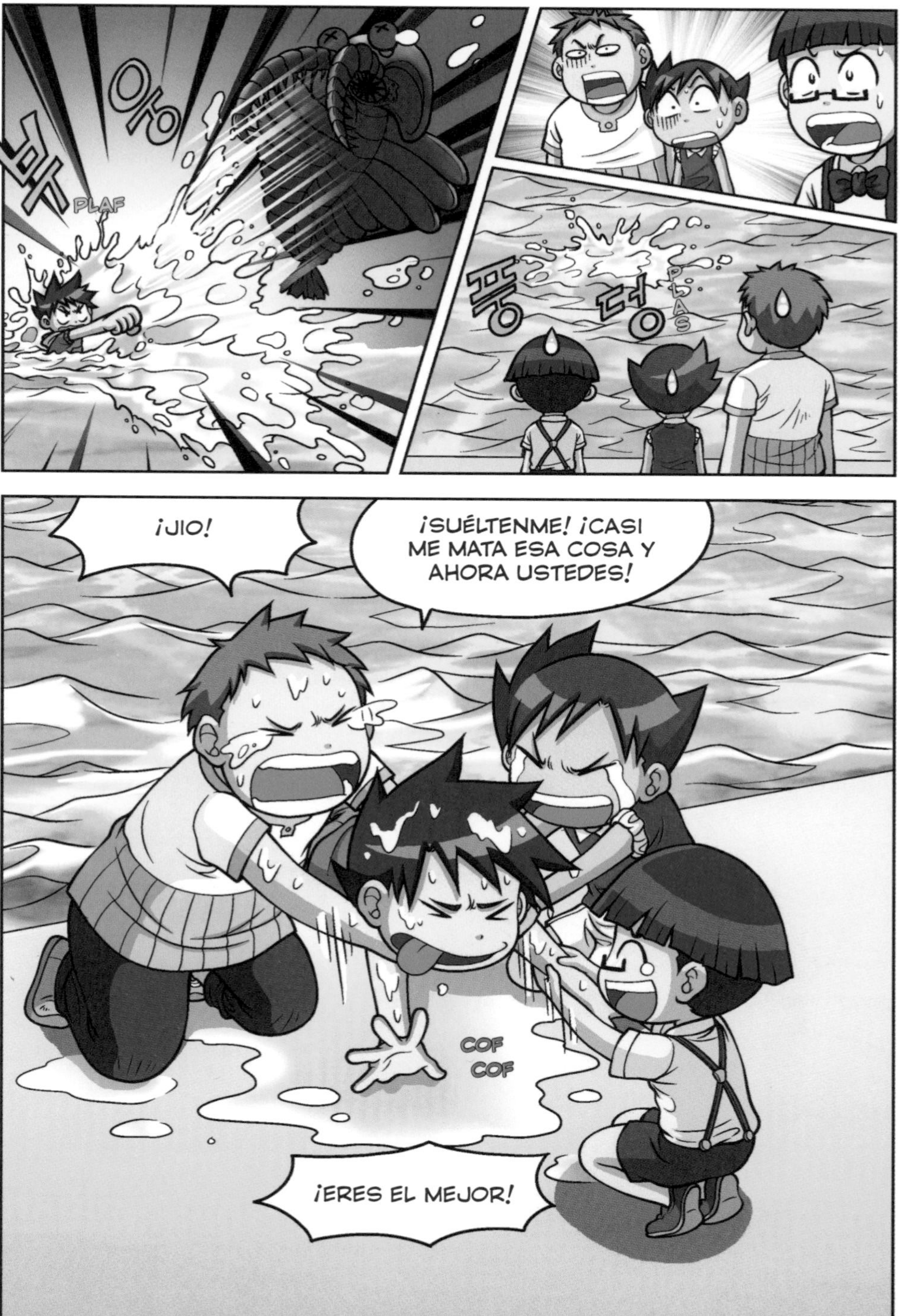
PLAF
풍덩
PLAS
¡JIO!
¡SUÉLTENME! ¡CASI ME MATA ESA COSA Y AHORA USTEDES!
COF COF
¡ERES EL MEJOR!

# Paleozoico: el surgimiento de nuevos seres vivos

El Paleozoico es la era geológica que corresponde al periodo comprendido entre los 570 millones de años y los 225 millones de años. Fue la era en la que surgieron los invertebrados, los peces, los anfibios y los reptiles. Se divide en seis periodos según las criaturas surgidas en cada uno: el Cámbrico, el Ordovícico, el Silúrico, el Devónico, el Carbonífero y el Pérmico.

## Del Cámbrico al Ordovícico
## (desde los 570 millones de años hasta los 225 millones de años)

Durante el periodo Cámbrico, los océanos cubrían una superficie mucho mayor con relación a la actual. Aunque en ese momento no había vida en tierra firme, hubo una explosión de formas de vida submarina. La más abundante de todas ellas fue el trilobites. Durante su auge, los trilobites constituían 60% de los seres vivos. Son conocidos por ser los primeros organismos con ojos. Gracias al notable desarrollo de esa parte de su cuerpo, tuvo lugar un enorme cambio en el ecosistema. Cuando el depredador y su presa se veían mutuamente, la competencia entre quién comía y quién era comido se volvió más dinámica, de modo que estos animales adquirieron formas más complejas y adaptadas al medio, como la presencia de un exoesqueleto duro, que les permitía sobrevivir.

En el Ordovícico, empezaron a proliferar cefalópodos, parecidos a los pulpos y calamares actuales, así como peces primitivos, sin mandíbula. Estamos hablando de los primeros ancestros de los vertebrados. Sin embargo, al final de este periodo, surgieron enormes glaciares que provocaron que disminuyeran drásticamente la temperatura y el oxígeno del agua, por lo que muchas especies se extinguieron.

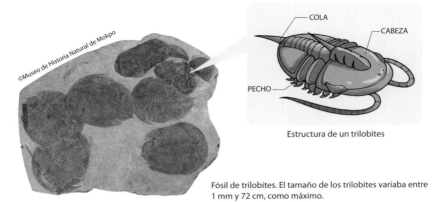

©Museo de Historia Natural de Mokpo

COLA
CABEZA
PECHO

Estructura de un trilobites

Fósil de trilobites. El tamaño de los trilobites variaba entre 1 mm y 72 cm, como máximo.

## Del Silúrico al Devónico
## (desde los 430 millones de años hasta los 345 millones de años)

En el periodo Silúrico, las criaturas que hasta entonces habían vivido bajo el agua comenzaron a salir a la superficie. Las plantas fueron las primeras en sobrevivir fuera del agua, seguidas de los escorpiones y otros animales. Los peces que, al principio del Paleozoico, eran presas fáciles de otros animales se desarrollaron rápidamente en los años iniciales del Devónico. Gracias al desarrollo de los huesos de la mandíbula, los peces capaces de cazar a otros crecieron en tamaño y variedad. Algunos de ellos, que dominaban el ecosistema marino, desarrollaron patas a partir de sus aletas. Así, se convirtieron en anfibios, que, como su nombre indica, podían moverse con la misma facilidad en el agua como en la tierra.

©Museo de Historia Natural de Mokpo

Fósil de Drepanaspis, un pez que existió entre el Silúrico y principios del periodo Devónico.

## Del Carbonífero al Pérmico
## (desde los 345 millones de años hasta los 225 millones de años)

Durante el Carbonífero, plantas terrestres como los licopodios y la cola de caballo comenzaron a proliferar. Este periodo se conoce con ese nombre porque a esa época pertenecen los enormes bosques sepultados bajo tierra, que formaron el carbón que utilizamos hoy, millones de años después. Gracias a esos mismos bosques, también se extendieron los insectos y los anfibios. Sin embargo, hacia finales del Pérmico tuvo lugar la extinción de 75% de los animales que existían entonces sobre la faz de la Tierra.

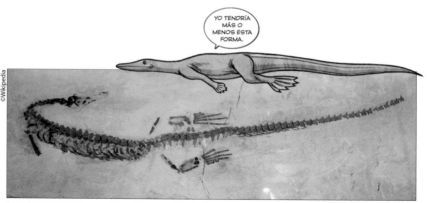

YO TENDRÍA MÁS O MENOS ESTA FORMA.

©Wikipedia

Fósil de Mesosaurus, un reptil acuático que vivió desde el Carbonífero hasta el Pérmico de la era Paleozoica. Sus patas palmeadas son una de sus características más sobresalientes en cuanto a su adaptación al medio.

# Capítulo 7

## Un braquiosaurio muy tragón

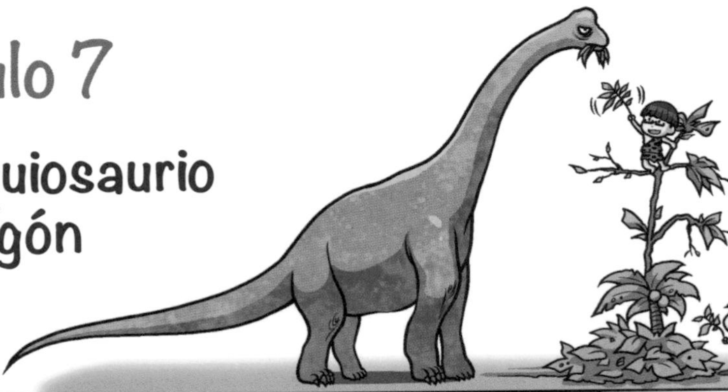

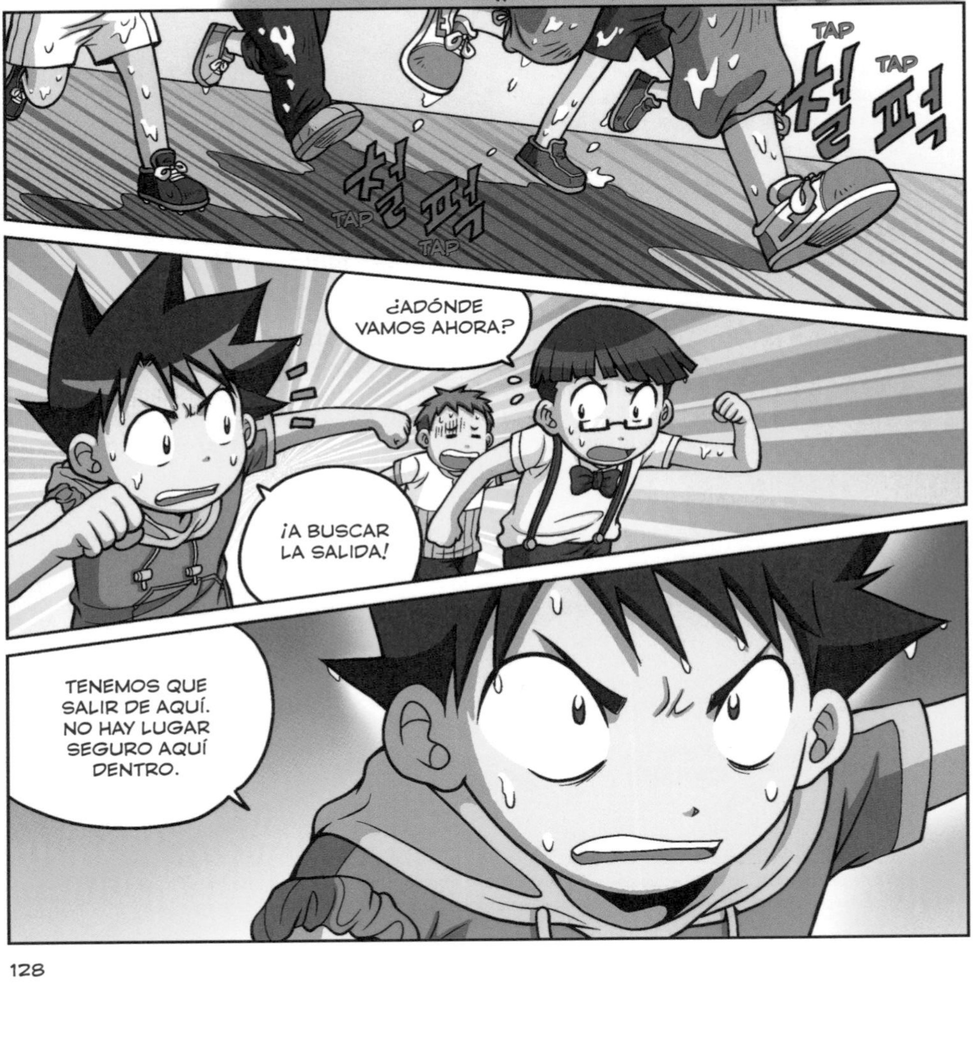
TAP
TAP
철퍽
철퍽
TAP
TAP
¿ADÓNDE VAMOS AHORA?
¡A BUSCAR LA SALIDA!
TENEMOS QUE SALIR DE AQUÍ. NO HAY LUGAR SEGURO AQUÍ DENTRO.

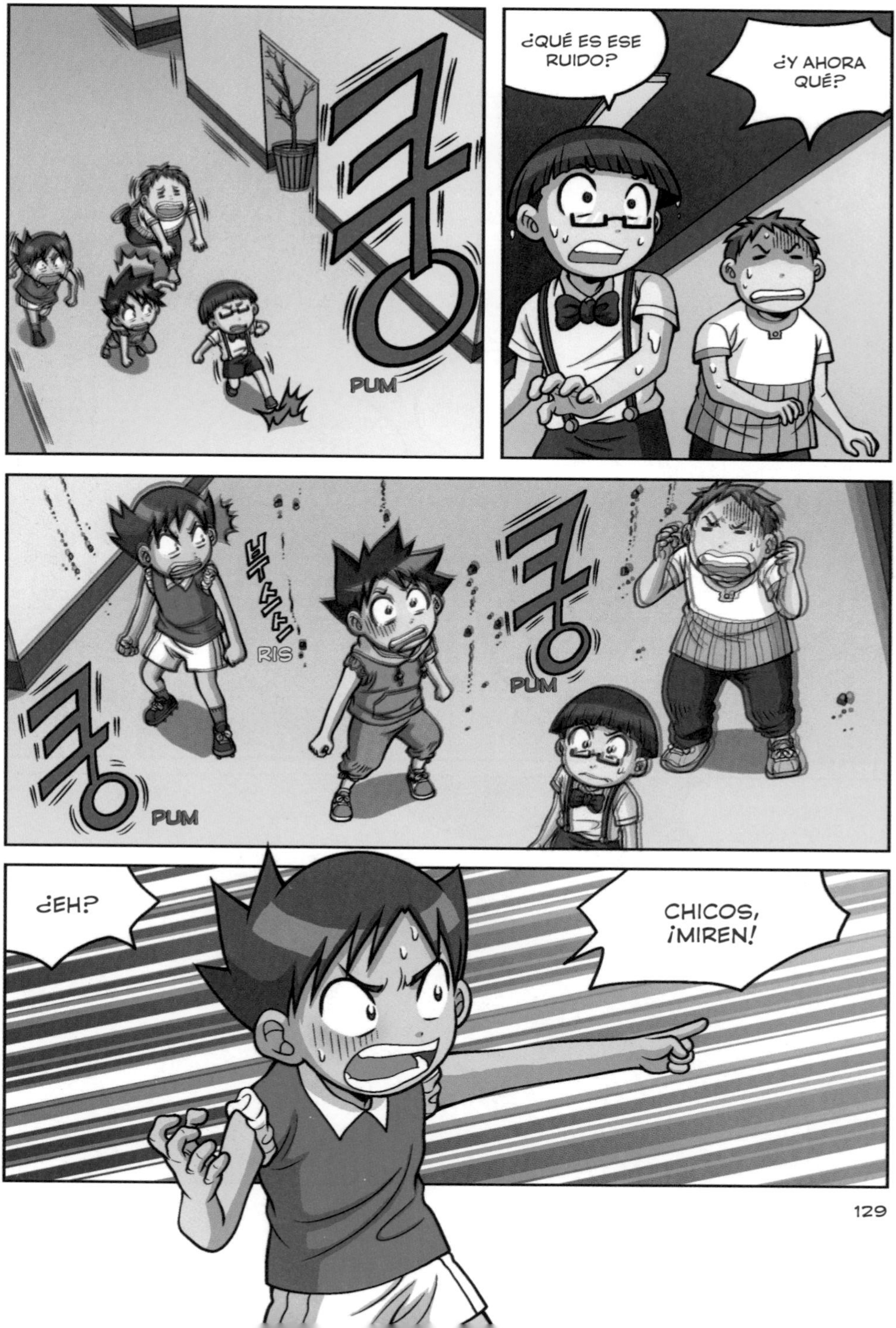
PUM
¿QUÉ ES ESE RUIDO?
¿Y AHORA QUÉ?
RIS
PUM
PUM
¿EH?
CHICOS, ¡MIREN!

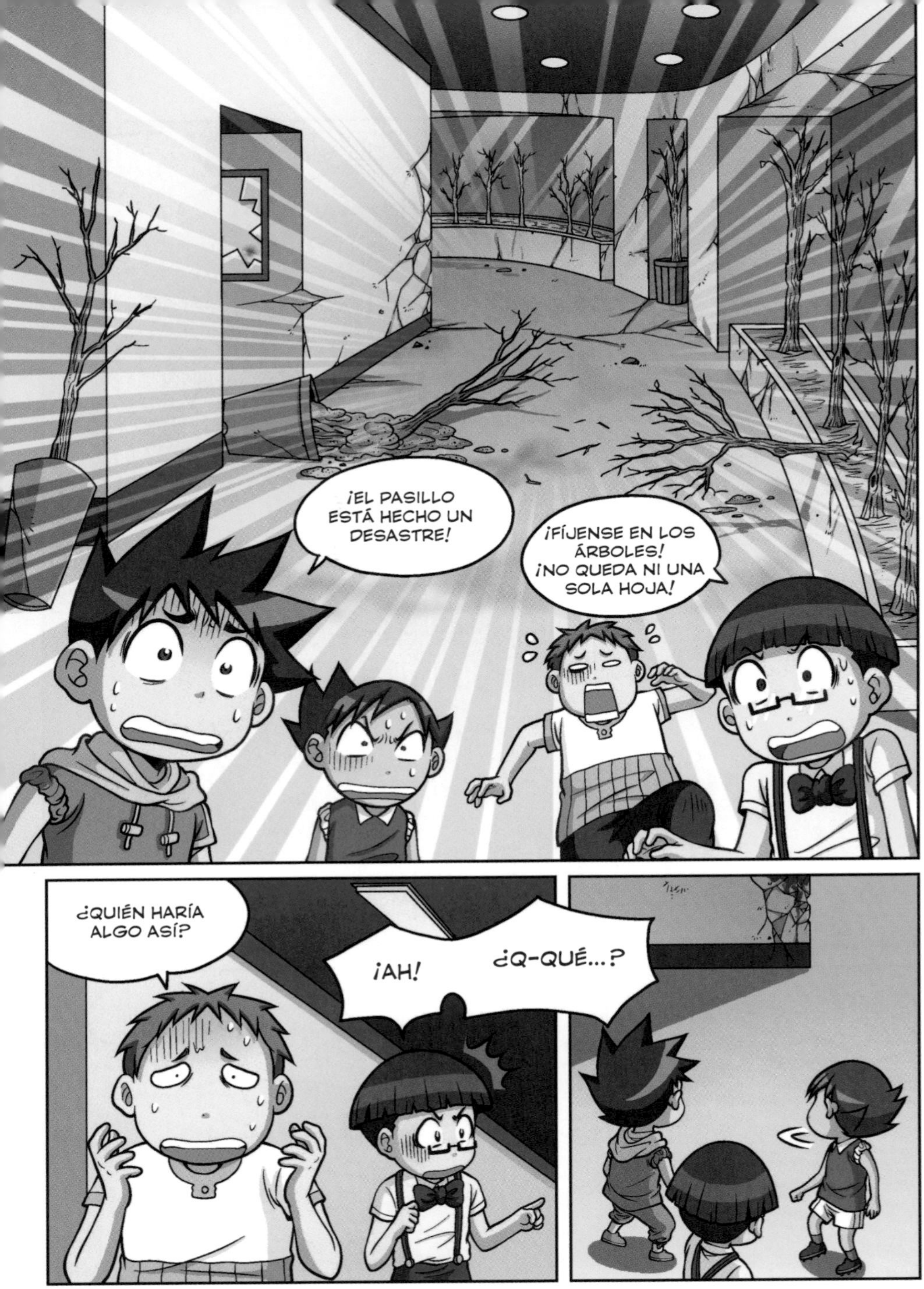
¡EL PASILLO ESTÁ HECHO UN DESASTRE!
¡FÍJENSE EN LOS ÁRBOLES! ¡NO QUEDA NI UNA SOLA HOJA!
¿QUIÉN HARÍA ALGO ASÍ?
¡AH!
¿Q-QUÉ...?

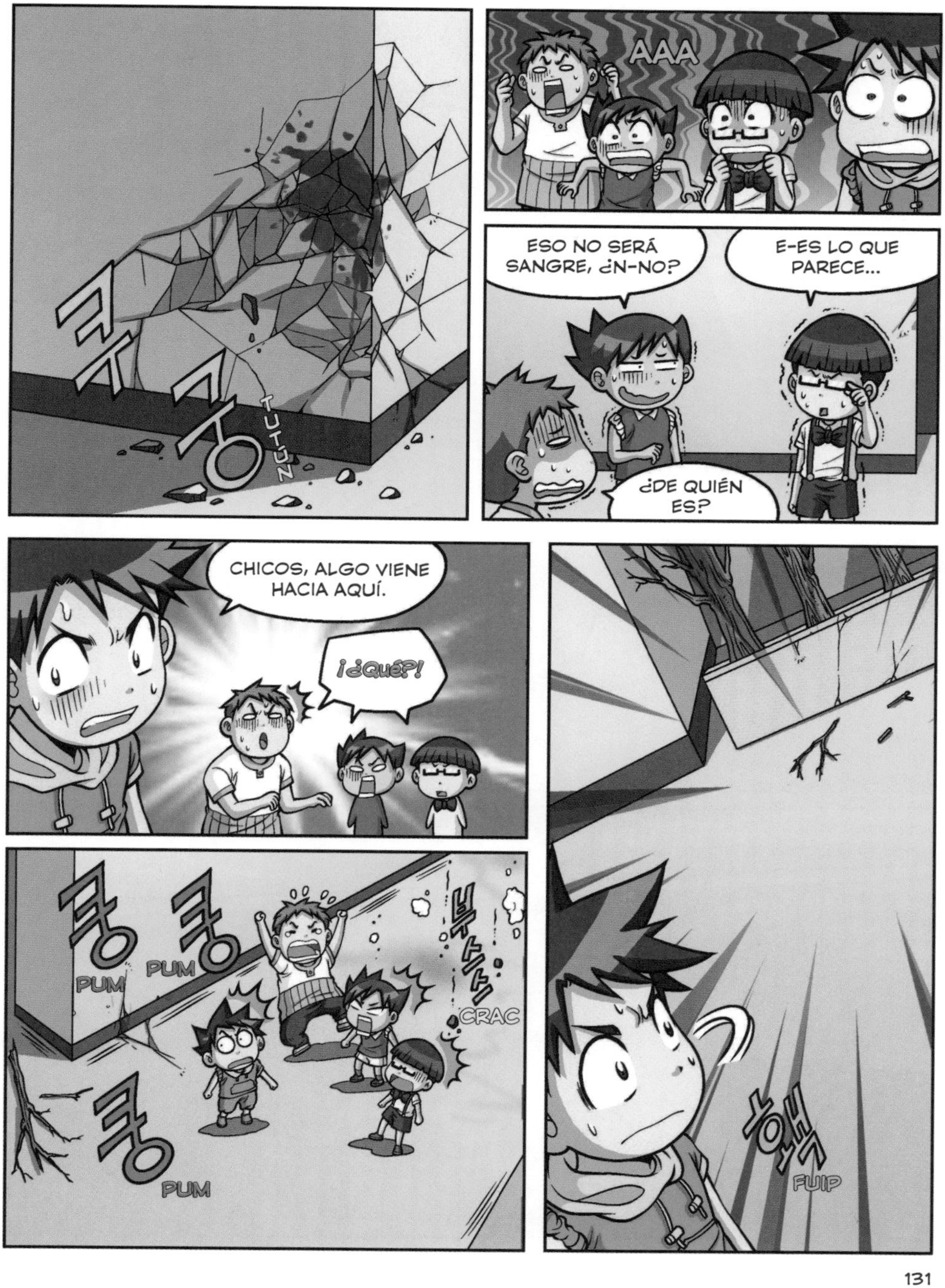
TUTÚN
AAA
ESO NO SERÁ SANGRE, ¿N-NO?
E-ES LO QUE PARECE...
¿DE QUIÉN ES?
CHICOS, ALGO VIENE HACIA AQUÍ.
¡¿Qué?!
쿵 쿵 쿵
PUM
PUM
PUM
CRAC
FUIP

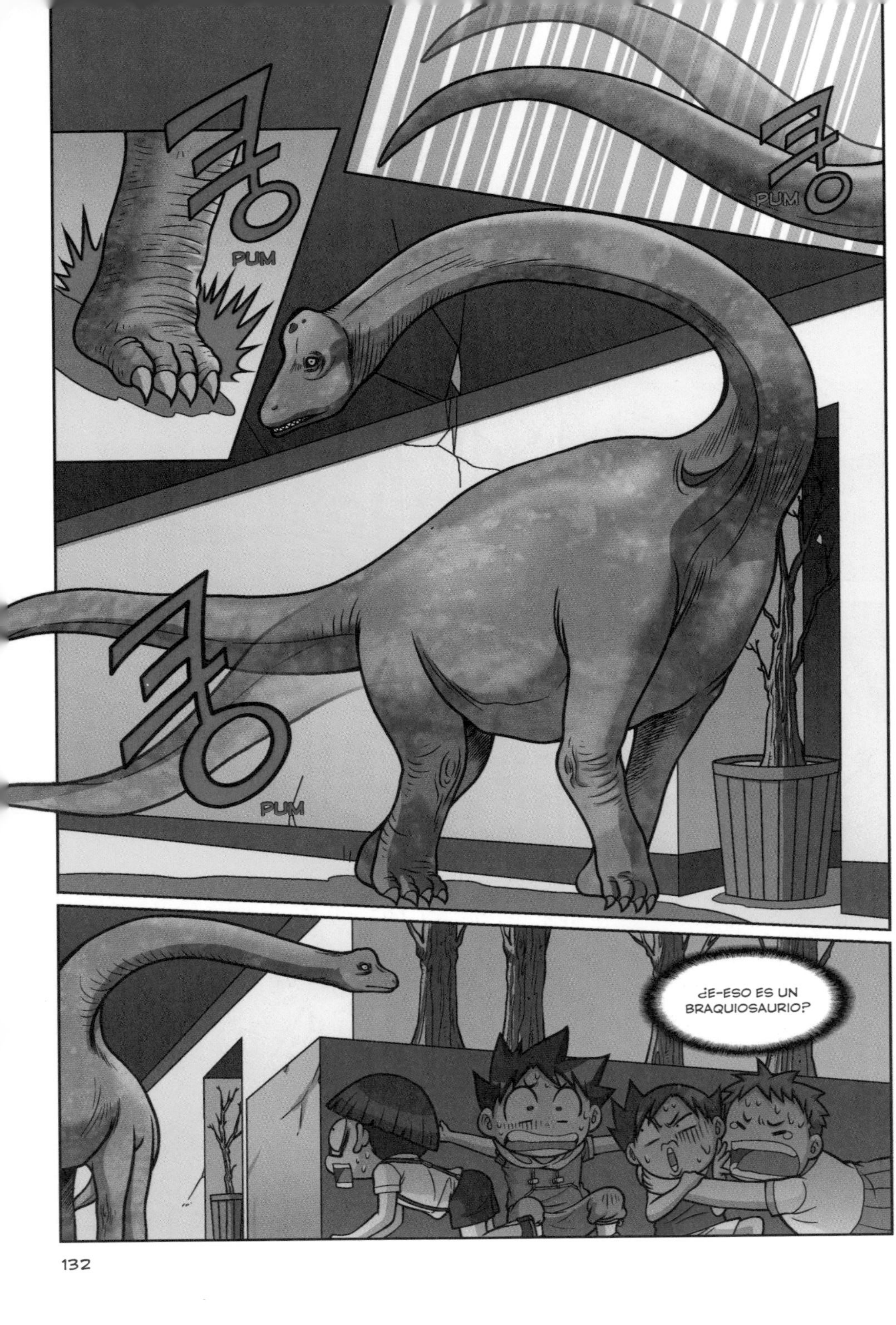
PUM
PUM
PUM
¿E-ESO ES UN BRAQUIOSAURIO?

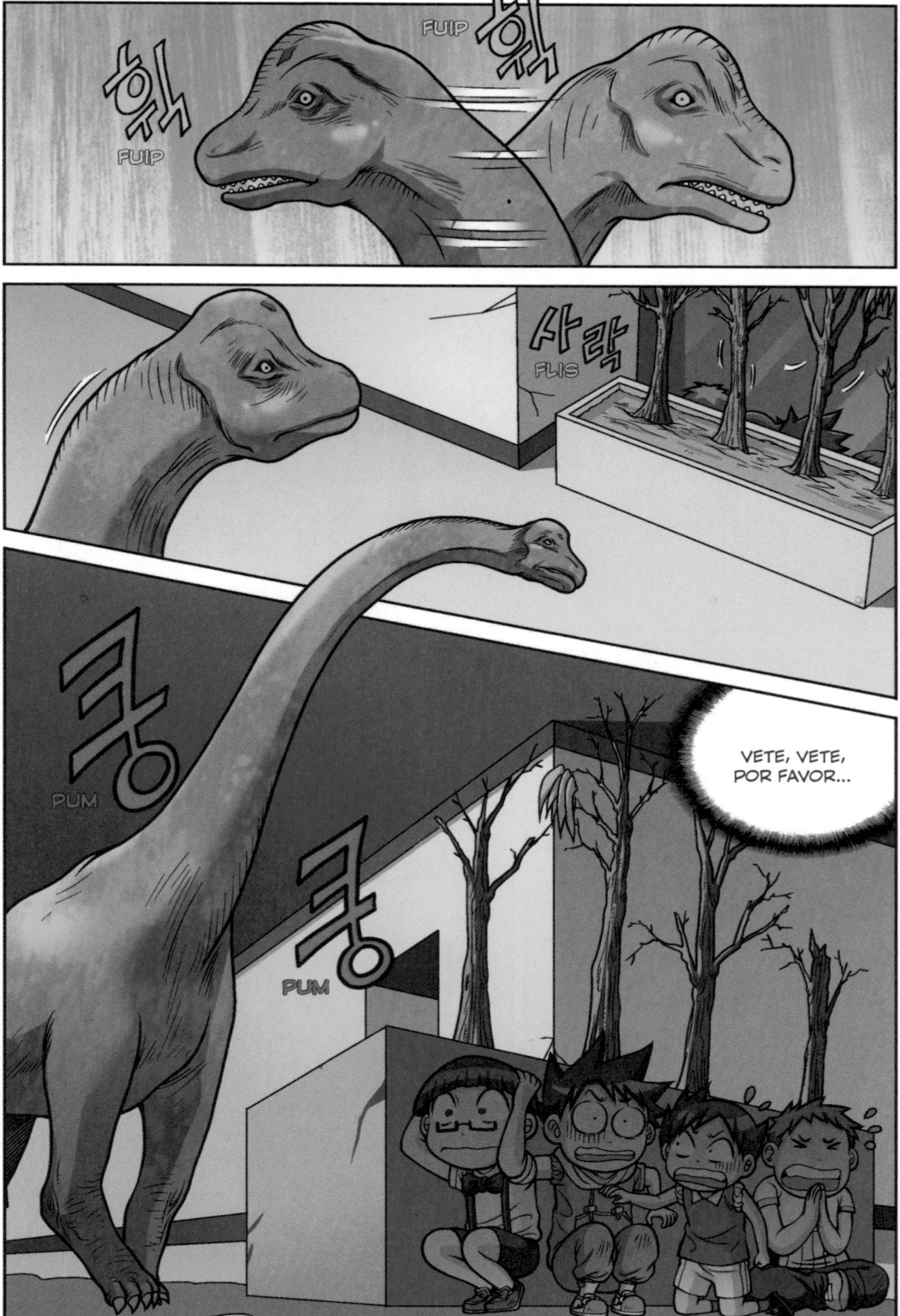

휙
FUIP
휙
FUIP
사락
FLIS
쿵
PUM
쿵
PUM
VETE, VETE, POR FAVOR...

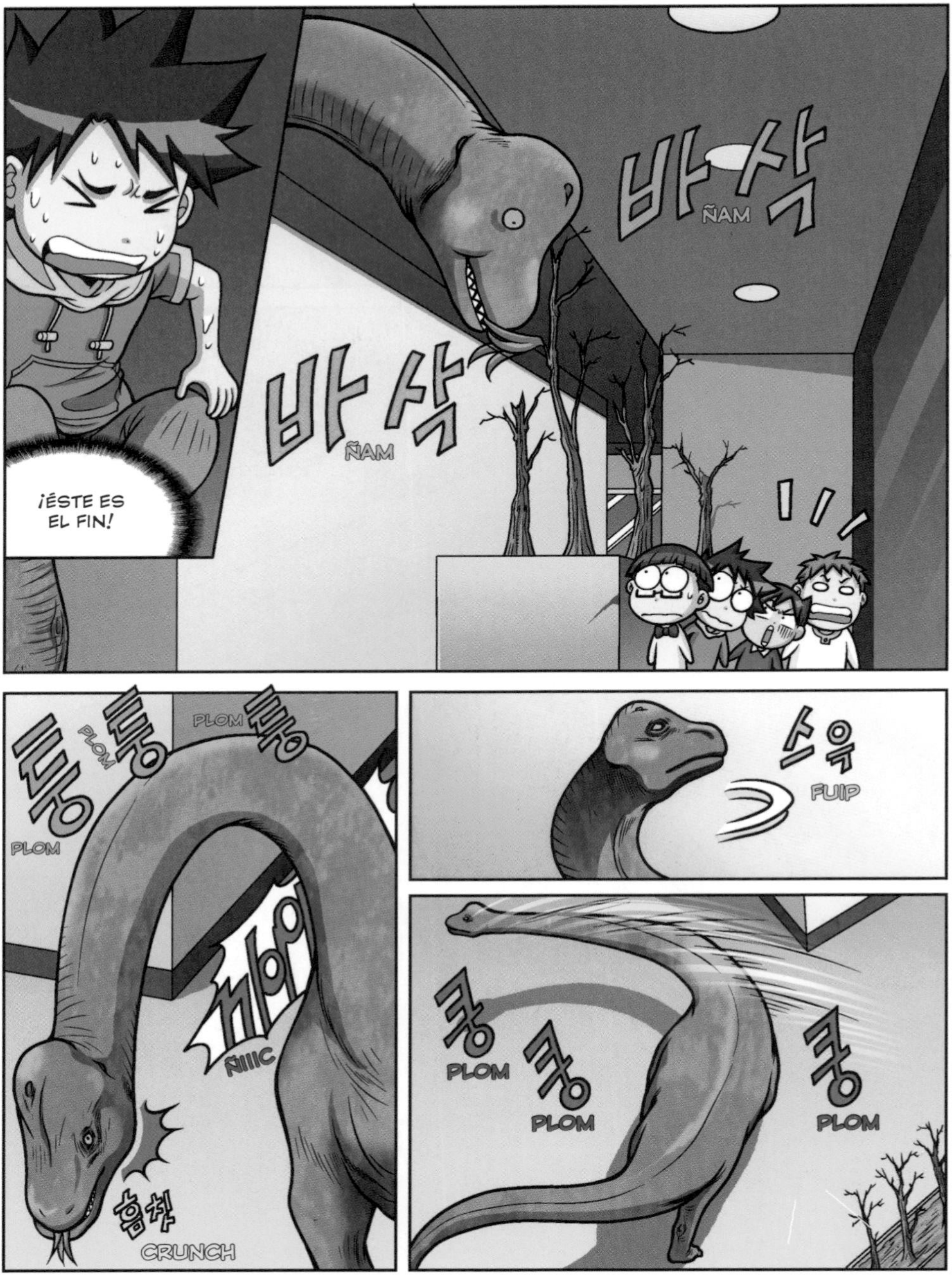
¡ÉSTE ES EL FIN!
바삭
ÑAM
바삭
ÑAM
둥
PLOM
둥
PLOM
둥
PLOM
ÑIIIC
CRUNCH
FUIP
쿵
PLOM
쿵
PLOM
쿵
PLOM

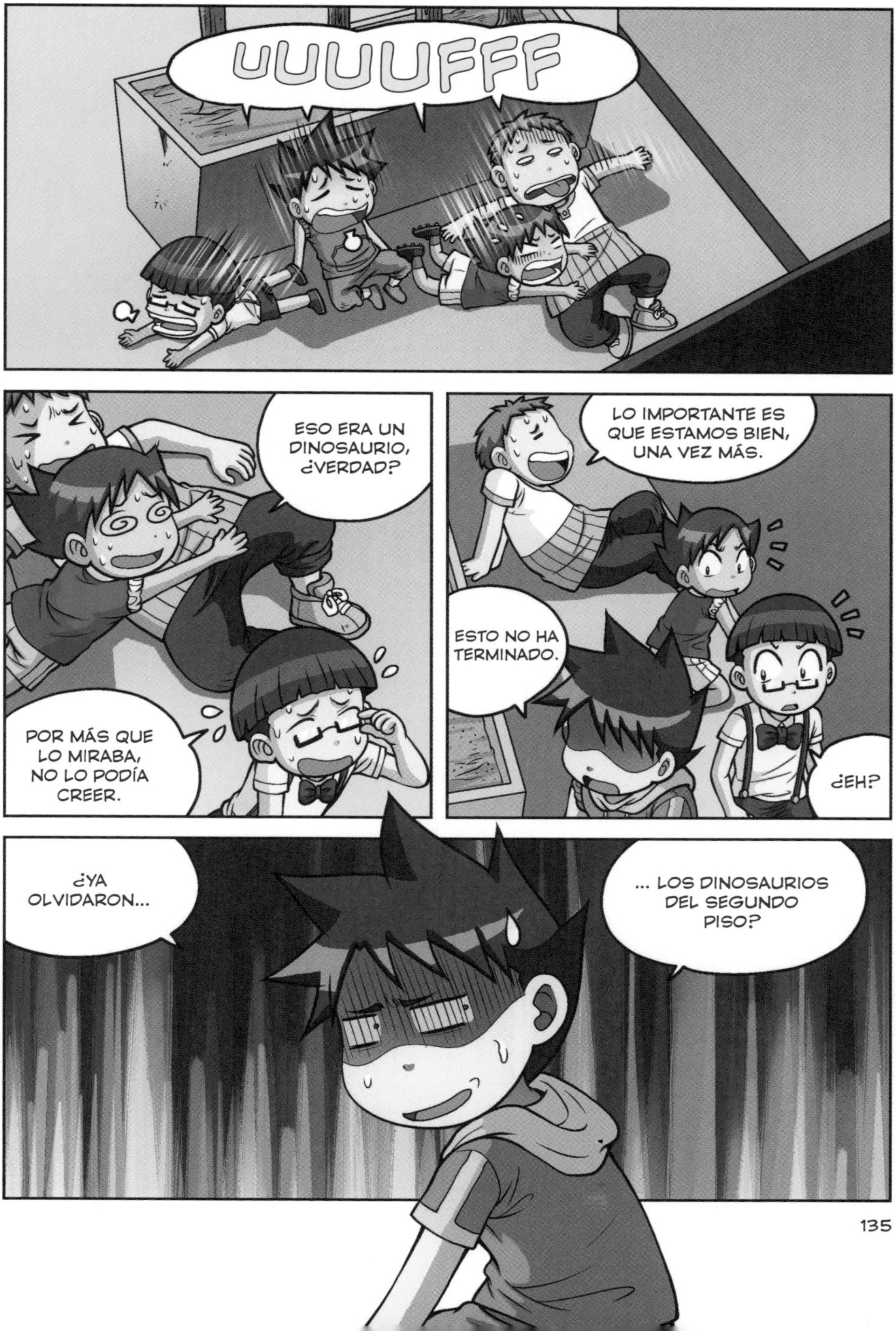
UUUUFFF
ESO ERA UN DINOSAURIO, ¿VERDAD?
POR MÁS QUE LO MIRABA, NO LO PODÍA CREER.
LO IMPORTANTE ES QUE ESTAMOS BIEN, UNA VEZ MÁS.
ESTO NO HA TERMINADO.
¿EH?
¿YA OLVIDARON...
... LOS DINOSAURIOS DEL SEGUNDO PISO?

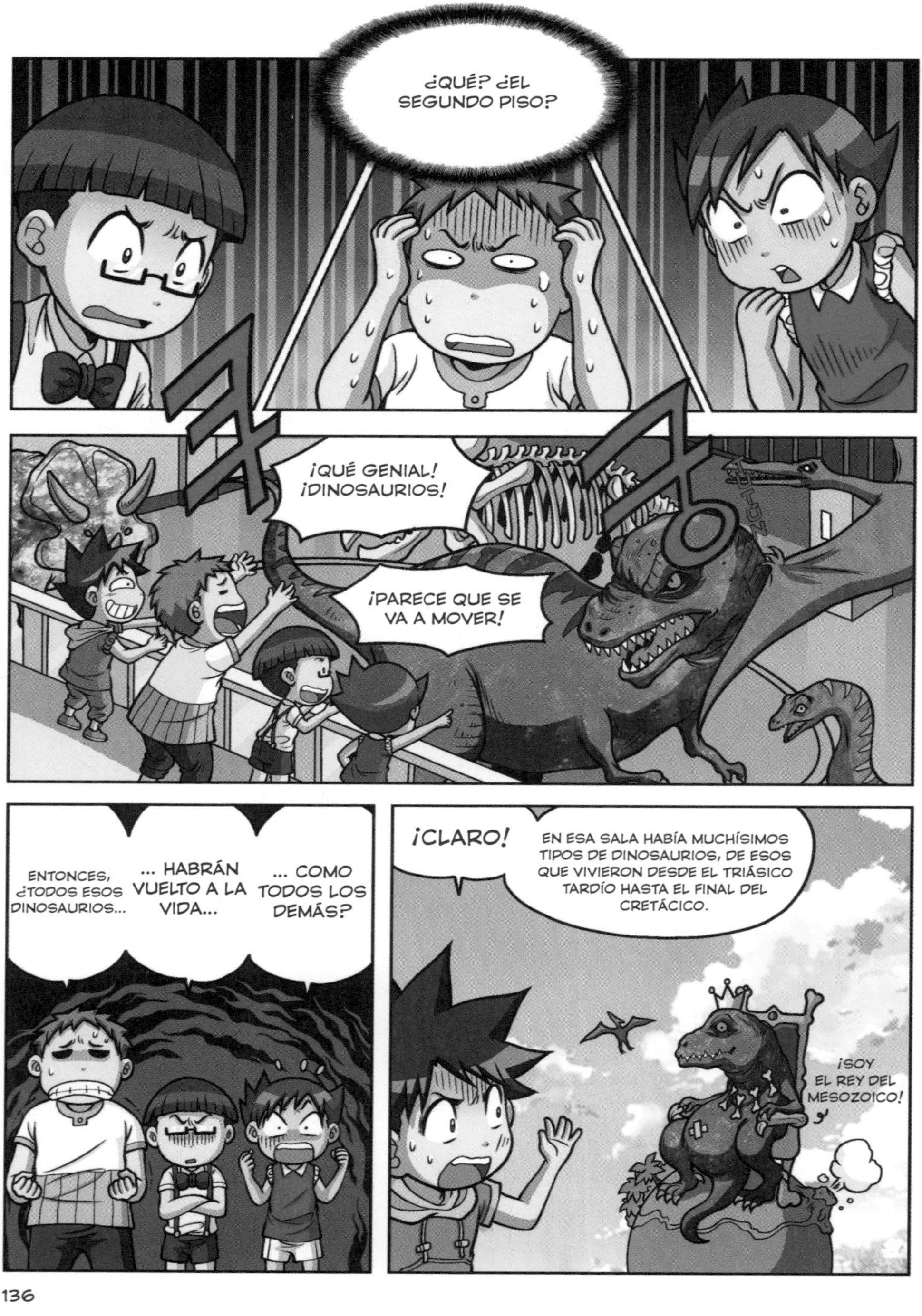
¿QUÉ? ¿EL SEGUNDO PISO?
¡QUÉ GENIAL! ¡DINOSAURIOS!
¡PARECE QUE SE VA A MOVER!
ENTONCES, ¿TODOS ESOS DINOSAURIOS...
... HABRÁN VUELTO A LA VIDA...
... COMO TODOS LOS DEMÁS?
¡CLARO!
EN ESA SALA HABÍA MUCHÍSIMOS TIPOS DE DINOSAURIOS, DE ESOS QUE VIVIERON DESDE EL TRIÁSICO TARDÍO HASTA EL FINAL DEL CRETÁCICO.
¡SOY EL REY DEL MESOZOICO!

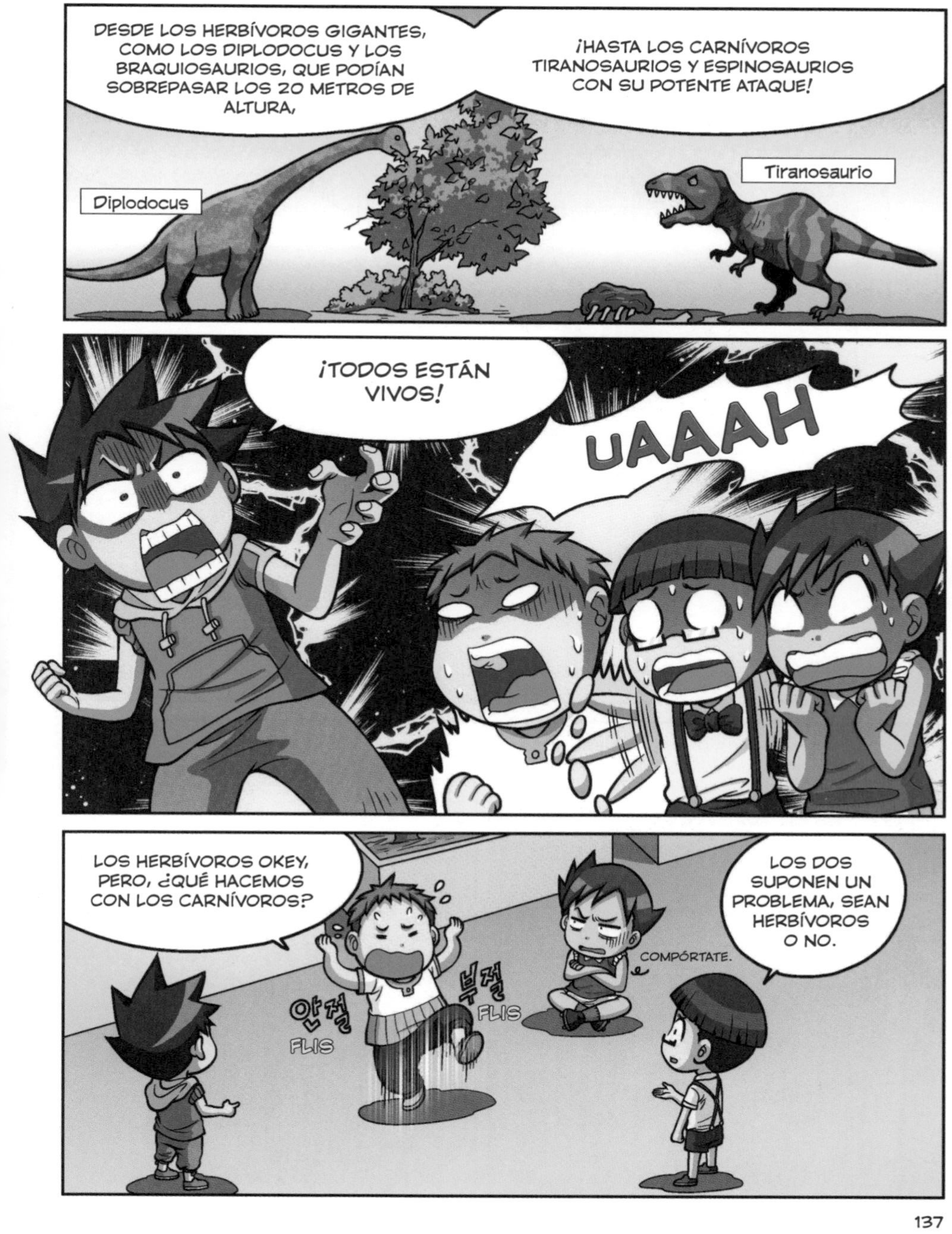
DESDE LOS HERBÍVOROS GIGANTES, COMO LOS DIPLODOCUS Y LOS BRAQUIOSAURIOS, QUE PODÍAN SOBREPASAR LOS 20 METROS DE ALTURA,
¡HASTA LOS CARNÍVOROS TIRANOSAURIOS Y ESPINOSAURIOS CON SU POTENTE ATAQUE!
Diplodocus
Tiranosaurio
¡TODOS ESTÁN VIVOS!
UAAAH
LOS HERBÍVOROS OKEY, PERO, ¿QUÉ HACEMOS CON LOS CARNÍVOROS?
안절
FLIS
부절
FLIS
COMPÓRTATE.
LOS DOS SUPONEN UN PROBLEMA, SEAN HERBÍVOROS O NO.

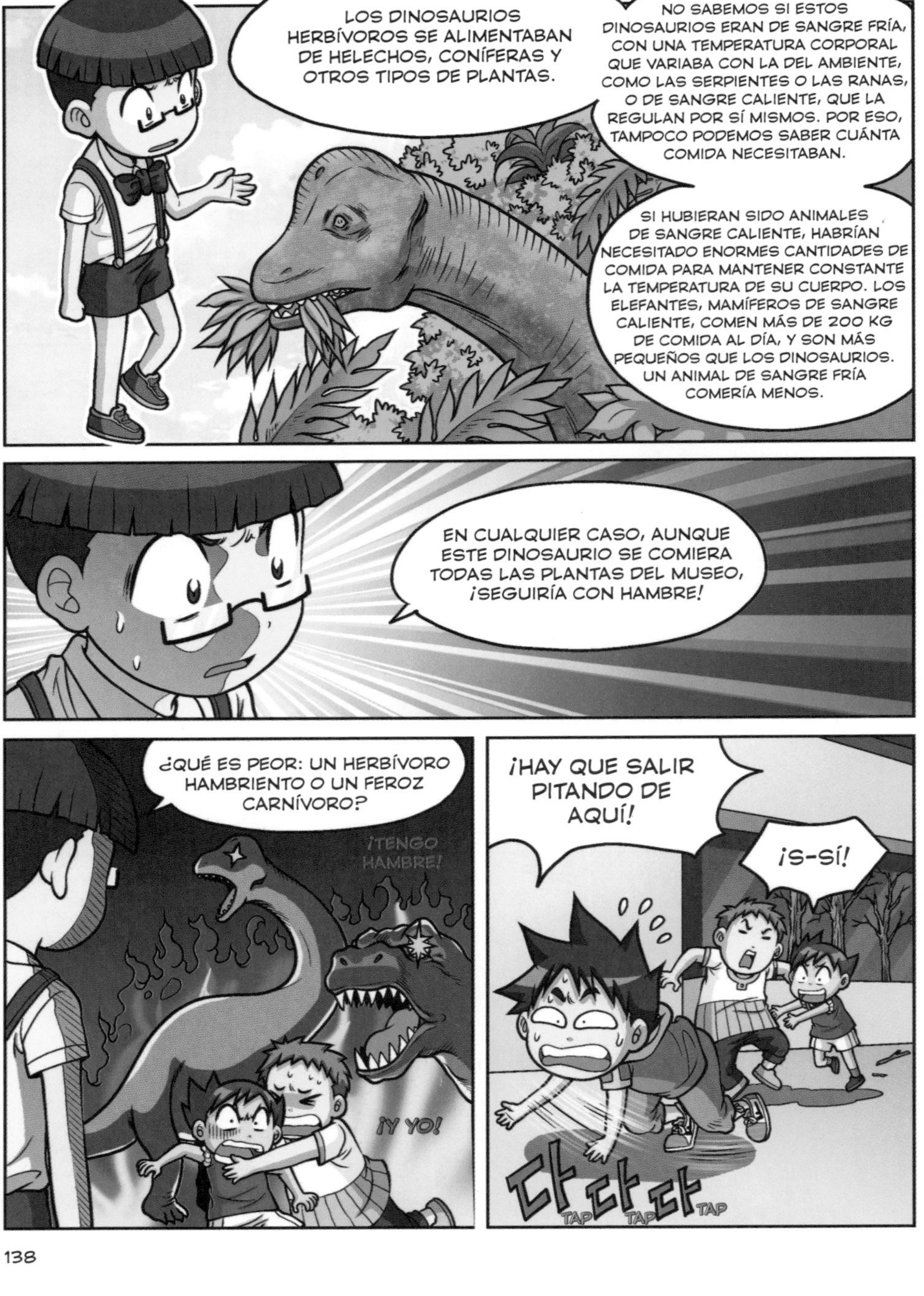
LOS DINOSAURIOS HERBÍVOROS SE ALIMENTABAN DE HELECHOS, CONÍFERAS Y OTROS TIPOS DE PLANTAS.
NO SABEMOS SI ESTOS DINOSAURIOS ERAN DE SANGRE FRÍA, CON UNA TEMPERATURA CORPORAL QUE VARIABA CON LA DEL AMBIENTE, COMO LAS SERPIENTES O LAS RANAS, O DE SANGRE CALIENTE, QUE LA REGULAN POR SÍ MISMOS. POR ESO, TAMPOCO PODEMOS SABER CUÁNTA COMIDA NECESITABAN.
SI HUBIERAN SIDO ANIMALES DE SANGRE CALIENTE, HABRÍAN NECESITADO ENORMES CANTIDADES DE COMIDA PARA MANTENER CONSTANTE LA TEMPERATURA DE SU CUERPO. LOS ELEFANTES, MAMÍFEROS DE SANGRE CALIENTE, COMEN MÁS DE 200 KG DE COMIDA AL DÍA, Y SON MÁS PEQUEÑOS QUE LOS DINOSAURIOS. UN ANIMAL DE SANGRE FRÍA COMERÍA MENOS.
EN CUALQUIER CASO, AUNQUE ESTE DINOSAURIO SE COMIERA TODAS LAS PLANTAS DEL MUSEO, ¡SEGUIRÍA CON HAMBRE!
¿QUÉ ES PEOR: UN HERBÍVORO HAMBRIENTO O UN FEROZ CARNÍVORO?
¡TENGO HAMBRE!
¡Y YO!
¡HAY QUE SALIR PITANDO DE AQUÍ!
¡S-SÍ!
다다다
TAP TAP TAP

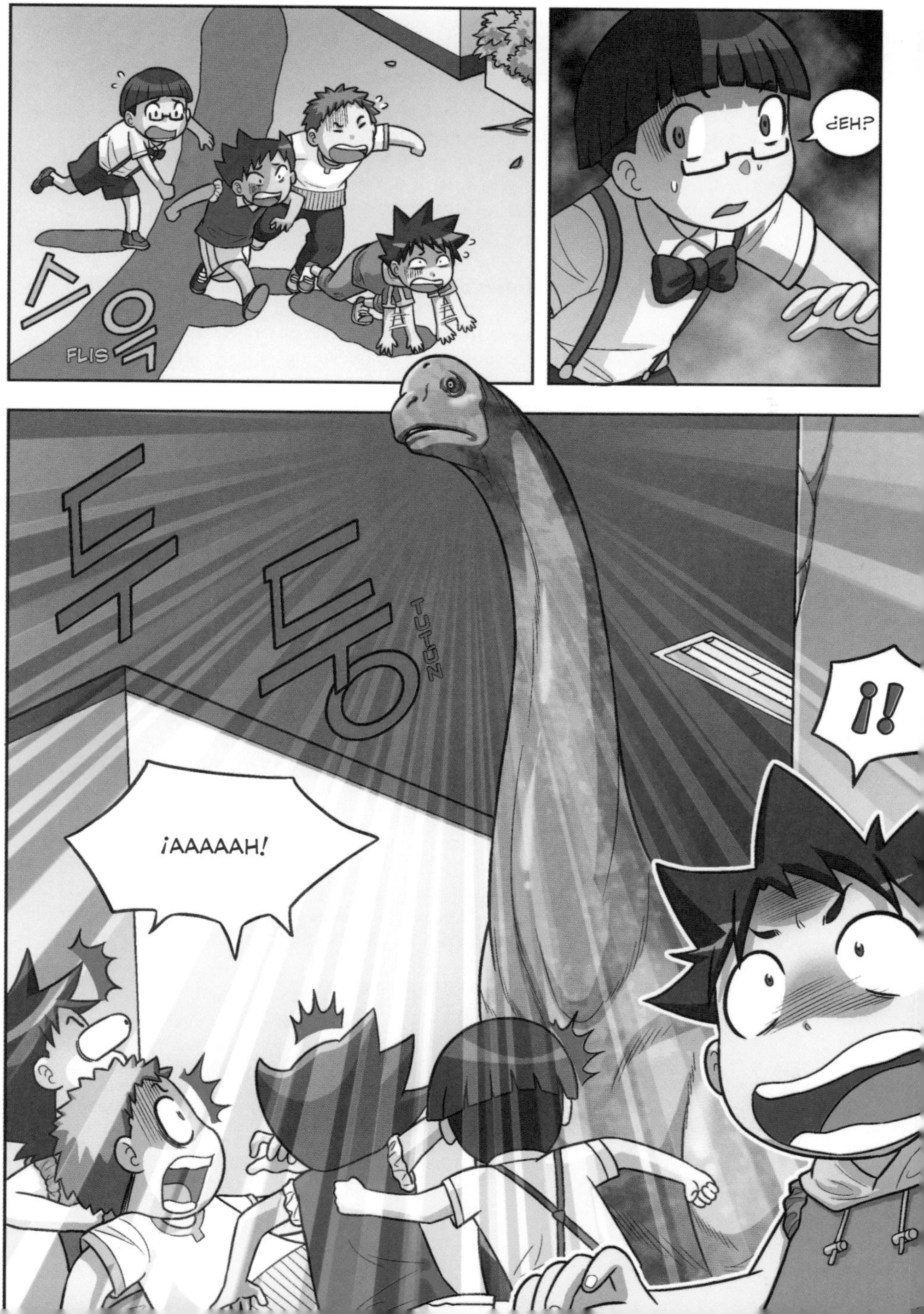
FLIS
¿EH?
TUTÚN
¡!
¡AAAAAH!

# Mesozoico: la era de los dinosaurios

La era mesozoica duró aproximadamente 160 millones de años, desde los 225 millones de años hasta los 65 millones. Consta de tres periodos: el Triásico, el Jurásico y el Cretácico. Los dinosaurios surgieron a partir del rápido desarrollo de los reptiles en esta era geológica, lo que convirtió al Mesozoico en la era de los dinosaurios.

### Triásico (desde los 225 millones de años hasta los 190 millones de años)

Los animales que sobrevivieron a la masiva extinción de organismos del Paleozoico, como los amonites, comenzaron a proliferar en el nuevo entorno. Los reptiles se desarrollaron y alcanzaron diversos tamaños y formas. Así, aparecieron las tortugas y los cocodrilos primitivos. Algunas de estas formas de vida evolucionaron y se convirtieron en dinosaurios. Los primeros dinosaurios eran principalmente pequeños depredadores como el eoraptor o el *coelophysis*. También surgieron entonces los primeros mamíferos, similares a las ratas actuales, pero eran presa fácil de los dinosaurios, por lo que salían de noche tratando de hacer el menor ruido posible.

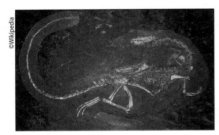

©Wikipedia

Fósil de *coelophysis*, uno de los primeros dinosaurios, expuesto en el Museo Británico de Historia Natural.

### Jurásico (desde los 190 millones de años hasta los 136 millones de años)

Al contrario que el seco y cálido Triásico, el Jurásico fue un periodo de clima templado y muchas precipitaciones. Esto ayudó a que los bosques se extendieran sobre la superficie terrestre y surgieran, así, los grandes dinosaurios. En esta época, existieron dinosaurios herbívoros, como el braquiosaurio, y los carnívoros, como el alosaurio. El arqueópteris, el antecesor de las aves, comenzó a surcar los cielos. Del mismo modo, los reptiles marinos, como los ictiosaurios o los plesiosaurios, habitaron los océanos.

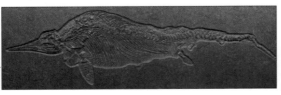

©Museo de Historia Natural de Mokpo

Fósil de *stenopterygius*, un reptil marino del Mesozoico, de apariencia similar al tiburón y al delfín.

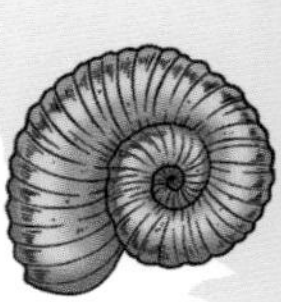

## Cretácico (desde los 136 millones de años hasta los 65 millones de años)

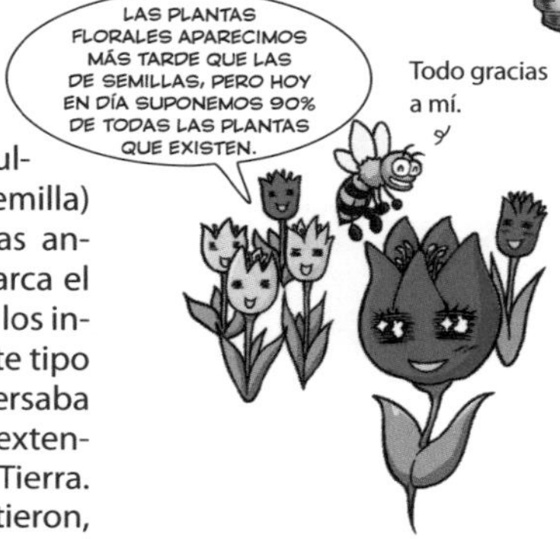
LAS PLANTAS FLORALES APARECIMOS MÁS TARDE QUE LAS DE SEMILLAS, PERO HOY EN DÍA SUPONEMOS 90% DE TODAS LAS PLANTAS QUE EXISTEN.
Todo gracias a mí.

Tras el fin del periodo Jurásico, cuando se multiplicaron las gimnospermas (plantas con semilla) como los helechos y los pinos, surgieron las angiospermas o plantas florales. Este hecho marca el comienzo del Cretácico. A partir de entonces, los insectos empezaron a diseminar el polen de este tipo de plantas, frente a aquellas cuyo polen dispersaba el viento. Fue así como las plantas florales se extendieron rápidamente sobre la superficie de la Tierra. De esta manera, las plantas florales se convirtieron, a su vez, en alimento para insectos y otros animales. El Cretácico fue el periodo más propicio para dinosaurios como los tiranosaurios, los troodons y los dromeosáuridos. Sin embargo, estos animales gigantes que dominaban el Mesozoico desaparecieron de modo repentino hace aproximadamente 65 millones de años.

Existen varias teorías sobre el motivo de su extinción: la colisión de un meteorito con la Tierra, erupciones volcánicas o enormes inundaciones. De ellas, la hipótesis que parece estar más cerca de la verdad es la que defiende que un meteorito de dimensiones colosales haya impactado contra la Tierra a finales del Cretácico, lo cual levantó una extraordinaria capa de polvo que cubrió la atmósfera al punto de no dejar pasar la luz solar. Como consecuencia, las temperaturas descendieron de repente, así que las plantas que realizaban la fotosíntesis murieron, y los dinosaurios, al quedarse sin alimento, acabaron extinguiéndose también. En ese periodo, 85% de los seres vivos del Mesozoico desaparecieron de la faz de la Tierra, incluidos los amonites y los dinosaurios.

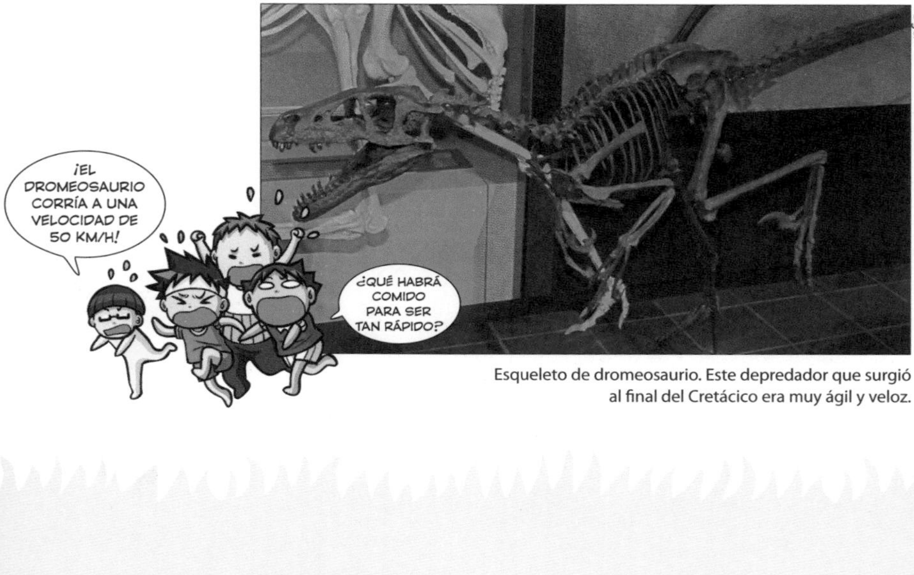
¡EL DROMEOSAURIO CORRÍA A UNA VELOCIDAD DE 50 KM/H!
¿QUÉ HABRÁ COMIDO PARA SER TAN RÁPIDO?

©Dger

Esqueleto de dromeosaurio. Este depredador que surgió al final del Cretácico era muy ágil y veloz.

# Capítulo 8

# El secreto del meteorito

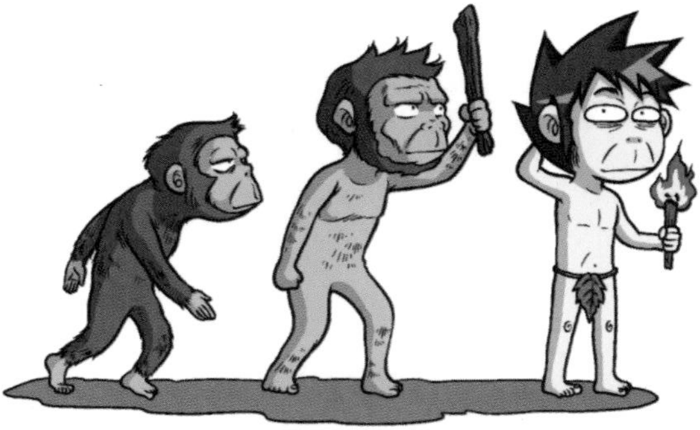

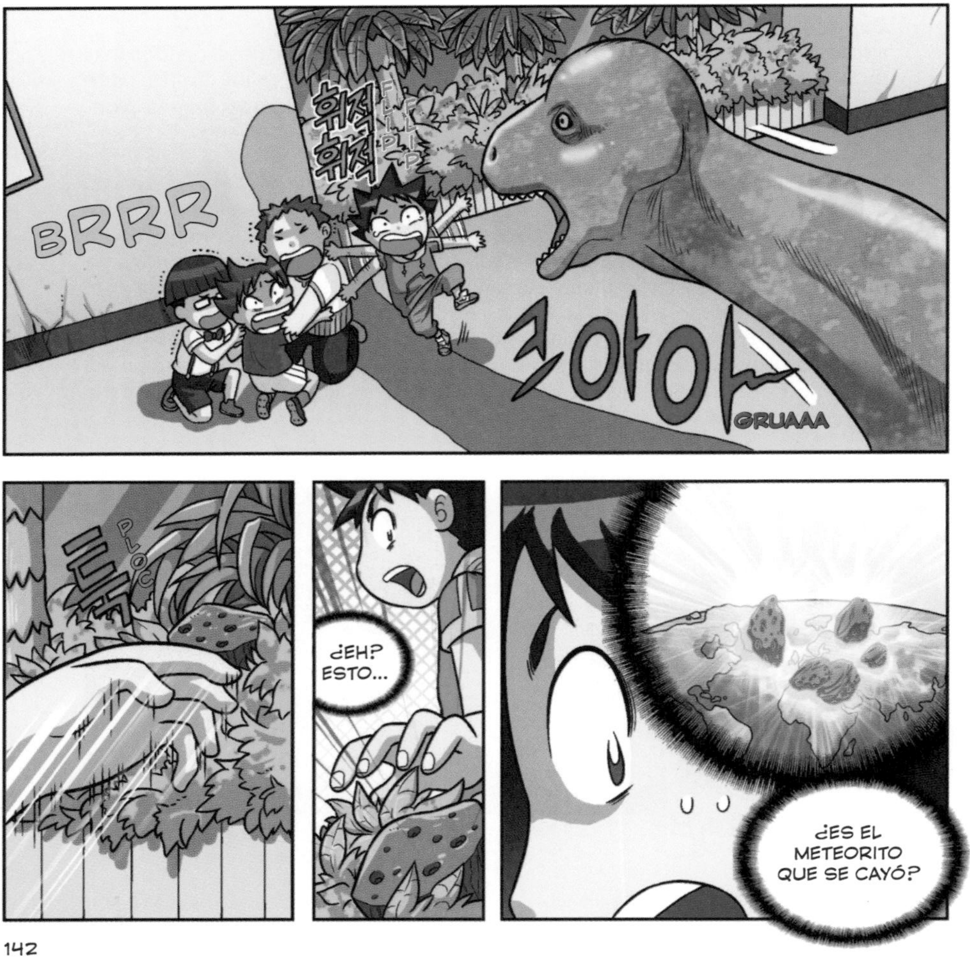
휘적 휘적
FLIP FLIP
BRRR
크아아
GRUAAA
PLOC
¿EH? ESTO...
¿ES EL METEORITO QUE SE CAYÓ?

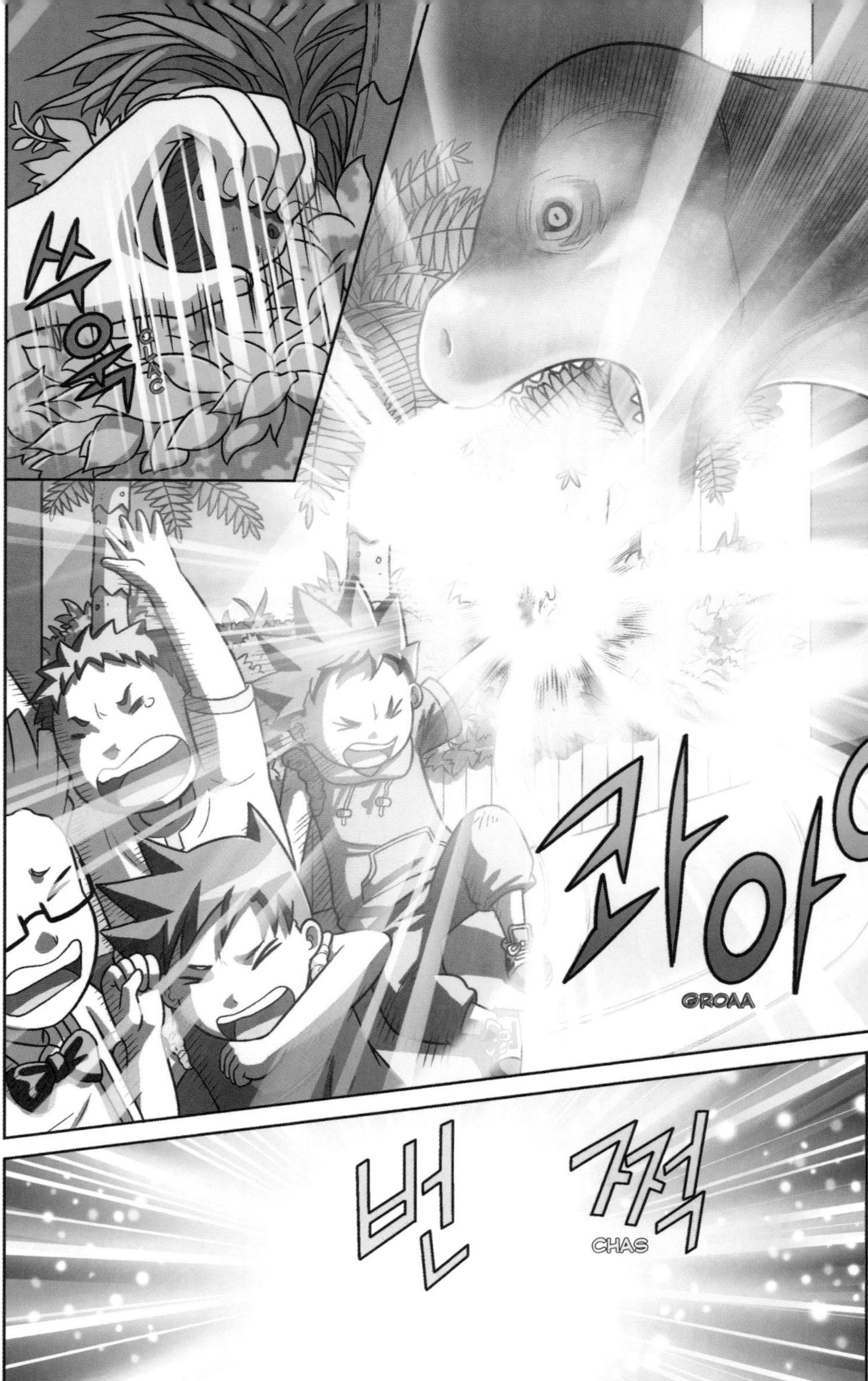
CLAC
GROAA
번쩍
CHAS

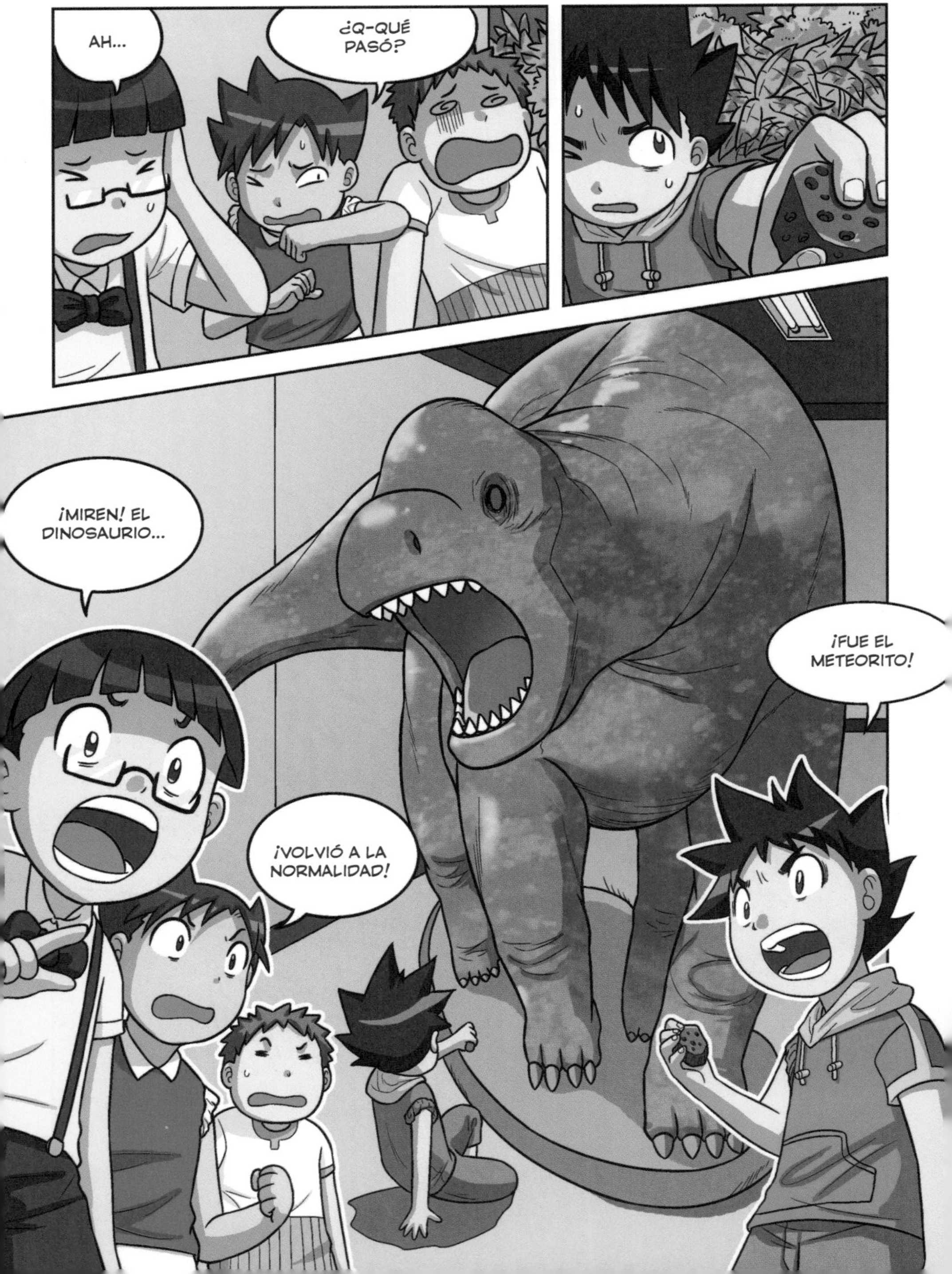
AH...
¿Q-QUÉ PASÓ?
¡MIREN! EL DINOSAURIO...
¡VOLVIÓ A LA NORMALIDAD!
¡FUE EL METEORITO!

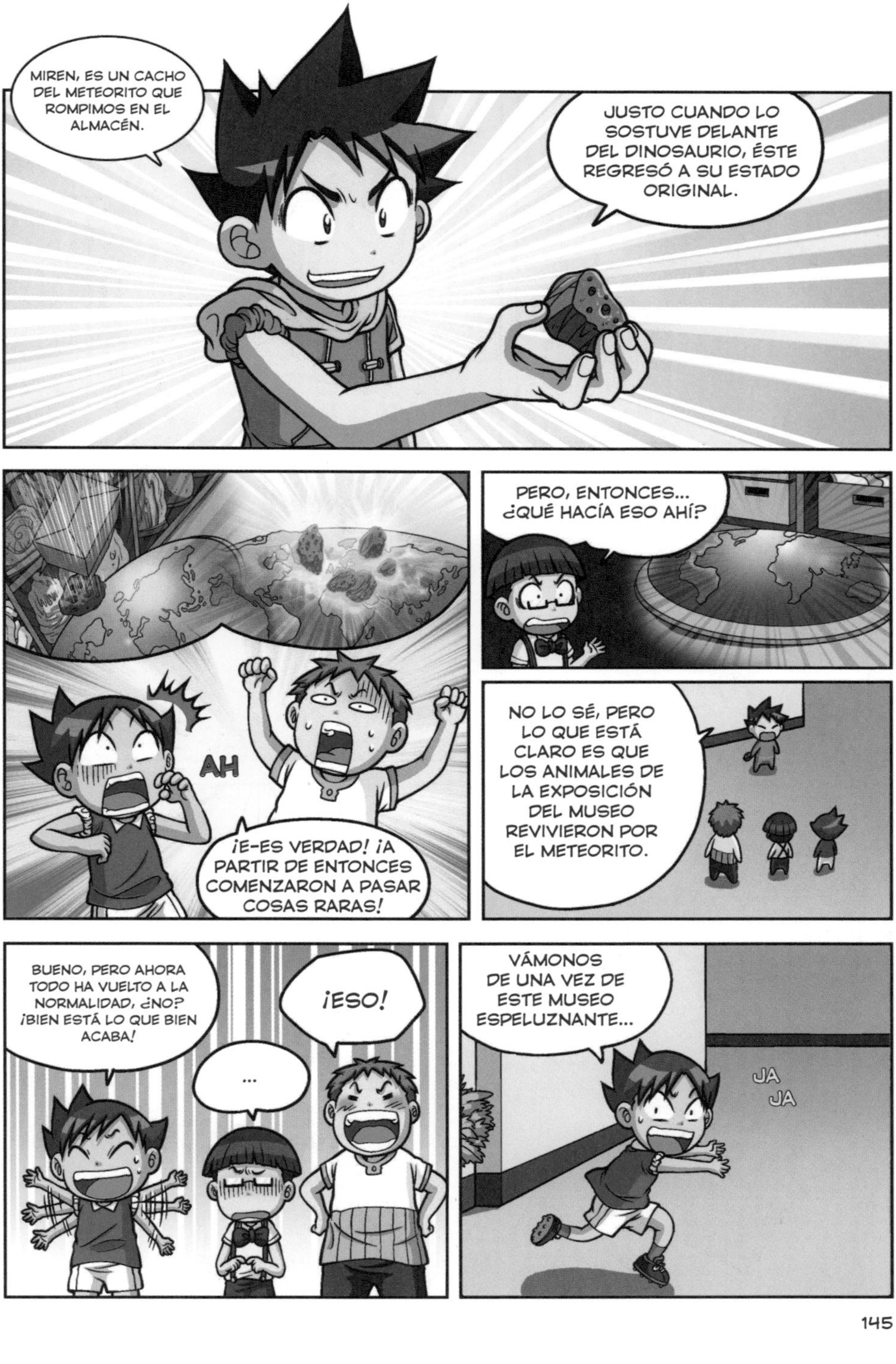
MIREN, ES UN CACHO DEL METEORITO QUE ROMPIMOS EN EL ALMACÉN.
JUSTO CUANDO LO SOSTUVE DELANTE DEL DINOSAURIO, ÉSTE REGRESÓ A SU ESTADO ORIGINAL.
AH
¡E-ES VERDAD! ¡A PARTIR DE ENTONCES COMENZARON A PASAR COSAS RARAS!
PERO, ENTONCES... ¿QUÉ HACÍA ESO AHÍ?
NO LO SÉ, PERO LO QUE ESTÁ CLARO ES QUE LOS ANIMALES DE LA EXPOSICIÓN DEL MUSEO REVIVIERON POR EL METEORITO.
BUENO, PERO AHORA TODO HA VUELTO A LA NORMALIDAD, ¿NO? ¡BIEN ESTÁ LO QUE BIEN ACABA!
...
¡ESO!
VÁMONOS DE UNA VEZ DE ESTE MUSEO ESPELUZNANTE...
JA JA

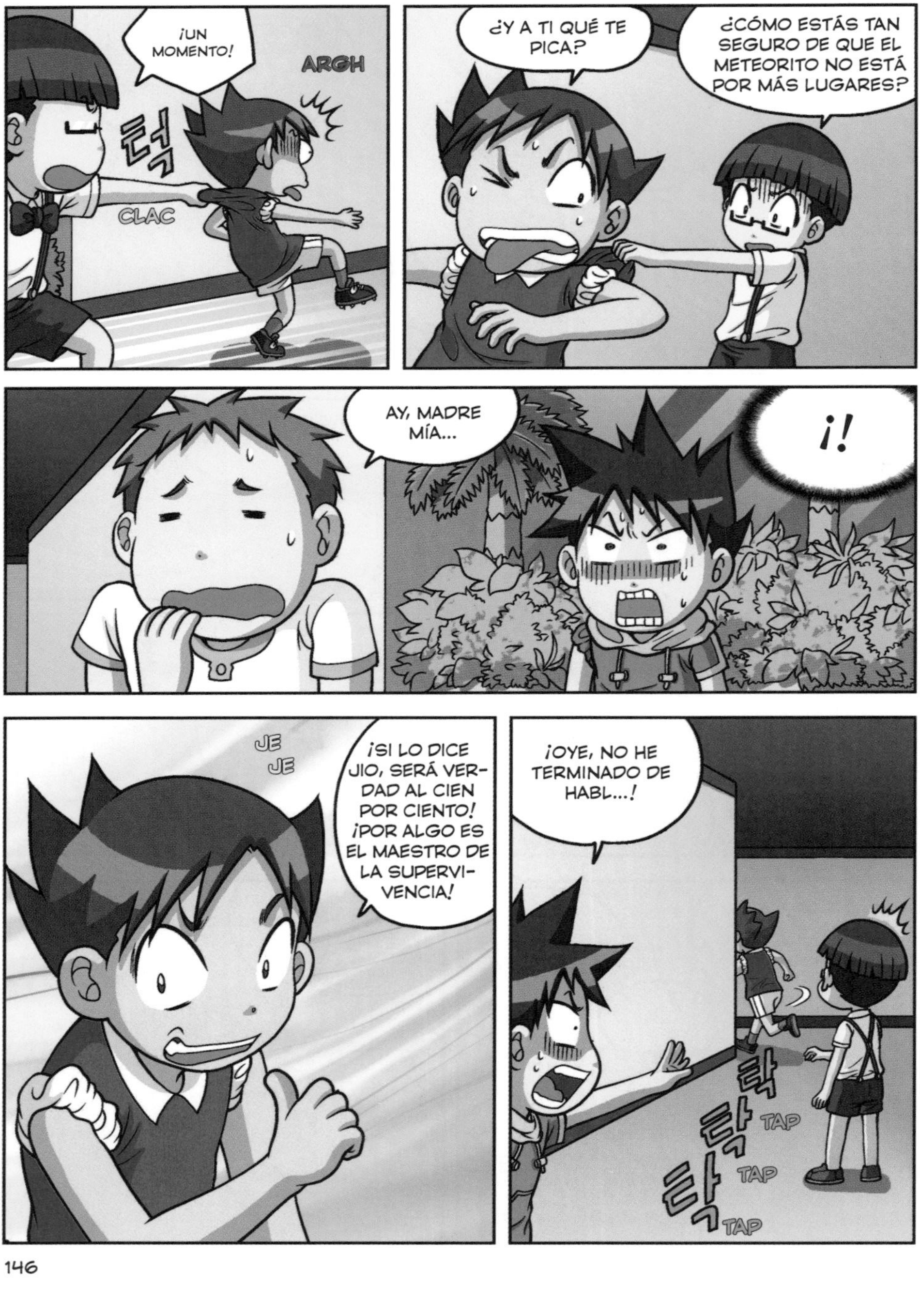
¡UN MOMENTO!
ARGH
턱
CLAC
¿Y A TI QUÉ TE PICA?
¿CÓMO ESTÁS TAN SEGURO DE QUE EL METEORITO NO ESTÁ POR MÁS LUGARES?
AY, MADRE MÍA...
¡!
JE JE
¡SI LO DICE JIO, SERÁ VERDAD AL CIEN POR CIENTO! ¡POR ALGO ES EL MAESTRO DE LA SUPERVIVENCIA!
¡OYE, NO HE TERMINADO DE HABL...!
탁 TAP
탁 TAP
탁 TAP

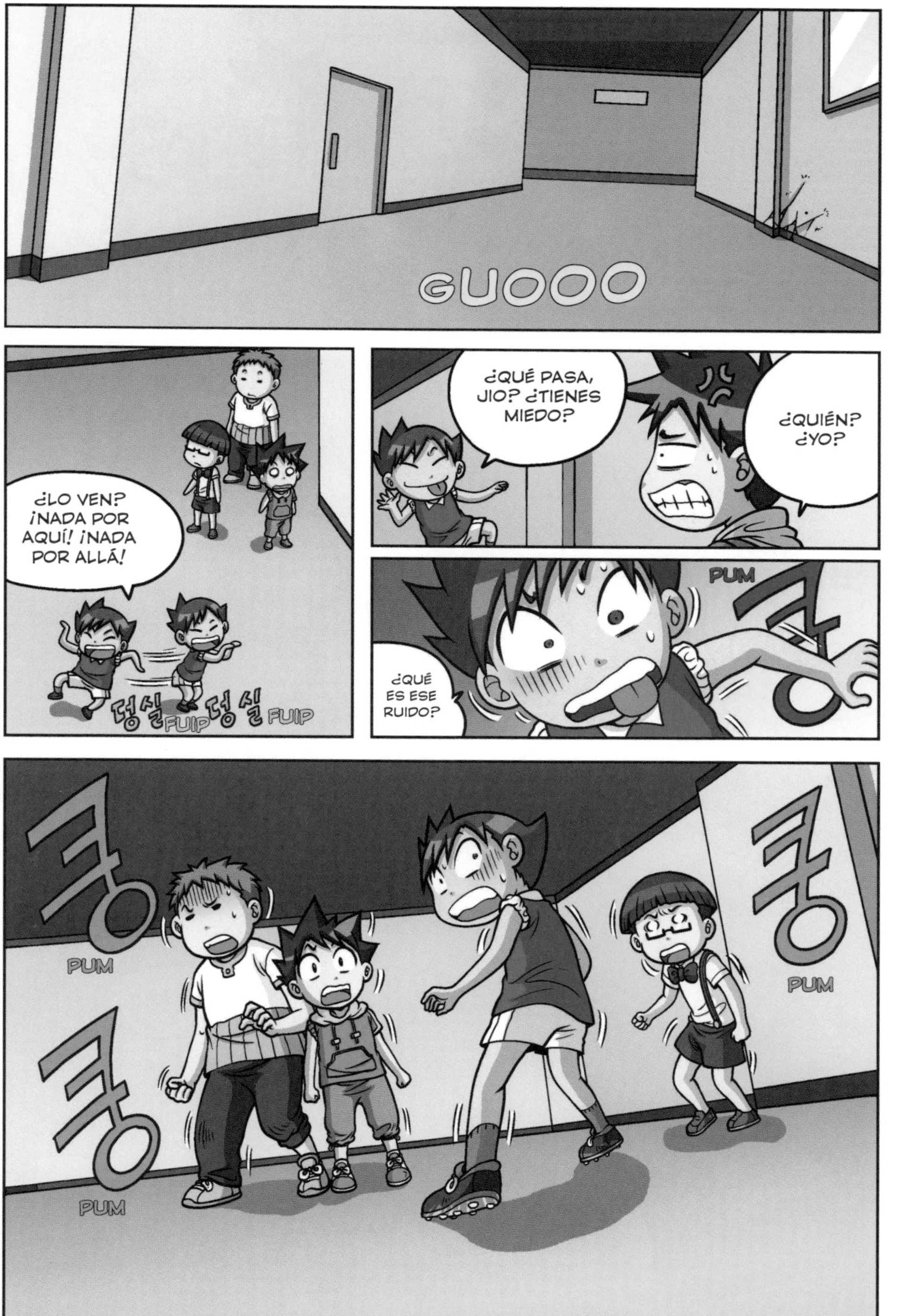
GUOOO
¿LO VEN? ¡NADA POR AQUÍ! ¡NADA POR ALLÁ!
덩실 FUIP 덩실 FUIP
¿QUÉ PASA, JIO? ¿TIENES MIEDO?
¿QUIÉN? ¿YO?
PUM
¿QUÉ ES ESE RUIDO?
PUM
PUM
PUM

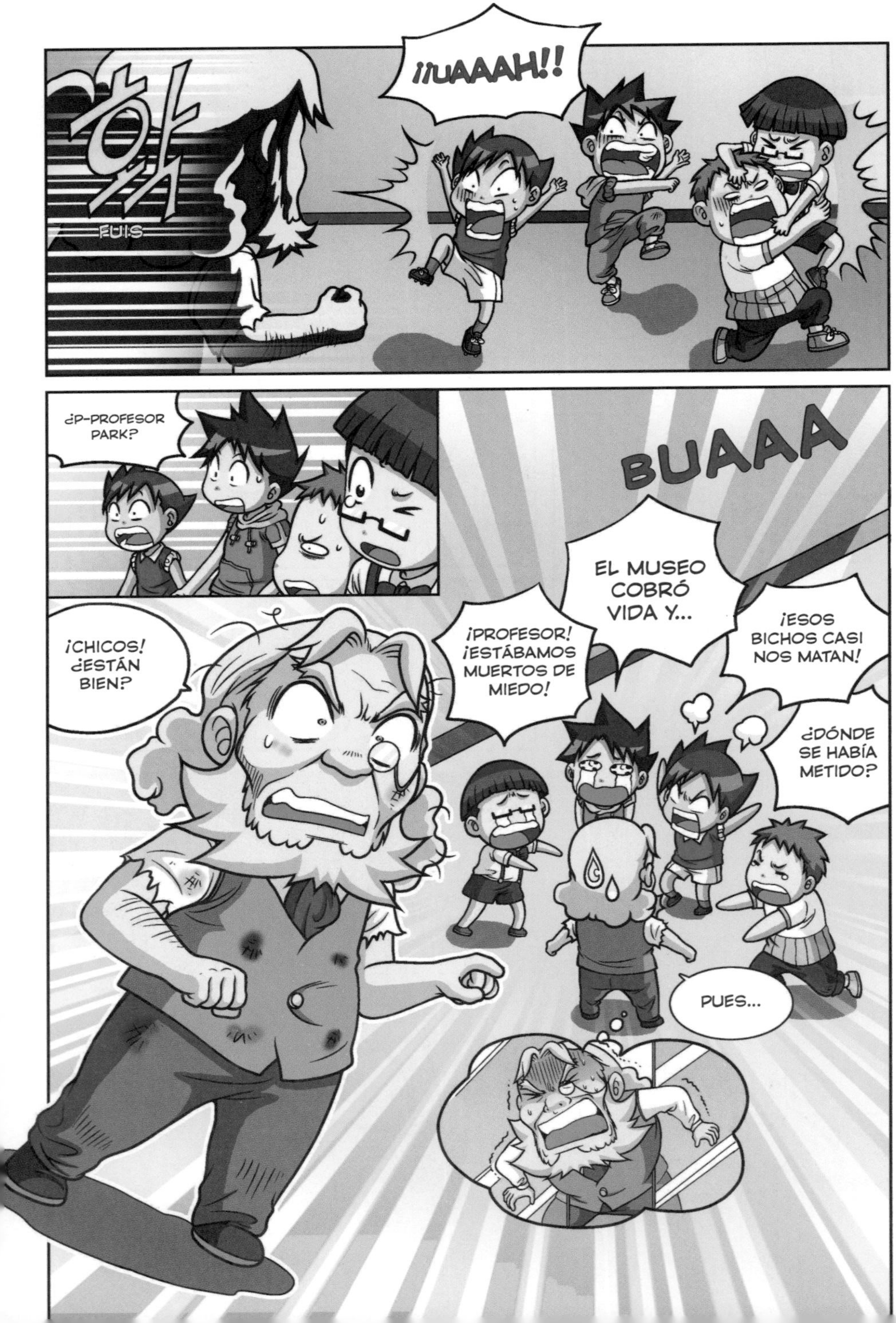

휙
FUIS
¡¡UAAAH!!
¿P-PROFESOR PARK?
BUAAA
¡CHICOS! ¿ESTÁN BIEN?
¡PROFESOR! ¡ESTÁBAMOS MUERTOS DE MIEDO!
EL MUSEO COBRÓ VIDA Y...
¡ESOS BICHOS CASI NOS MATAN!
¿DÓNDE SE HABÍA METIDO?
PUES...

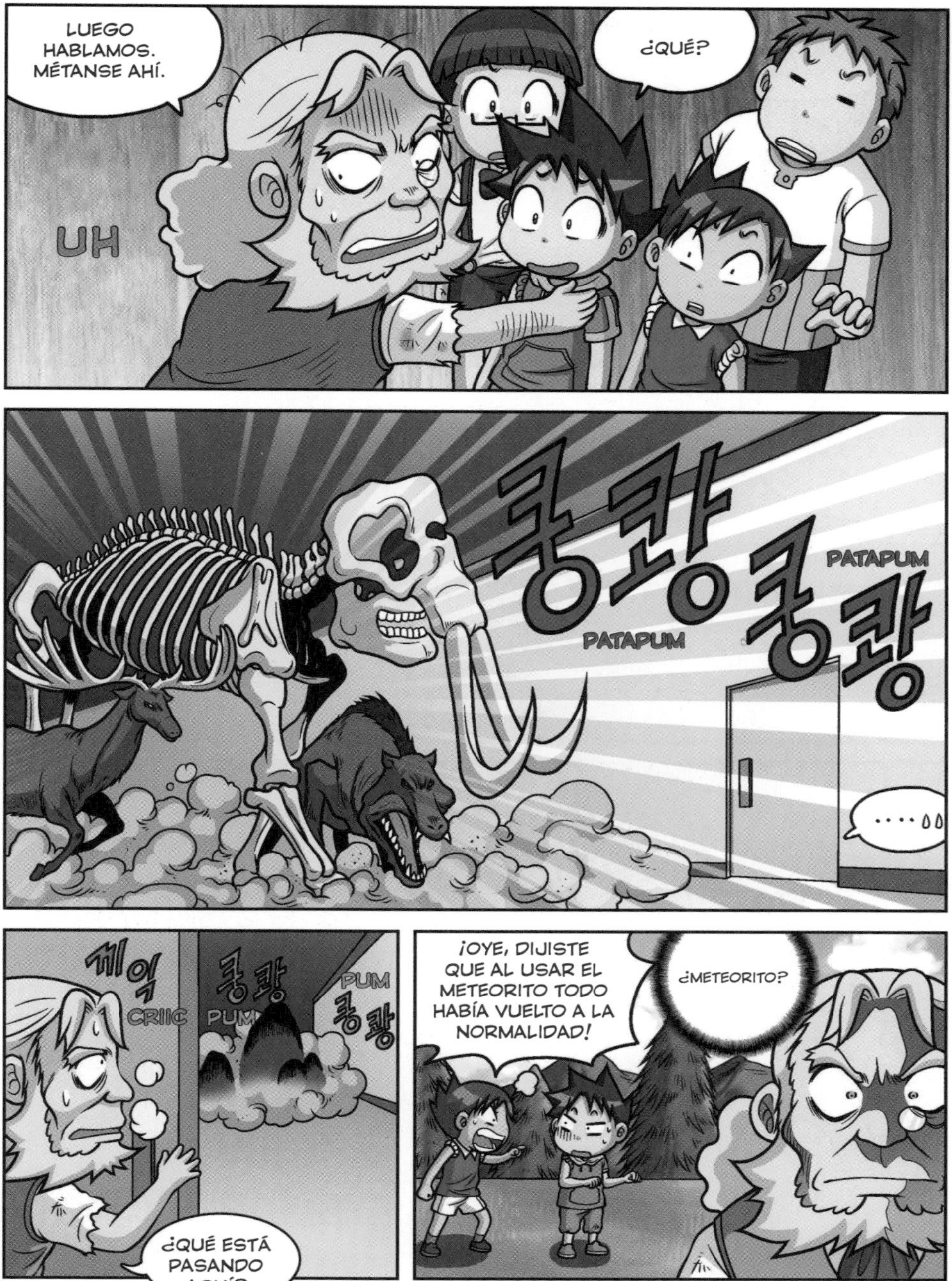
LUEGO HABLAMOS. MÉTANSE AHÍ.
¿QUÉ?
UH
쿵쾅 쿵쾅
PATAPUM
PATAPUM
....
씨익
CRIIC
쿵쾅
PUM
PUM
쿵쾅
¿QUÉ ESTÁ PASANDO AQUÍ?
¡OYE, DIJISTE QUE AL USAR EL METEORITO TODO HABÍA VUELTO A LA NORMALIDAD!
¿METEORITO?

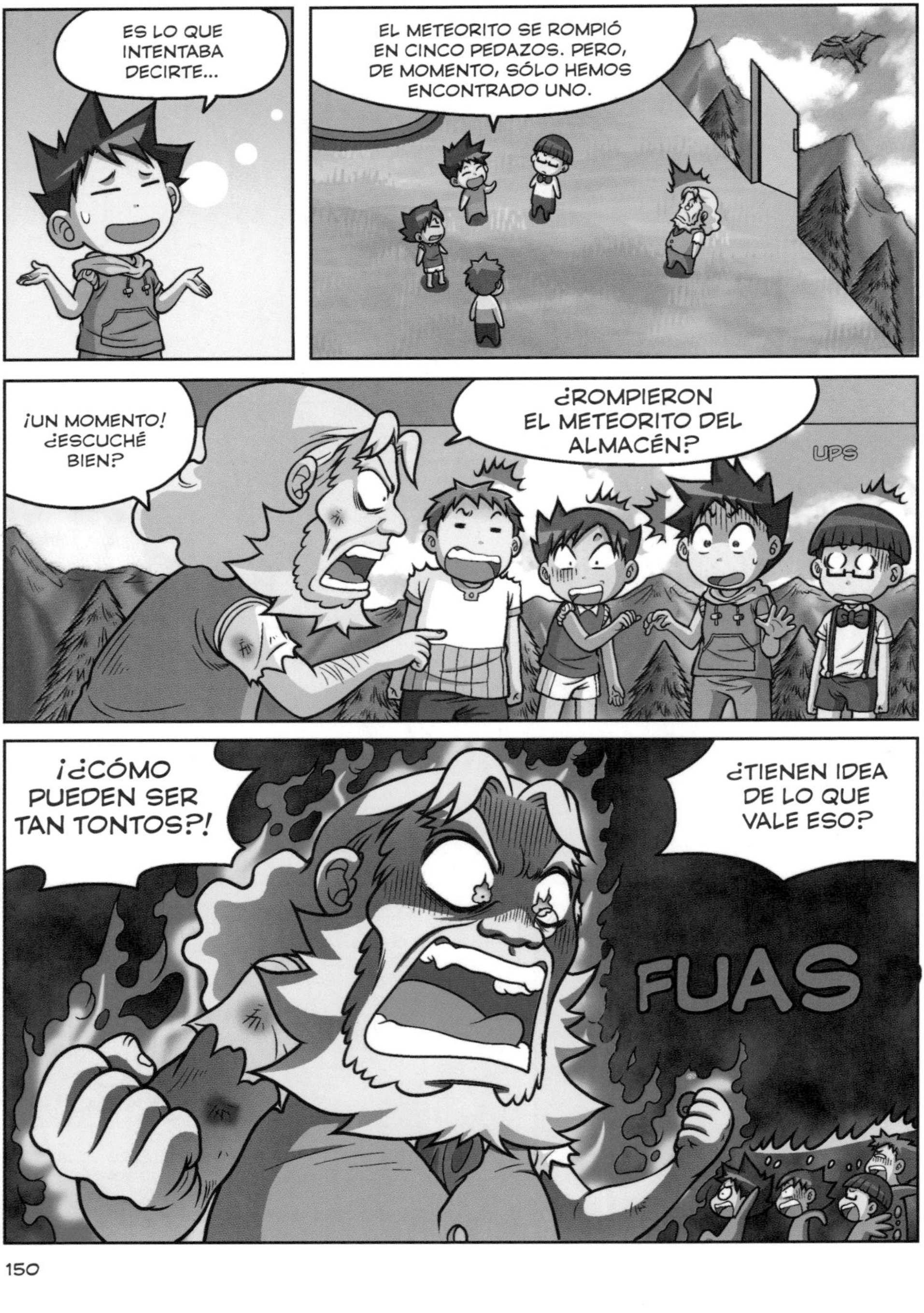
ES LO QUE INTENTABA DECIRTE...
EL METEORITO SE ROMPIÓ EN CINCO PEDAZOS. PERO, DE MOMENTO, SÓLO HEMOS ENCONTRADO UNO.
¡UN MOMENTO! ¿ESCUCHÉ BIEN?
¿ROMPIERON EL METEORITO DEL ALMACÉN?
UPS
¡¿CÓMO PUEDEN SER TAN TONTOS?!
¿TIENEN IDEA DE LO QUE VALE ESO?
FUAS

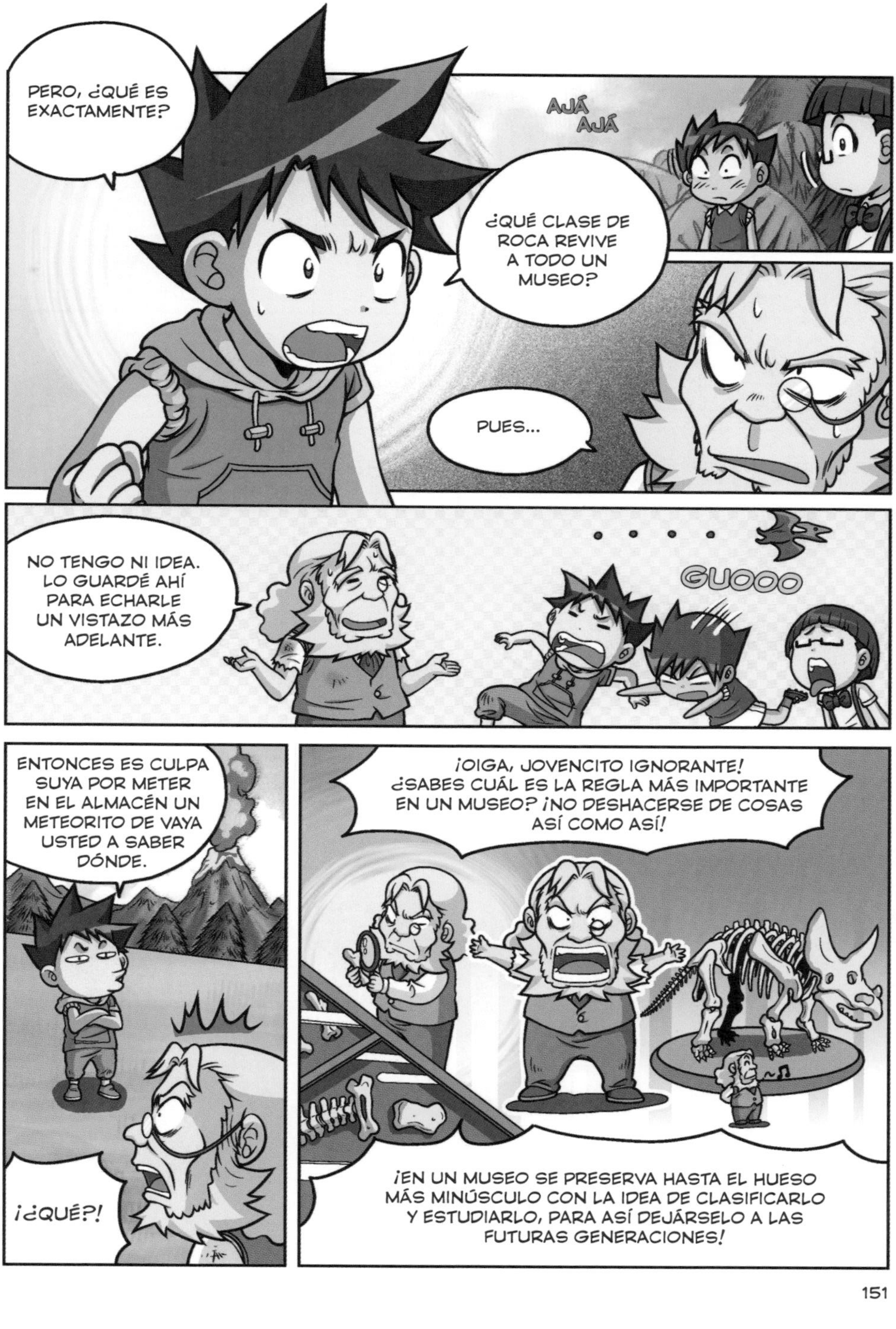

PERO, ¿QUÉ ES EXACTAMENTE?
AJÁ AJÁ
¿QUÉ CLASE DE ROCA REVIVE A TODO UN MUSEO?
PUES...
NO TENGO NI IDEA. LO GUARDÉ AHÍ PARA ECHARLE UN VISTAZO MÁS ADELANTE.
• • • •
GUOOO
ENTONCES ES CULPA SUYA POR METER EN EL ALMACÉN UN METEORITO DE VAYA USTED A SABER DÓNDE.
¡¿QUÉ?!
¡OIGA, JOVENCITO IGNORANTE! ¿SABES CUÁL ES LA REGLA MÁS IMPORTANTE EN UN MUSEO? ¡NO DESHACERSE DE COSAS ASÍ COMO ASÍ!
¡EN UN MUSEO SE PRESERVA HASTA EL HUESO MÁS MINÚSCULO CON LA IDEA DE CLASIFICARLO Y ESTUDIARLO, PARA ASÍ DEJÁRSELO A LAS FUTURAS GENERACIONES!

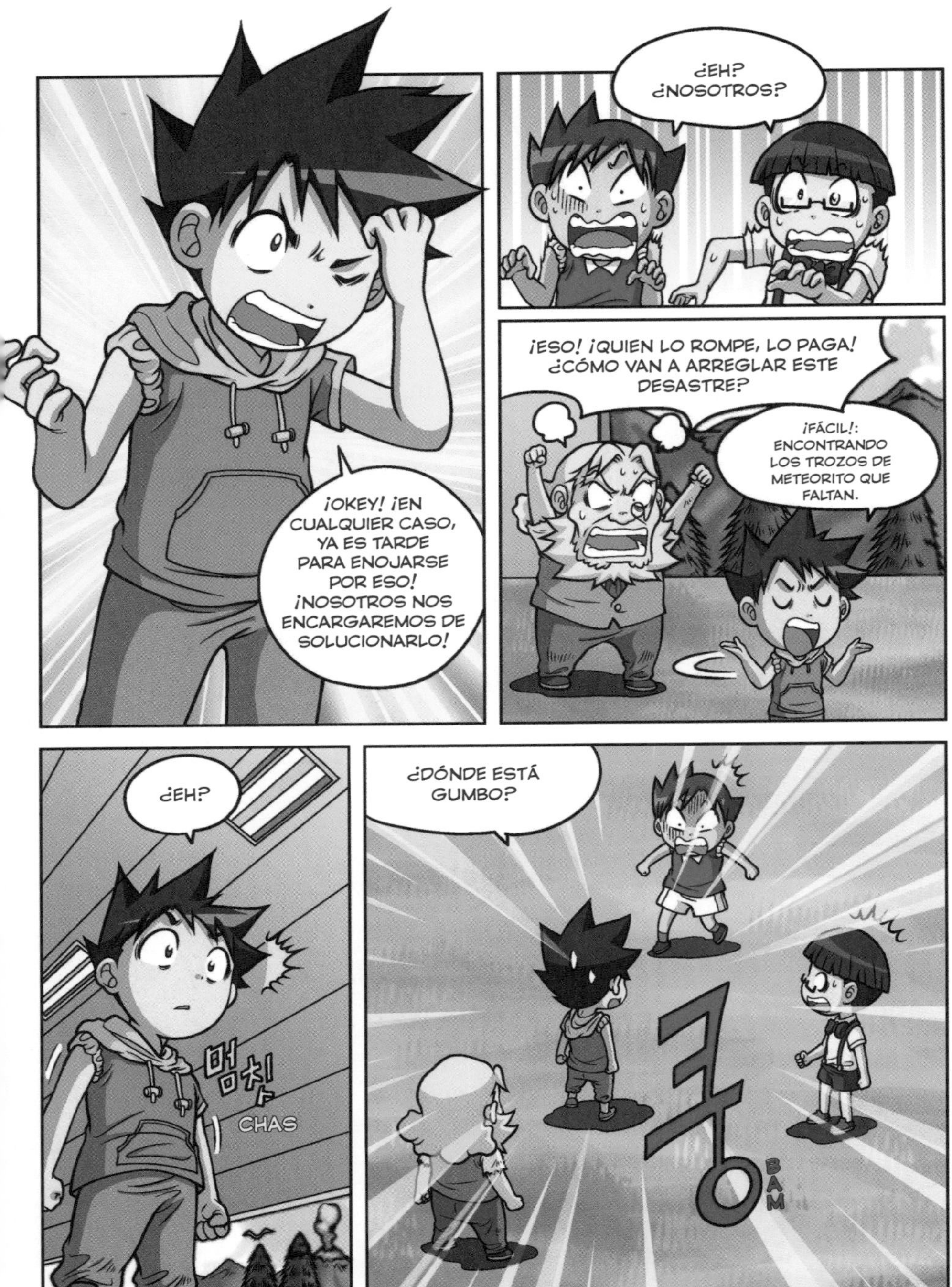
¡OKEY! ¡EN CUALQUIER CASO, YA ES TARDE PARA ENOJARSE POR ESO! ¡NOSOTROS NOS ENCARGAREMOS DE SOLUCIONARLO!
¿EH? ¿NOSOTROS?
¡ESO! ¡QUIEN LO ROMPE, LO PAGA! ¿CÓMO VAN A ARREGLAR ESTE DESASTRE?
¡FÁCIL!: ENCONTRANDO LOS TROZOS DE METEORITO QUE FALTAN.
¿EH?
멈칫
CHAS
¿DÓNDE ESTÁ GUMBO?
쿵
BAM

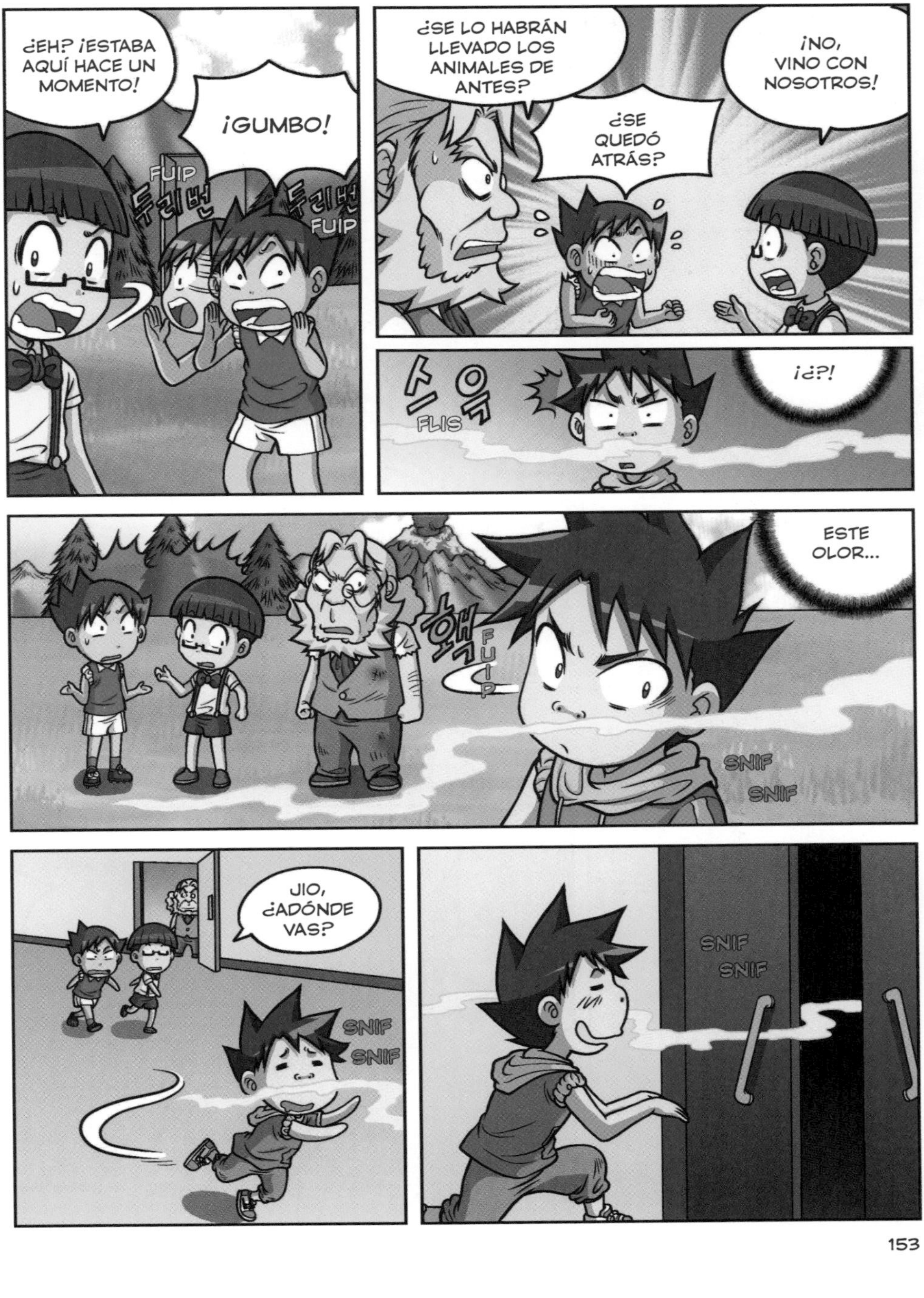
¿EH? ¡ESTABA AQUÍ HACE UN MOMENTO!
¡GUMBO!
두리번
FUIP
두리번
FUIP
¿SE LO HABRÁN LLEVADO LOS ANIMALES DE ANTES?
¿SE QUEDÓ ATRÁS?
¡NO, VINO CON NOSOTROS!
스윽
FLIS
¡¿?!
ESTE OLOR...
홱
FUIP
SNIF
SNIF
JIO, ¿ADÓNDE VAS?
SNIF
SNIF
SNIF
SNIF

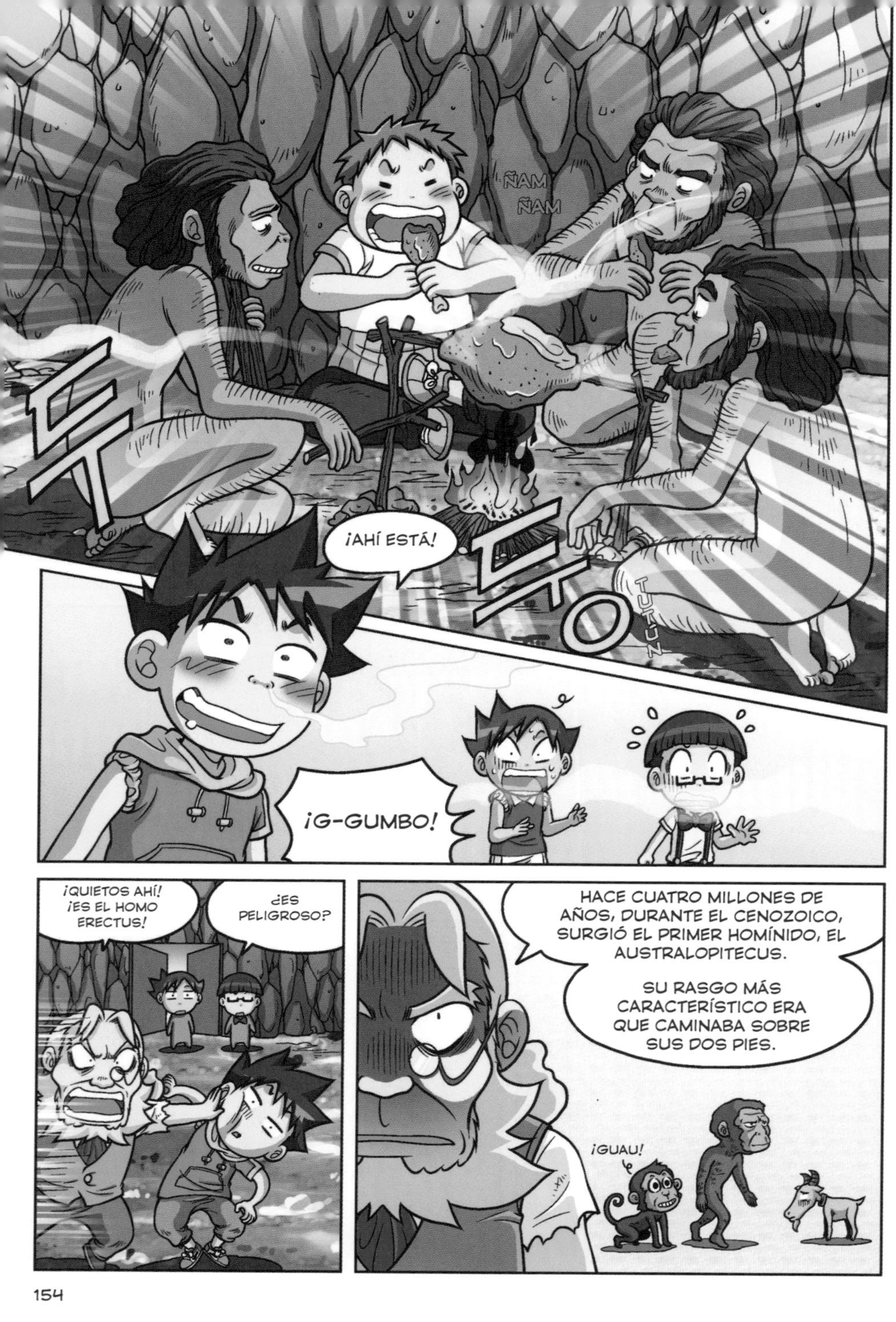
ÑAM
ÑAM
¡AHÍ ESTÁ!
TUTÚN
¡G-GUMBO!
¡QUIETOS AHÍ! ¡ES EL HOMO ERECTUS!
¿ES PELIGROSO?
HACE CUATRO MILLONES DE AÑOS, DURANTE EL CENOZOICO, SURGIÓ EL PRIMER HOMÍNIDO, EL AUSTRALOPITECUS.
SU RASGO MÁS CARACTERÍSTICO ERA QUE CAMINABA SOBRE SUS DOS PIES.
¡GUAU!

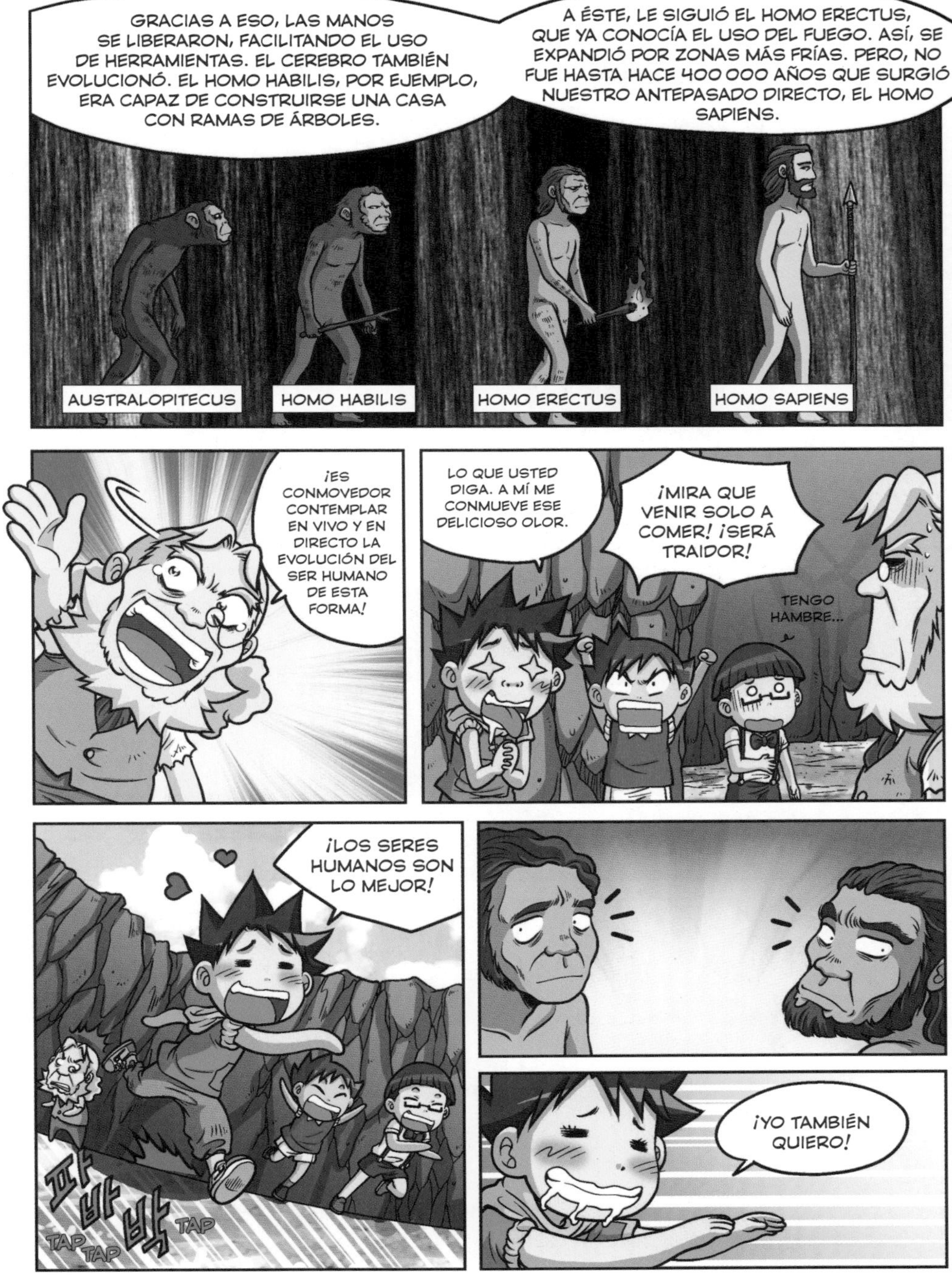
GRACIAS A ESO, LAS MANOS SE LIBERARON, FACILITANDO EL USO DE HERRAMIENTAS. EL CEREBRO TAMBIÉN EVOLUCIONÓ. EL HOMO HABILIS, POR EJEMPLO, ERA CAPAZ DE CONSTRUIRSE UNA CASA CON RAMAS DE ÁRBOLES.
A ÉSTE, LE SIGUIÓ EL HOMO ERECTUS, QUE YA CONOCÍA EL USO DEL FUEGO. ASÍ, SE EXPANDIÓ POR ZONAS MÁS FRÍAS. PERO, NO FUE HASTA HACE 400 000 AÑOS QUE SURGIÓ NUESTRO ANTEPASADO DIRECTO, EL HOMO SAPIENS.
AUSTRALOPITECUS
HOMO HABILIS
HOMO ERECTUS
HOMO SAPIENS
¡ES CONMOVEDOR CONTEMPLAR EN VIVO Y EN DIRECTO LA EVOLUCIÓN DEL SER HUMANO DE ESTA FORMA!
LO QUE USTED DIGA. A MÍ ME CONMUEVE ESE DELICIOSO OLOR.
¡MIRA QUE VENIR SOLO A COMER! ¡SERÁ TRAIDOR!
TENGO HAMBRE...
¡LOS SERES HUMANOS SON LO MEJOR!
TAP TAP TAP TAP
¡YO TAMBIÉN QUIERO!

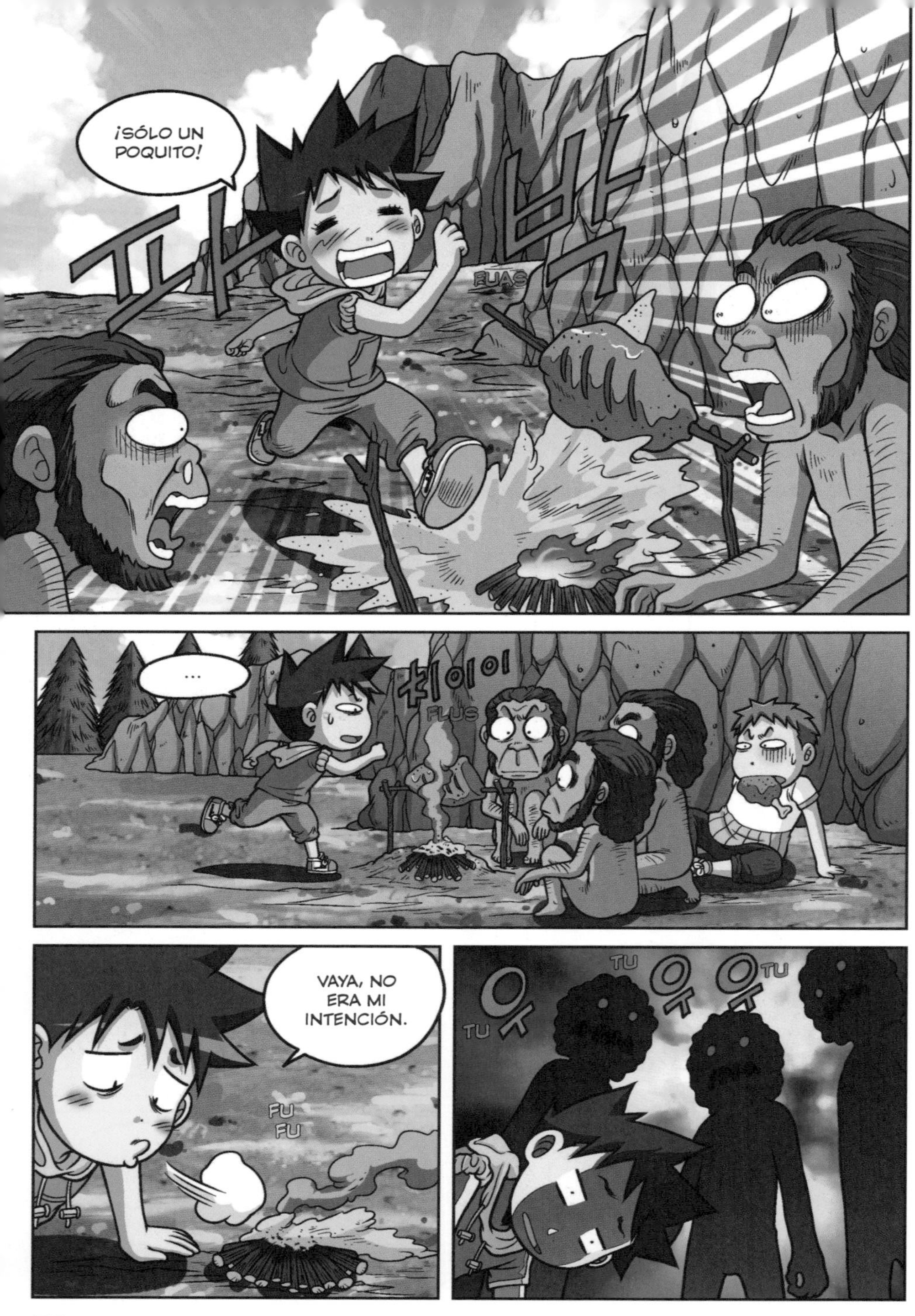
¡SÓLO UN POQUITO!
FUAS
...
FLUS
VAYA, NO ERA MI INTENCIÓN.
FU FU
TU
TU
TU

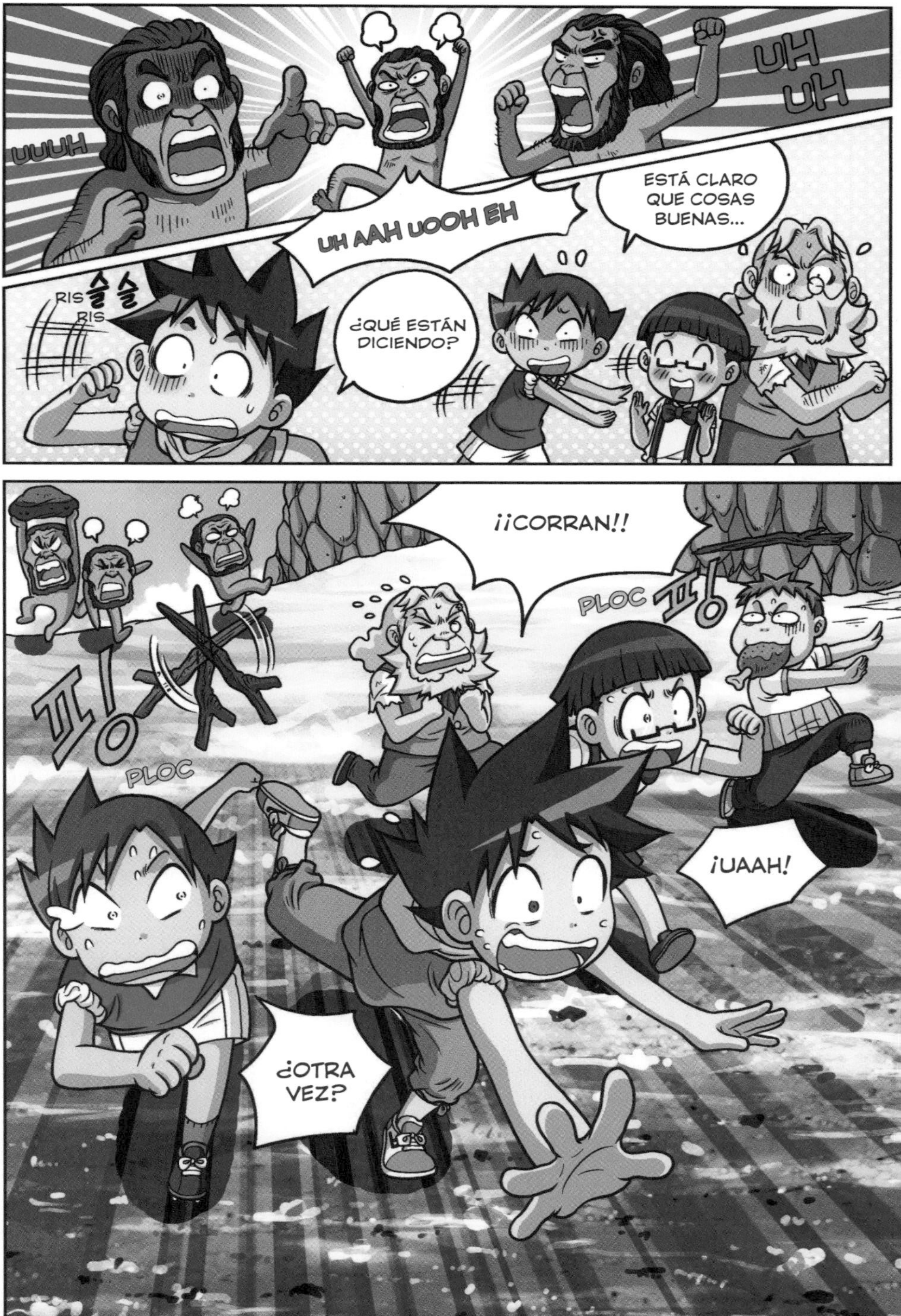
UUUH
UH UH
UH AAH UOOH EH
ESTÁ CLARO QUE COSAS BUENAS...
RIS 슬슬 RIS
¿QUÉ ESTÁN DICIENDO?
¡¡CORRAN!!
PLOC
PLOC
¡UAAH!
¿OTRA VEZ?

## Cenozoico: la aparición de los humanos

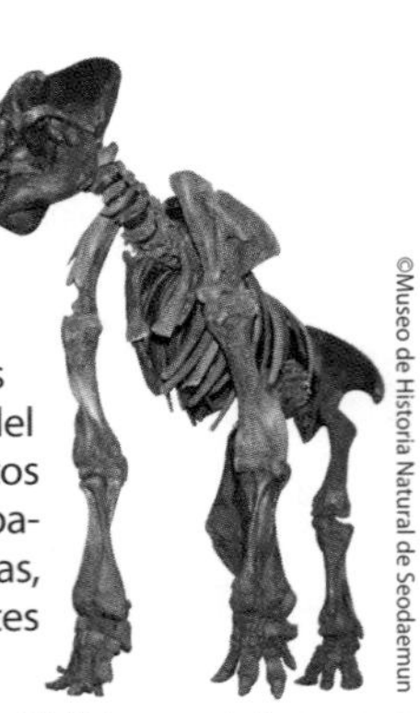
©Museo de Historia Natural de Seodaemun
Fósil de mamut. Se cree que vivió hace 100 000 años y fue encontrado en el noreste de Siberia.

El Cenozoico corresponde al periodo de tiempo que se extiende entre los 65 millones de años atrás hasta el presente. Tras la desaparición de los dinosaurios y otros animales, los mamíferos que sobrevivieron a la gran extinción del Mesozoico se convirtieron en los nuevos dueños de la Tierra. Éstos aumentaron en diversidad de especies y en tamaño. También aparecieron entonces los antecesores de los primates, así como vacas, ciervos, cerdos, rinocerontes y elefantes. Los primeros primates eran pequeños animales que vivían en los árboles y se fueron desarrollando gradualmente. Crecieron su cerebro, sus dientes y sus pies, hasta convertirse en los humanos de hoy.

## Australopitecus

Hallado en África, es el primer fósil de homínido encontrado. Los científicos datan su existencia en unos 4 millones de años aproximadamente y es una forma intermedia entre los simios y los humanos. En el momento de su descubrimiento, fue bautizado como «Australopitecus», que significa «simio del sur de África». Sin embargo, más tarde se le consideró como el primer homínido porque era bípedo y tenía los colmillos más pequeños y menos afilados que los de los simios.

### ¿Qué diferencias hay entre los humanos y los simios?

Los simios, como los chimpancés y los gorilas, suelen desplazarse en cuatro patas, mientras que los humanos caminan apoyados sólo sobre sus dos pies. El esqueleto humano favorece esta forma de locomoción. Mientras que los dedos gordos de las patas traseras de los simios guardan una relación opuesta con respecto a los de las manos, los de los pies humanos se extienden hacia adelante como el resto de los dedos, lo que facilita la locomoción sobre los pies. Además, a diferencia de las plantas de los pies de los simios, que son planas, las de los humanos suelen ser arqueadas, lo que les permite absorber el impacto al caminar. Otros aspectos anatómicos que facilitan a los humanos caminar son la anchura y escasa profundidad de sus caderas, así como la ligera inclinación de sus fémures hacia adentro.

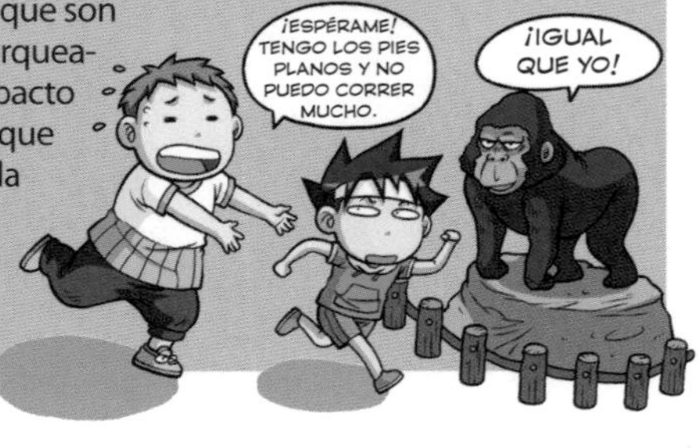
¡ESPÉRAME! TENGO LOS PIES PLANOS Y NO PUEDO CORRER MUCHO.
¡IGUAL QUE YO!

### Homo habilis

«Homo» quiere decir en latín «humano», y «habilis», «destreza» o «habilidad». Recibieron este nombre por ser los primeros homínidos que usaron herramientas, hace aproximadamente 1.5 millones de años. Su cerebro era mayor que el de los australopitecus y tenían la habilidad de sostener objetos con las manos, con algunos de los cuales pudieron crear herramientas sencillas con piedras y huesos de animales. También construían casas con ramas, hojas y piedras.

### Homo erectus

Como su nombre indica, el *Homo erectus* fue el primer homínido que caminó completamente erguido, casi en la misma postura que nosotros. Apareció hace 1.8 millones de años. Utilizaban el lenguaje articulado para comunicarse entre ellos, usaban muchas más herramientas que sus antecesores y empleaban el fuego para protegerse de los animales que los acechaban, para paliar el frío y para cocinar la carne. Como consecuencia de este último hecho, sus dientes se hicieron más pequeños.

### Homo sapiens

Apareció hace 400 000 años y su nombre significa «humano sabio». Se cubrían del frío con pieles de animales y creaban herramientas sofisticadas a partir de la madera y el sílex. También celebraban ceremonias funerarias.

La evolución de la humanidad. Tuvieron que pasar millones de años para que los humanos caminaran erguidos sobre sus piernas y su cerebro evolucionara hasta tener la complejidad que posee hoy el nuestro.

El papel utilizado para la impresión de este libro ha sido fabricado a partir de madera
procedente de bosques y plantaciones gestionadas con los más altos estándares ambientales,
garantizando una explotación de los recursos sostenible con el medio ambiente y beneficiosa para las personas.

**Sobrevive en el Museo Prehistórico**

Título original: 자연사 **박물관**에서 **살아남기** 1

Primera edición en España: octubre, 2022
Primera edición en México: enero, 2023

Traducción publicada por acuerdo con Mirae N Co., Ltd. (i-seum)

D. R. © 2013, Gomodori Co, Hyun-Dong Han

D. R. © 2022, Penguin Random House Grupo Editorial, S. A. U.
Travessera de Gràcia, 47-49, 08021, Barcelona

D. R. © 2023, derechos de edición mundiales en lengua castellana:
Penguin Random House Grupo Editorial, S. A. de C. V.
Blvd. Miguel de Cervantes Saavedra núm. 301, 1er piso,
colonia Granada, alcaldía Miguel Hidalgo, C. P. 11520,
Ciudad de México

penguinlibros.com

D. R. © 2022, Ainhoa Urquia Asensio, por la traducción

ISBN: 978-607-382-535-1

Impreso en México – *Printed in Mexico*

Impreso en los talleres de Diversidad Gráfica S.A. de C.V.
Privada de Av. 11 #1 Col. El Vergel, Iztapalapa, C.P. 09880, Ciudad de México.